효과적인 수업을 위한

교수 · 학습 매체의 제작

백영균 · 김현진 · 정재엽 · 윤성철 · 박형성 · 최상철 · 정동욱 공저

학지사

서문

교육매체는 교사와 학생의 효과적인 의사소통을 위하여 이미 19세기부터 활용되어 왔다. 지금까지 TV, OHP, 슬라이드 등 다양한 교육매체가 소개되었으나 컴퓨터의 등장은 멀티미디어 기능을 종합적으로 구현할 수 있게 하여 보다 효과적인 교육매체 활용이 가능하게 되었다. 따라서 컴퓨터 기반의 교육매체는 교사에게 효율적인 수업 준비와 효과적인 수업 진행 및 결과를 모두 가능하게 할 수 있다. 그러나 이러한 효과는 그냥 얻어지는 것이 아니다. 교육과정과 학습목표에 맞게 교육매체를 제대로 설계, 개발, 활용할 때만이 가능하다. 교사들이 교육매체의 기술적인 기능뿐만 아니라 교육적인 효과까지 제대로 이해하고 활용할 수 있을 때 가능한 것이다.

이 책의 목적은 예비 교사와 현직 교사들이 컴퓨터 기반의 교육매체를 설계하고 개발하여 보다 효과적인 수업환경을 만드는 데 있다. 이를 위해서 이 책의 효과적인 활용을 위한 집필 방향을 소개하면 다음과 같다.

첫째, 이 책은 주로 유치원, 초등학교, 중·고등학교에서 학생을 가르칠 예비 교사와 현직 교사들을 염두에 두고 집필하였다. 이 책은 총 10장으로 구성되었으며, 프로그램의 수준을 고려하여 장별로 1주 또는 2주로 진도를 맞추어 총 15주에 완성할 수 있다. 또한 프로그램의 설명 진행 방식은 교수·학습 자료의 제작 순서에 따라하기 방식으로 구성하여 초보자도 어려움이 없이 제작할 수 있도록 하였다.

둘째, 각 장은 먼저 수업 내용 미리보기와 함께 관련된 짧은 수업 예시를 보여 주는 활동 주제를 제시함으로써 이후 진행되는 활동의 목표와 과정에 대한 이해를 돕게 하였다. 또한 장별 마지막 페이지에는 수업활용 아이디어를 제공하여 실제 교실 수업에서 어떻게 활용되는지 사례를 보여 주었다.

셋째, 책에서 언급한 프로그램들은 운영체제와 함께 지원되는 기본 프로그램과 웹상에서 쉽게 다운로드받을 수 있는 셰어웨어와 프리웨어를 중심으로 소개하여 별도의 실습 비용 발생을 최소화하였다.

이를 바탕으로 한 이 책의 각 장 구성은 다음과 같다.

제1장에서는 교수 · 학습 자료 제작의 기초 이론을 이해하기 위하여 교육매체의 개념, 멀티미디어 자료의 개념과 특성에 대해 유형별로 언급하였다. 또한 교수 · 학습 활동과 매체 통합의 절차와 매체 활용 시 고려해야 할 저작권에 대해 소개하였다.

제2장에서는 수업에 필요한 디지털 이미지를 만드는 방법을 설명하고 있다. 대표적인 이미지 편집 프로그램인 포토샵의 기본 기능과 편집 기능에 대해 이해하고 실습할 수 있도록 구성하였다.

제3장에서는 디지털 사운드 편집 프로그램을 다루는 방법을 소개하고 있는데, 우리 주변에 있는 많은 소리를 소재로 활용하고, 그 소리들을 구성하고 편집하여 수업에 활용하는 방법을 설명하였다.

제4장~제6장에서는 최근에 더욱 관심과 활용이 높아진 동영상 수업 자료 제작에 대한 방법을 설명하고 있다. 동영상 촬영부터 캡처와 편집 방법에 대한 전반적인 과정을 모두 포함하여 활용하기에 충분한 지식과 기술을 익히도록 하였다.

제7장과 제8장에서는 애니메이션 수업 자료 만들기에 대한 방법을 소개하였다. 애니메이션 제작 및 편집 프로그램인 플래시를 활용하여 애니메이션 수업 자료를 제작하도록 하였다.

제9장에는 수업용 프레젠테이션 자료 만들기를 소개하였는데, 최신 버전인 파워포인트 2007를 중심으로 소개하였다. 파워포인트 2007에서 달라진 다양한 기능들을 소개하여 보다 효과적인 수업 자료 제작에 도움이 되고자 하였다.

제10장에는 수업용 웹 페이지 및 커뮤니티 만들기 방법을 설명하여 교사와 학생들과 의견을 공유하고 다양한 상호작용을 하는 방법을 제공하였다.

이러한 내용을 통해 이 책이 수업을 준비하는 예비 교사와 현직 교사들에게 멀티미디어 교육매체 제작에 대한 구체적인 방법과 내용을 이해하고, 실천할 수 있는 디딤돌이 되어 수업 개선에 실질적인 도움이 되기를 바라는 마음이다.

이 책의 내용은 기술과 컴퓨터 프로그램들의 빠른 변화에 맞추어 지속적으로 수정될 것이다. 또한 이 책을 사용하는 예비 교사와 현직 교사들의 좋은 지적과 피드백을 통해서 지속적으로 개선될 것이다.

끝으로 이 책이 나오기까지 많은 도움을 주신 분들에게 감사를 드리며, 출판을 허락하신 김진환 사장님을 비롯한 편집부 직원들에게 깊은 감사를 드린다.

2009년 9월

저자 일동

contents

제1장

교수 · 학습 자료 제작의 기초

1. 교육매체에 대한 이해

일상생활에서 인간이 감각기관을 활용하는 것은 아주 자연스러운 일이다. 우리는 새로운 정보를 접할 때 시각, 청각, 후각, 미각, 촉각을 활용한다. 이는 인간의 학습과정에서도 마찬가지다. 예를 들어, 교과서를 보거나 강연을 듣고, 새로운 맛과 향을 경험하며 기술을 익힌다. 따라서 교육매체를 통한 교육은 복합적인 감각기관을 활용하는 인간 본연의 특성을 반영하는 것이다. 교육에서 설명과 글 이외의 교육매체를 사용하게 된 시기는 17세기에 이르러서다. 체코의 코메니우스(Comenius)는 교육매체를 사용한 세계 최초의 교육자로 알려져 있는데, 그는 『세계도회』라는, 교과서에 삽화를 활용하였다. 이후 교육자들은 다양한 형태의 교육매체를 통해 보다 효과적인 교육을 실시하고자 노력하고 있다.

교육매체의 정의

매체(media)의 어원은 라틴어로 '사이(between)'라는 의미를 가지고 있다. 즉, 매체는 의사소통(communication)에서 메시지(message)를 분명하게 전달하기 위해 활용되는 모든 형태의 수단이다. 의사소통 수단으로서의 매체에는 인쇄매체, 시각, 청각 및 동영상 매체, 모형 등이 포괄적으로 포함된다.

교실에서 수업과정은 교사와 학생 그리고 학생과 학생 간의 의사소통 과정이다. 의사소통 과정으로서 교사는 교육내용이라는 메시지를 학생들에게 전달하게 된다. 이때 교사는 명확하고 구체적인 전달을 위해 매체를 활용한다. 교육적 목적으로 활용되는 교육매체에는 TV, 라디오, 컴퓨터 등의 하드웨어와 이를 이용하여 제작한 교수 · 학습 자료뿐만 아니라 시설, 학습환경, 교육내용과 인적 자원이 포괄적으로 포함된다.

에드가 데일의 경험의 원추

교육학자인 에드가 데일(Edgar Dale, 1969)은 시청각자료를 교육적으로 활용하기 위한 개념을 보여 주기 위해 경험의 원추(Cone of Experience)모형을 소개하였다. [그림 1-1]에서 보여 주듯이, 데일은 학습의 경험을 구체적인 경험부터 추상적인 경험까지 행동적 단계, 영상적 단계 및 상징-추상적 단계로 구분을 하였다.

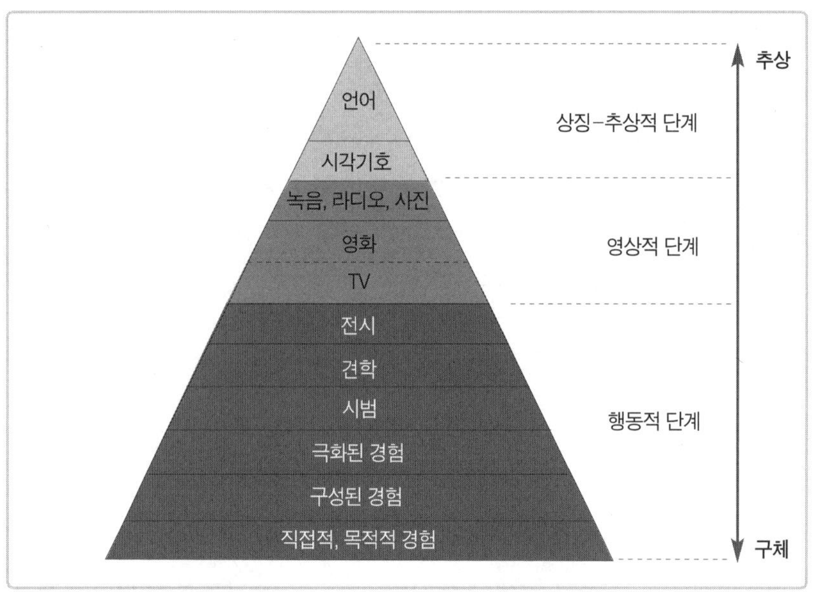

[그림 1-1] 에드가 데일의 경험의 원추

에드가 데일의 경험의 원추의 행동적 단계에서 직접적, 목적적 경험이란 학생들이 실제 상황의 체험을 통해 가장 구체적인 학습을 하는 단계다. 예를 들어, 음식 만들기, 식물 재배하기 등 과제 중심 학습이 여기에 해당된다. 구성된 경험은 실제 경험의 체험학습이지만 실제성이 부분적으로 적용된다. 예를 들어, 실제경험 중 중요한 요소만 강조하여 만들도록 한 모형제작물이 여기에 해당된다. 극화된 경험이란 역할극 또는 시뮬레이션과 같이 실제 경험과 비슷하도록 연출하여 놓은 가상된 자료나 환경을 활용하는 것이다. 시범은 실제 현장에서 전문가 또는 교사의 실제 경험을 보며 함께 실습하는 경우다. 견학은 실제 현장에 가서 보고, 듣고, 대화를 통해 직접 체험보다는 주로 간접 체험 또는 부분 체험을 하는 학습이다. 전시의 형태는 현장에 가서 관련된 실물이나 작품을 보며 상호작용적 경험을 하는 것이지만 주로 간접경험을 한다. 다음 영상적 단계부터는 실제적 또는 간접적인 경험보다는 영상을 통해 주로 보고, 듣는 중심으로 학습이 이루어진다. 이 중에 교육용 TV와 영화는 다양한 영상기법을 활용하고 사실을 전달하거나 극적인 효과를 더할 수 있다. TV와 영화는 그림과 같이 위계성이 분명치 않기 때문에 점선으로 나눈다. 녹음, 라디오 및 사진의 형태는 보거나 듣는 기능 중 하나를 활용하는 학습이다. 마지막으로 상징-추상적 단계는 구체적인 대상에 대해 시각, 청각, 촉각 등 감각을 동원하여 배우는 이전 단계들과는 달리 주로 책이나 다이어그램과 같은 상징적 기호를 통해서 배우게 된다. 즉, 같은 시각자료라고 해도 사진은 실물을 그대로 옮겨 놓아서 구체적인 경험을 제공하는 데 비해, 다이어그램이나 그래프 등은 추상적인 개념을 시각적 기호를 활용하여 표현하는 것이다. 과학적 원리와 수학 공식의 언어적 표현이 중심이 된 교과서가 여기에 해당된다.

데일의 경험의 원추는 교육에서 시사점이 크지만 구체적인 것과 추상적인 것 중 어느 것이 좋은지 가치를 정하지 않았다. 그 기준은 어떤 교육환경이냐에 따라 달라질 것이다. 예를 들어, 저학년 아동일 경우 추상적인 학습보다는 구체적인 행동에 의한 학습이 효과적이다. 이와 같이 학습자들의 발달단계에 따라 적합한 학습경험을 제공하는 것이 중요하다.

2. 멀티미디어 자료의 특성

매체는 전통적으로 융판, 사진, 슬라이드, 라디오, TV나 영화 등 다양한 종류를 포함한다. 그리고 컴퓨터의 등장으로 매체의 멀티미디어적 기능 구현이 가능하게 되었다. 이러한 정보통신기술이 발달되면서 컴퓨터, 모바일기기 등 최신기술은 인간의 삶의 방식을 변화시키고 있다. 무엇보다 미래학습자라고 불리는 현재 청소년들은 블로그, 채팅, 모바일기기 등 다양한 정보통신기술 매체를 통해 의사소통한다. 학교에서는 칠판의 판서와 설명이 중심이 되는 전통적인 강의방식이 주를 이루고 있는데, 미래학습자와의 효과적인 의사소통을 위해서 정보통신 기술의 장점을 활용하여 전통적인 방법과는 다른 형태의 수업을 진행할 수 있다.

이에 따라 최근의 교육매체는 단순한 한 가지 유형에서 탈피하여 복합적인 형태를 갖추고 있다. 즉, 소리 자료로 구성한 것이 아닌 소리와 그림을 동시에 활용하여 제작한다든지 또는 텍스트만이 아닌 텍스트와 그림을 함께 제공하는 형태의 복합적인 유형이 교수 · 학습 자료를 구성하고 있다. 또 하나의 경향은 종이와 테이프 등의 아날로그 형태가 아니라 컴퓨터에서 편집과 저장이 가능한 디지털 형태를 갖추고 있다는 점이다. 다음에서는 멀티미디어라고 불리는 매체를 구성하는 원자료들의 개념과 속성 등을 정리하고자 한다.

멀티미디어 자료의 특성과 제작원리

멀티미디어 자료의 제작원리는 자료의 특성마다 다를 수 있지만, 공통적으로 적용되어야 하는 대원칙은 단순성과 일관성이다. 단순성은 특별히 교육용 멀티미디어 자료와 비교육용 자료를 구분하는 중요한 원리다. 교육용 자료는 교육내용과 관련된 흥미나 명확한 내용 전달을 목적으로 하기 때문에 지나치게 화려하거나 불필요한 정보와 이미지는 학생의 집중도를 떨어뜨려 비효과적인 결과를 줄 것이다. 일관성의 원칙은 멀티미디어 자료 전체에 적용되는 디자인 원리로서 특별한 목적이 아니라면 가급적 글씨체, 표현법, 색상, 제목 스타일 등 일관성을 지키도록 한다. 예를 들어, 교육용 웹 페이지를 제작할 경우 중요한 내용을 강조하기 위해 텍스트를 진하게 표시하는 기법을 사용했는데, 다른 내용에는 밑줄을 그어 강조했다면 둘

중에 한 가지 표현법으로 일관성을 유지하는 것이 좋다. 이러한 기본 원칙을 중심으로 각 멀티미디어 자료별 특성과 제작원리를 좀 더 자세히 살펴보자.

텍스트

텍스트는 가장 기본적인 미디어로서 정확하고 세부적인 정보를 제공할 수 있다. 인쇄교재나 웹 사이트의 텍스트 중심의 자료를 제작할 경우, 디지털 이미지나 동영상에 제목과 설명을 삽입할 경우 등 거의 모든 멀티미디어 자료 제작에 활용된다고 하겠다.

무엇보다 텍스트는 용량을 매우 적게 차지하기 때문에 정보를 경제적으로 전달할 수 있다. 교육적 용도로 텍스트의 효과적인 제시 형태는 너무 많은 종류의 글씨체를 사용하면 주의를 산만하게 하고 가독성을 떨어뜨리므로 한 화면당 4개 정도로 글씨체, 크기, 스타일을 결합하는 것이 좋고, 이러한 결합은 화면마다 일관된 것이 좋다(김미량, 2004). 이와 같이 텍스트를 활용하여 멀티미디어를 제작할 경우 지켜야 할 주요 제작원리는 다음과 같다.

디자인의 원리

- 읽기 쉬운 글씨체(폰트)과 크기를 사용한다. 인쇄교재라면 신명조 10~12pt가 적당하다. 파워포인트 발표라면 교실 뒤의 학생이 충분히 보일 정도의 글씨크기여야 한다.
- 글자와 배경색상은 대조를 이루어야 한다. 또한 배경색상에 복잡한 무늬를 피해 글자의 가독성을 높인다.
- 인쇄교재나 웹 페이지의 경우 화면당 3~4개 이내의 글씨체를 사용한다.
- 너무 많은 내용을 한 페이지 또는 한 화면에 담지 않는다. 예를 들어, 파워포인트 발표자료의 경우 한 화면에 한 문단 정도의 내용이 적당하다.
- 충분한 줄 간격을 둔다. 한글인 경우 160%, 영문인 경우 두 줄(double space)이 적당하다.

 **내용 구성의 원리**

- 학생의 발달수준에 맞는 단어와 표현법을 사용한다.
- 최신의 내용이 반영되도록 한다. 변화가 많은 내용이라면 내용을 제시한 현시점이 언제인지 정보를 제공한다(예: 한국의 인구는 현재 4,727만 9천 명이다, 2005년 현재 기준).
- 제목, 표, 그림 등은 관련된 내용 근처에 삽입한다.
- 주제가 전환되는 텍스트 간에는 충분한 여백을 두어 이해를 돕는다.
- 제시용 자료에는 한 페이지에 되도록 한 개념만을 소개한다. 두 개 이상의 개념을 한번에 소개하면 내용의 이해와 기억에 혼란을 줄 수 있으며, 내용도 길어진다.
- 만연체를 삼간다. 짧은 문장이 학습자의 이해를 돕는다. 대략 3줄을 넘기지 않는다.
- 부정문보다는 긍정문을 활용한다. 특히, 이중부정은 피한다.

이미지/그래픽

디지털 형식의 그림은 저장되는 방식에 따라 비트맵 방식과 벡터 방식으로 구분한다. 비트맵 방식으로 표현된 그림을 이미지, 벡터 방식의 그림을 그래픽이라고 구별하여 부르기도 한다. 오늘날 교수 · 학습 환경에 컴퓨터가 주요 매체로 등장하면서, 컴퓨터가 제공하는 정보의 그래픽 기능은 학습에서 사용되는 정보를 언어적인 것에서 시각적인 것으로 점차로 변화시켜 가고 있다. 종래에는 학습자들이 이해하기 어려웠던 고도의 복잡한 수학이나 과학적 개념에 컴퓨터가 제공하는 가상현실과 같은 기능들이 사용되어 구체적이고 직관적인 시각화의 방법으로 학습자들이 쉽게 이해할 수 있도록 하고 있다. 그림자료는 사실적이고 구체적인 대상으로 표현한 것으로 사진, 삽화 등 실제적인 그림의 형태를 갖고 있기 때문에 학습자가 이해하기 쉽다(박숙희, 염명숙, 2002). 또한 학습자는 그림을 포함한 화면을 더 좋아하며, 말보다는 그림을 더 오래 기억한다(진화봉, 1996). 즉, 그림은 중심생각을 잘 이해하게 하여 학습에 유의미한 영향을 미친다. 특히 도형 학습에 컴퓨터 그래픽을 적절히 사용한다면, 복잡한 상황의 모델링과 시뮬레이션, 다양한 수학적 표상 사이의

변환, 역동적인 도형들의 변화 탐구 등의 기회가 많아져서 학생의 능동적인 수학학습이 가능하다(류희찬, 조완영, 1999). 수학을 배우는 과정에서 직관과 통찰을 바탕으로 점진적인 형식화를 이루도록 지도하는 것도 매우 중요하다. 특히 시각은 인식의 가장 중요한 기초가 되며 직관과 통찰에 도움을 주어 이해를 위한 교육의 토대가 되므로, 시각적인 방법을 통하여 수학적 내용이 제시된다면 학생들이 수학적 개념을 이해하고 점진적인 형식화를 이루는 데 도움을 줄 수 있을 것이다(문광호, 1999).

이와 같은 효과적인 결과를 위해 이미지/그래픽에 관련된 주요 제작원리는 다음과 같다.

디자인의 원리

- 이미지/그래픽의 색상은 4가지 이내로 사용한다.
- 희미한 색상보다는 선명한 색상을 활용해야 주의집중에 도움이 된다.
- 이미지/그래픽의 크기가 충분히 커서 명확한 의미 전달을 해야 한다.

내용 구성의 원리

- 그래픽은 내용과 밀접한 관련이 있는 것으로 선택해야 한다. 불필요한 이미지는 학생들의 주의집중을 방해하며, 과도한 제시는 역효과를 가져올 수 있다.
- 지나친 세부묘사나 사실성은 피한다. 오히려 학습자의 주의를 산만하게 하는 경향이 있다. 예를 들어, 사진에서 불필요한 배경은 포토샵을 활용하여 제거한다.
- 복잡한 개념의 이미지를 한꺼번에 제시하면 부정적인 효과를 준다. 부분적으로 제시하는 기법이나, 순서적으로 보여 주는 기법을 활용한다.
- 순서적 표현을 위한 이미지 배치의 경우, 익숙한 방향을 지켜야 한다. 일반적으로 사람은 좌측에서 우측, 시계방향 등이 익숙하다.

소리 자료

소리 자료는 음성, 음향, 음악 등 소리로 표현되는 모든 멀티미디어 자료로 스피커를 통해 음파 형태로 표현되며 귀로 전달된다. 이미지나 그래픽 자료와 음성을 링크시켜 그림에 대한 설명을 할 수 있도록 만들면 음성이나 이미지 자료가 단독으로 제시될 때보다 훨씬 더 효과적인 자료가 된다. 또한 그래픽에 음악을 배경으로 넣거나, 적절한 음향을 넣으면 정적 미디어에 생동감을 넣어 줄 수 있다.

소리 자료의 효과적인 활용을 위해 주요 제작원리는 다음과 같다.

디자인의 원리

- 녹음 자료일 경우 목소리의 속도는 정상보다 느려야 한다. 느리고 분명한 목소리는 학습자의 충분한 이해를 도울 것이다.
- 마이크로 녹음할 경우, 마이크와의 거리와 위치에 따라 소리가 다르게 녹음되므로 자세를 고정하여 녹음한다.
- 녹음실 이외에서 녹음할 경우 잡음을 피하기 위해 완충 재료를 이용할 수 있다. 예를 들어, 바닥의 카펫과 창문의 커튼은 소리의 반사와 울림을 막아 준다.

내용 구성의 원리

- 오디오만 제공되는 경우, 지시어 사용은 피한다. 예를 들어, 그녀, 오른쪽, 저기 여기, 이것 등의 표현은 명확한 의미를 전달하지 못한다.

애니메이션 및 동영상 자료

애니메이션(동화상)은 연속된 그림을 사용하여 표현하는 방식으로, 만화영화를 연상하면 이해가 빠르다. 애니메이션은 비디오카메라로 촬영이 불가능할 경우나 물체의 동작 원리를 설명하고자 하는 경우 매우 효과적인 표현 수단이다. 애니메이션으로 된 콘텐츠는 동기적 흥미를 줄 뿐 아니라, 무엇보다 표현하고자 하는 주제를 더 잘 이해하도록 하여 주어진 학습과제의 추상성의 정도를 낮추고, 학습자

로 하여금 정확하고 명확한 동적 심상을 구축할 수 있게 하고, 또한 학습자는 각 문제 상황에 따라 동적 심상을 자유롭게 변형하여 이용할 수 있으며, 학습을 통하여 배운 내용들은 새로운 문제 상황에 효과적으로 적용 또는 전이할 수 있다. 이러한 애니메이션은 움직이는 영상을 보여 주면서 음향과 음성, 음악을 함께 구현할 수 있는 동적 미디어라는 점에서 아동이 매우 선호하는 미디어다(김병문, 2003).

과학 교과에서 실험 · 실습이 불가능한 단원의 학습이나 장기간의 관찰이 필요한 학습에서 동영상 자료로 학습하는 것은 매우 효과적이다. 동영상은 비디오카메라를 사용하여 촬영한 연속적인 이미지인데, 이는 두 가지 형태로 구분할 수 있다. 한 가지 형태는 간단한 사물의 실험이나 현상 등을 촬영한 것이다. 이러한 동영상은 학습자의 시선을 집중시키는 가장 효과적인 방법 중 하나로 여겨지고 있다. 왜냐하면 움직임으로 주의를 끄는 매우 강한 시지각의 대상으로 언어적이고 개념적인 의미의 전달 이전에 색채, 화면구성 등의 조형적 요소와 이것이 시간의 흐름에 따라 움직이면서 만들어 내는 일련의 변화들을 먼저 인식하게 되기 때문이다. 즉, 동영상은 시각적 유도 요인으로 활용되며, 학습자의 흥미를 유발시키는 역할을 하게 되는 것이다(이정현, 2001). 또 하나의 형태는 교육방송과 같이 스튜디오를 중심으로 제작된 방송물을 e-learning으로 방송하는 것이다. 이 경우, 학습내용 전달의 대부분은 PC 모니터에서 지속적으로 전달되는 영상을 보는 것이기 때문에 학습자에게 효과적인 상호작용의 기회는 그리 많지 않다. 게다가 동영상 화면도 TV에 비해 매우 작은 크기이기 때문에 주의집중 시간이 그리 길지 않은 어려움도 제기된다. 따라서 이런 형태는 동영상 자료 제작의 단위 시간을 10분 이내로 줄이고, 상호작용을 유도하는 활동을 부가하여 학습내용이 구성되어야 할 것이다(최성욱, 2002). 동영상 자료를 제작하기 위한 주요 제작원리는 다음과 같다.

디자인의 원리

- 연속 동작을 표현할 때는 최소 초당 15프레임을 보여 주어야 한다.
- 너무 길지 않게 제작한다. 대략 30분 이내가 적당하다. 특히 디지털 동영상은 파일 크기를 고려한다.

- 장면과 장면을 연결할 때, 움직이는 영상은 신중하게 편집한다. 예를 들어, 줌 인(zoom-in)과 줌 아웃(zoom-out)의 중간에 편집하여 연결하면 내용이 끊긴 것처럼 보인다. 되도록 고정된 장면 사이를 연결한다.
- 해설과 함께 제공되는 배경음악이 너무 크지 않도록 한다. 중요한 것은 해설이므로 배경음악이 방해해서는 안 된다.
- 유명한 영화음악의 사운드트랙 등 특정 이미지와 연결된 배경음악은 해당 교육 내용에 대한 주의집중을 방해한다.
- 지나치게 다양한 촬영 및 편집 기법은 피한다. 이는 다양한 화면 효과를 연출할 수 있지만 주의 집중을 방해하므로 내용 제시에 효과적일 경우에 한해 최소한으로 활용한다.

내용 구성의 원리

- 충분한 기획이 우선이다. 내용의 순서와 스크립트를 먼저 준비한다.
- 동영상에 적합한 내용을 선정한다. 단순 개념 제시는 제시형(강의형) 자료가 좋으며, 복잡한 문제상황, 절차적 내용, 감동을 주는 윤리적 내용 등이 동영상에 적합하다.

멀티미디어 자료의 교육적 효과

멀티미디어 자료들은 복잡한 생각을 명확하게 제시해 주고, 기억을 쉽게 해 주며, 학습자로 하여금 감정을 불러일으키게 한다. 그리하여 눈에 보이는 정보는 학습자의 흥미를 유발하고, 주의를 집중하게 하여 감정적인 반응을 일으키게 한다. 학습의 경우, 정보를 언어매체로만 전달했을 때 이해할 수 있는 정보의 양보다는 이를 시각적으로 보여 주면 이해도가 더욱 증가하며, 음성과 화상을 함께 보여 주면 더 많은 정보를 이해할 수 있다. 이처럼 멀티미디어 자료를 활용함으로써 얻을 수 있는 가장 큰 이점은 정보 전달 효과, 즉 이해도를 높이는 것이다. 백영균(1998)은 멀티미디어 자료를 교육적으로 활용하면 다음과 같은 교육적 효과를 가져올 수 있다고 말하고 있다.

- 학습자를 학습에 적극적으로 참여시킬 수 있어 자기주도적 학습력을 기르는 교육이 될 수 있다.
- 실제와 거의 유사한 경험을 제공한다.
- 지루하지 않은 수업을 행할 수 있다.
- 여러 개의 매체를 동시에 활용하는 것과 같은 효과가 있다.
- 학습에서 상호작용의 양과 빈도를 다양하게 할 수 있다.
- 자기 속도에 맞는 수업을 진행할 수 있다.
- 독립적인 학습을 할 수 있게 한다.
- 질 높은 수업을 지속적으로 할 수 있다.
- 학습자의 진도를 수시로 점검하여 통합적인 평가를 할 수 있다.
- 시뮬레이트된 직접적인 경험 위주의 수업을 할 수 있다.
- 치밀하게 저장된 자료를 빠르게 이용할 수 있다.

하지만 멀티미디어를 활용했다고 그 효과와 효율이 반드시 높은 것은 아니다. 멀티미디어 자료는 학습자의 집중력을 높이는 데 효과적인 반면, 집중력 저하에 대한 문제점도 존재한다. 학습자가 처음에는 집중하여 보게 되지만 학습이 지속될수록 점점 집중력이 저하되어, 특별한 전환 없이 지속적인 멀티미디어 자료로 학습할 때는 어떠한 것이 중요한 것인지 모르며 이러한 멀티미디어 활용교육에 익숙해져 집중력이 저하된다는 것이다. 그러므로 학습자가 흥미를 잃지 않도록 다양하고 신선한 멀티미디어 교육자료 개발이 요구된다는 것을 알 수 있다.

3. 교육매체 자료의 제작과 활용

전통적으로 교수 매체는 교수(teaching)의 도구(tool)로서 가르치기 편하기 위해 사용한다는 생각이 지배적이었다. 그러나 공학이 발전함에 따라 등장한 새로운 매체들은 스스로 생각하는 힘이 갖추어짐에 따라 어느 정도의 가르치는 일을 담당할 수 있게 되었다. 즉, 교수자(tutor)로서의 교수 매체의 역할을 스스로 행할 수 있는 힘이 생기게 된 것이다. 이 입장은 기존의 교사와의 역할 분담 문제에서 상당한 갈등을 빚어 온 것도 사실이다. 그러나 학습에 대한 새로운 생각, 즉 지식을 학습자 스스로 구성해 나가는 환경에서의 학습자의 능동성과 적극성 및 자율성의 강조는 매체에 대해서도 새로운 역할을 기대하기 시작하였다. 매체라는 것은 그저 편리한 교수의 수단이거나, 또는 가르치는 일을 분담하는 보조물로서만이 아니고 학습자가 자기의 학습을 방향 짓고 학습을 스스로 해 나가는 하나의 학습 환경, 사고의 대상, 반영(reflection)의 도구로서의 역할을 하여야 한다는 기대다. 이런 매체의 모습을 피교수자(tutee)로서의 매체라고 한다. 매체의 역할을 기준으로 하여 기존의 현장에서 활용되는 매체를 분류하여 보면, 도구로서의 매체, 교수자로서의 매체, 피교수자로서의 매체로 나눌 수 있다. 도구로서의 매체는 OHP, VTR, 슬라이드, 프로젝터 등에서 찾아볼 수 있고, 교수자로서의 매체는 교육용 소프트웨어, 멀티미디어 타이틀이 대표적이며, 피교수자로서의 매체는 가상현실 프로그램, 하이퍼미디어(학습환경), 멀티미디어(반영의 도구) 등을 들 수 있다. 학습자의 주체적인 활동이 강조되어야 하는 미래의 교육에서는 피교수자로서의 역할이 매체 활용에서 중심이 되어야 한다.

발전적인 매체의 모습

교수 · 학습을 위해서 매체를 활용하기 이전에 매체의 활용 유형과 함께 그 기능을 고려하여 살펴보아야 한다. 학습용 소프트웨어의 유형을 연속선상에 표시한 퍼거슨(Ferguson, 1991)의 표를 수정하여 [그림 1-2]와 같이 그려 보았다.

퍼거슨은 각 활용 유형을 직선상에 표기하고 왼쪽에서 오른쪽으로 갈수록 학습자 통제의 정도가 강해진다고 하였다. 필자는 여기에 매체가 포함하거나 지원하는 기능 요소로 탐구적 활동, 목표달성의 다수준성 그리고 고등적 사고 기능의 기준을 더하였다.

[그림 1-2]에서 8개의 활용 유형은 학습활동을 기준으로 분류한 것이며, 기준 요소들에서 화살표의 방향은 활용 유형이 옮겨 갈수록 요소의 특성이 강하게 나타남을 표시한다. 앞으로 많이 사용되어야 할 매체의 활용 유형은 오른쪽에 있다. 이러한 기준에 견주어 보면 현재 우리가 사용하는 매체의 위치가 어디쯤 자리하고 있으며, 앞으로는 어느 유형으로 변해 갈지를 명확히 파악해 볼 수 있을 것이다. 현재 구성주의의 등장으로 지식 전달뿐만 아니라, 그 지식을 탐구하는 과정까지를 탐구하는 방법도 학습에 포함되었고, 학습자는 하나의 학습환경에서도 여러 방향의 학습을 주도할 수 있다고 기대한다. 그리고 선택된 방법은 시행착오를 거치더라도 결

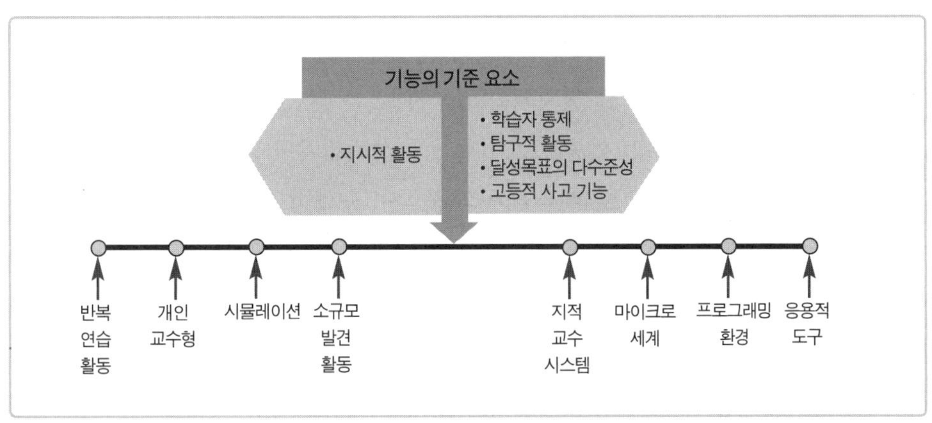

[그림 1-2] 미래형 매체의 활용 유형과 기능 기준 요소와의 관계

과적으로 학습 목표에 도달하도록 이끄는 것이어야 한다. 미래형 매체는 이러한 기능을 지원할 수 있어야 한다. 즉, 미래의 교육에 사용되어야 할 매체는 탐구활동 중심이고 학습자에게 통제권이 많이 부여되어야 하며, 같은 교수 · 학습 목표 아래에서는 그에 도달하는 방법 및 활동을 다양하게 지원하는 것이어야 한다.

교수 · 학습 활동과 매체 통합의 절차

교수 · 학습 활동에 매체를 통합하는 절차는 다음 [그림 1-3]과 같이 9단계로 생각할 수 있다. 그리고 각 단계에 따라 주안점을 두고 매체 통합을 위해 검토할 사항을 미리 점검하고 학습 목표나 환경에 맞도록 적용시킬 수 있어야 한다.

각 단계를 설명하면 다음과 같다.

① 사전에 교수 · 학습 환경의 외적 요인을 분석하는 단계다.
- 학습자의 연령, 지적 수준, 적성, 태도, 흥미 등은 어떠한가?
- 교사의 매체 사용 능력은 어느 정도인가?
- 매체 설치 환경은 어떠한가?(비디오 시설, 스크린 크기, PC 운영체제, 개별화 PC 개수 등)

② 학습 과제를 분석하는 단계다.
- 학습목표와 내용이 잘 연계되고 있는가?
- 학습의 활동은 어떤 활동으로 어떻게 구성되어야 하는가?
- 매체를 사용하기 위한 과제 내용의 분석이 효과적으로 이루어졌는가?
- 학습내용과 활동에 맞는 어떤 매체의 활용이 가능한가?

③ 고려하는 매체의 특성을 분석하는 단계다.
- 매체의 특성들이 정확하게 파악되고 인식되었는가?
- 학습과제를 해결하는 데 매체가 도움이 되는가?

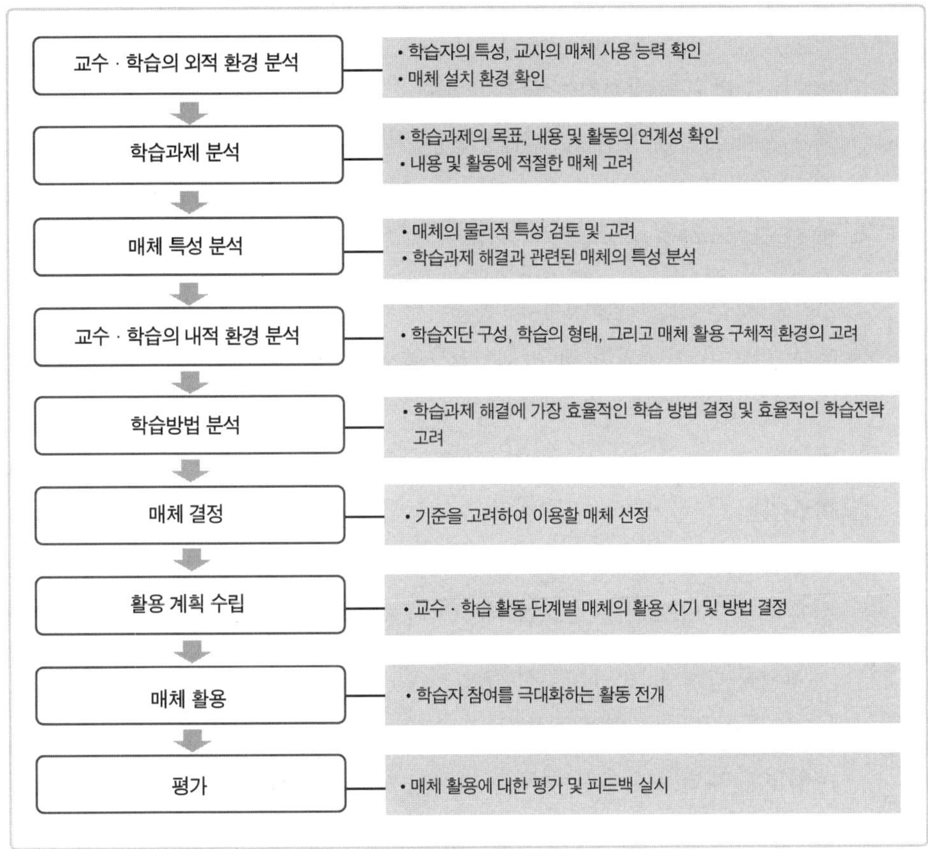

[그림 1-3] 교수 · 학습 활동의 매체 통합 절차

- 학습자의 개인차를 반영할 수 있는 매체인가?
- 매체의 역할과 교사의 역할은 어떠해야 하는가?
- 학습자는 매체와 함께 어떤 활동을 해야 하는가?

④ 교수 · 학습 내적 환경의 분석을 통해 수업 상황을 고려하는 단계다.
- 학습의 집단 구성이 대집단 혹은 소집단인가?
- 수업이 교사 중심 또는 학생 중심인가?
- 수준별 수업을 실시하는 교과인가?

- 매체를 활용할 구체적인 환경은 어떠한가?

⑤ 교수 · 학습 방법을 결정하는 단계다.
- 학습과제 해결에 가장 효율적인 교수 · 학습 방법은 무엇인가?
- 학습과제 해결에 가장 효율적인 교수 · 학습 전략은 무엇인가?
- 매체와 학습방법의 관련성이 높은가?

⑥ 사용할 매체를 선정하는 단계다. 컴퓨터나 웹의 경우에는 사용할 구체적인 소프트웨어를, 기타 매체인 경우에는 하드웨어에 더불어 사용할 자료를 결정한다.
- 매체가 전달하고자 하는 아이디어를 잘 표현하고 있는가?
- 학습자의 사고력과 창의력 배양에 도움이 되는가?
- 이용할 매체가 학습내용에 도움이 되는가?
- 비용과 학습의 효과를 비교할 때 타당성이 있는가?

⑦ 활용 계획을 수립하는 단계로서 수업의 단계에 따라 매체의 활용 시기 및 방법을 결정하는 단계다(도입 단계, 전개 단계, 정리 단계, 보충 단계, 심화 단계 등).
- 수업의 단계별로 사용할 매체가 적절히 배치되었는가?
- 매체의 활용 시기 및 방법은 적절한가?
- 수업 중 차지하는 매체 활용 시간이 적당한가?
- 매체와 자료가 효과적으로 연계되고 있는가?

⑧ 계획과 절차에 따라 매체 활용을 하는 단계다.
- 의도했던 대로 매체가 효과적으로 사용되고 있는가?
- 매체의 활용 환경이 좋지 않을 경우 대안은 수립되어 있는가?
- 학습자의 참여가 활발하게 이루어지고 있는가?

⑨ 매체 활용에 대한 평가를 실시하는 단계다.
- 학습방법의 효율화를 기하는 방향으로 사용되었는가?
- 학업성취를 달성하는 데 효율적인 도구였는가?

- 매체가 가진 특징을 잘 살렸는가?
- 목적 없이 매체를 사용하지 않았는가?

[그림 1-3]은 우리가 실제로 매체를 교육과정에 통합하여 활용할 때 밟게 되는 절차를 순서대로 제시한 것이다. 경우에 따라서는 순서를 바꾸어야 할 때도 있으며, 또는 동시에 여러 단계의 작업이 이루어져야 할 때도 있을 것이다.

매체 활용의 방향

간단하게 교수 · 학습 매체를 보는 관점과 미래형 매체의 기능을 살펴보았다. 결국 교수 · 학습 매체의 선택 문제는 교과 특성, 교육 환경 특성, 학습자 특성에 기초한다. 예를 들어, 이산가족의 상봉 장면을 굳이 인터넷을 통해서 희미한 화면과 깨알 같은 글자로 읽을 필요는 없다. 대형 프로젝션 TV로 보는 VTR의 상봉 장면이 훨씬 효과적인 매체일 것이다. 여기서 유추해 볼 수 있듯이, 교수 · 학습 매체의 활용은 예나 지금이나 교과 내용에 의존적이며, 학습자 특성에 민감하다는 것이다. 교사는 교수 · 학습 매체의 이와 같은 특성을 충분히 고려하여 선택하고 활용해야 할 것이다.

요약하면, 매체의 활용은 매체의 주인공은 교사가 아니라 학습자라는 생각을 가지고 학습자의 사고의 도구로서 또는 반영의 도구로서 활용하는 것이 변하지 않는 핵심적 관점이라 생각한다. 그리고 교사는 신(新)교수의 매체가 등장하면 그 특징과 장점을 파악하고 자신의 수업에 활용하여 보려는 노력을 하는 것이 매체의 올바르고 효율적인 활용의 측면에서 바람직한 태도라고 하겠다. 예를 들면, 최근에 등장하고 있는 휴대폰, PDA 등의 모바일 매체들은 새로운 특성을 가지고 우리에게 다가오고 있다. 이들 매체는 인터넷 검색뿐 아니라 내용의 송수신이 가능하기 때문에 신개념의 교수매체로 활용될 가능성이 매우 높다. 이처럼 급변하는 사회의 구성원으로 살아 가는 교사는 신교수환경, 신교수 · 학습 체제 및 신교수 · 학습 매체에 민감하여야 하며, 이러한 것들에 능동적으로 대처하려는 노력을 해야 한다.

저작권에 대한 고려

문서나 창작물이 디지털화되면서, 이에 대한 무분별한 복사나 불법 활용이 사회적 문제로 대두되고 있다. 영화나 음악 파일을 동호회 웹 사이트에 올리거나 상업용 소프트웨어를 복사하여 사용하는 등 우리가 알게 모르게 위반하는 저작권 사례가 많을 것이다.

교육매체의 제작 시에도 저작권에 대한 문제가 발생할 수 있는데, 이는 많은 교사들이 기존의 교수 · 학습 자료를 활용 또는 가공하여 활용하기 때문이다. 학교 교육 목적에 활용할 경우 일정한 조건하에서는 저작권자의 허락을 받지 않고도 저작물을 이용할 수 있다. 그렇더라도 수업 자료를 제작 · 활용하는 교사로서 저작권에 대한 인식과 준수가 필요하다고 하겠다. 이는 타인의 저작물을 활용하는 것뿐만 아니라 자신이 제작한 수업 자료에 대한 타인의 올바른 활용을 위해서도 중요하다.

디음에서는 저작권위원회(http://www.copyright.or.kr/)에서 소개하는 내용을 중심으로 저작권에 대해 간단히 살펴보고자 한다.

저작권

저작권이란 사람의 생각이나 감정을 표현한 결과물인 '저작물'에 주는 권리다. 저작물의 종류는 다양한데, 예를 들면 어문저작물(시, 소설, 수필, 각본, 논문, 강연, 설교 등), 음악저작물, 연극저작물, 미술저작물, 영상저작물, 도형저작물(지도, 도표, 설계도, 약도, 모형 등 도형으로 표현된 저작물), 컴퓨터프로그램저작물, 2차저작물(기존의 저작물을 번역, 변형, 각색 등 재창작한 저작물), 편집저작물 및 공동저작물 등이 있다.

저작권은 크게 저작인격권과 저작재산권으로 분류할 수 있다. 저작인격권이란 저작자가 인격적으로 갖는 권리로, 양도 및 상속되지 않는 저작자에게만 있는 권리다. 예를 들어, 자신이 제작한 저작물에 대해 공표할 것인지, 성명을 표시할 것인지, 저작물에 대한 가공을 허락할 것인지에 대한 권리다. 저작인격권과 달리 저작재산권은 다른 사람에게 양도하거나 상속될 수 있는 권리로, 저작물을 통해 재산적 이익을 얻을 수 있는 권리를 말한다. 즉, 복제권, 공영권, 전시권, 배포권, 2차저작물 작성권, 대여권 등이 여기에 속한다. 이러한 저작권의 보호 기간은 저작물이 완성되면서 바로 적용되며, 저작자의 생존 시기를 포함하여 죽은 다음 해부터 50년 동안이다.

웹 사이트나 저작물을 보면 저작권에 대한 보호의 표시로 "Copyright ⓒ 이름. All Rights Reserved."는 흔히 볼 수 있다. 그러나 이러한 표시가 없더라도 저작권은 저작물 창작과 함께 자동 발생한다. 그러나 저작권자로서 타인의 올바른 활용을 위해서 저작권자의 정보와 기본 연락처를 표시하는 것이 좋다.

저작물의 올바른 이용

저작물을 올바로 활용하기 위해서는 정품 구입과 저작권자의 허락을 받는 것이 중요하지만, 다음의 경우에는 일정 조건하에서 저작권자의 허락이 없더라도 저작물을 활용할 수 있다. 즉, 재판 절차 등에서의 복제, 학교교육 목적 등에서의 이용, 시사 보도를 위한 이용, 공표된 저작물의 인용, 비영리 목적의 공연 및 방송, 사적이용을 위한 복제, 도서관 등에서의 복제, 시험 문제로의 복제, 시각장애인을 위한 복제, 번역 등에 의한 이용, 시사적인 기사 및 논설의 복제가 해당된다. 그러나 일정 조건하에서라는 단서가 따른다는 것을 유의해야 한다. 예를 들어, 도서관에서 책을 복사할 경우, 부분이 아닌 책의 모든 페이지를 복사하는 것은 저작권법에 위배된다. 이에 대한 자세한 내용은 관련 자료를 참고하거나 전문가에게 문의해야 한다.

이러한 내용을 전제로, 저작물을 올바르게 이용하기 위해 다음 사항을 고려해야 한다.

- 어떤 저작물을 이용할 것인지 결정한다.
- 그 저작물의 보호 기간 및 종류를 파악하여 저작권에 보호받는 것인지 확인한다.
- 저작권자에게 허락 없이도 이용할 수 있는지 확인한다.
- 저작권자의 허락이 필요하다면, 저작권자에게 저작물 제목과 이용 방법을 자세히 알리고 이용에 대한 허락을 받는다.
- 허락받은 범위 내에서만 이용하고, 저작권자의 의사에 따라 저작자 표시, 출처 표시를 명확히 한다.

최근 블로그나 개인 홈페이지 등에 다양한 정보가 많이 소개된 것을 볼 수 있다. 그러나 여기에 저작자의 표시가 없다면 좋은 교수 · 학습 자료라고 할 수 없다. 또한 교사가 문제집의 문제나 사용 프로그램을 학교 홈페이지에 올려서 학생과 공유하는 것은 저작권법을 위배하는 것이다. 이 책에서 저작권의 모든 경우를 다룰 수는 없지만, 교사들은 저작물을 활용하게 되는 다양한 상황 속에서 좀 더 주의를 기울여 신중하게 활용해야 한다.

생각해 볼 문제

1 단일의 유형으로 된 자료와 복합적으로 이루어진 자료를 비교하여 보고 항상 복합적인 자료가 효과적인지 그리고 단일 자료로만 교수 · 학습 자료를 구성해야 될 상황은 어떤 것인지를 생각하고 정리해 보자.

2 다양한 교육 상황 속에서 어떠한 교육매체의 형태가 가장 효과적으로 활용될 수 있는지 생각하고 정리해 보자.

3 교수 · 학습 매체는 어떤 경향으로 발전하고 있으며, 매체의 활용은 어떤 방향에서 이루어져야 하는지를 생각하고 정리해 보자.

제2장

이미지 수업 자료 만들기

수업 내용 미리 보기

초 · 중 · 고등학교 교과별 만화 학습 자료를 제작하여 도입 부분의 생각 열기와 학습 정리 부분에서 사용할 수 있다. 포토샵 프로그램을 이용하여 학습 자료를 제작해 보자. 포토샵의 여러 가지 기능인 Marguee tool, Magic wand tool, Eraser tool, Gradient tool 등을 이용하여 다음 그림을 완성해 보자.

개 요

1 이미지와 그래픽

이미지그래픽은 비트맵(bitmap) 방식과 벡터(vector) 방식으로 구분할 수 있다. 비트맵 방식은 그림을 가로 세로의 동일한 간격의 격자(grid)로 구분하여 점으로 표현하는 방식으로 이미지가 픽셀(pixel) 단위로 이루어져 있다. TV나 LCD 모니터를 자세히 살펴보면 픽셀로 이루어진 것을 확인할 수 있으며, 아래에 제시한 그림을 통해서도 확인할 수 있다. 이 방식은 각각의 픽셀 정보들이 복잡한 연산과정을 거친 색상 정보를 지니므로 벡터 방식에 비해 많은 기억 용량을 차지할 수 있으며, 대표적인 프로그램은 포토샵, 페인트샵 프로 등이 있다. 한편 벡터 방식은 픽셀이

이미지 출처: http://www.puccaclub.com 재구성

라는 개념 대신에 도형 정보를 수식적으로 사용하며, 수학적인 좌표 값으로 이미지를 표현한다. 즉, 선을 이용하여 이미지를 표현하는 방식이라고 할 수 있는데, 선의 양 끝 점의 정보만 가지며 비트맵 방식에 비해 파일 크기가 작다. 벡터 방식은 해상도와 무관하기 때문에 이미지를 확대하거나 축소해도 이미지 손상이 없다는 장점이 있다. 주로 일러스트레이터, 코렐드로우, 프리핸드, 플래시와 같은 소프트웨어들이 이 방식을 사용한다. 보통 비트맵 방식으로 표현된 그림을 이미지, 벡터 방식의 그림을 그래픽이라고 구별하여 부르기도 한다.

2 관련 소프트웨어 알아보기

포토샵(Photoshop) 프로그램은 픽셀을 기본한 비트맵 방식의 이미지 편집도구이며, 일러스트레이터(Illustrator) 프로그램은 수학 알고리즘을 적용한 벡터 이미지 편집 방식의 그래픽 저작도구다. 포토샵은 Adobe(어도비) 사의 이미지 프로그램으로서, 이미지 제작, 변형, 합성 등의 편집을 할 수 있는 기능과 필터라는 기능을 통해 이미지 효과를 손쉽게 주는 특성을 갖추고 있어 전 세계에 걸쳐 많이 사용되는 이미지 도구 중의 하나다. 업그레이드를 거쳐 최근에는 Photoshop CS 버전이 출시되어 사용되고 있다.

3 관련 파일 알아보기

그래픽 파일 포맷은 그래픽 이미지가 저장된 파일의 형태를 말하며, 그래픽 파일은 압축하는 방식에 따라 이미지 용량과 파일 포맷이 달라지게 된다.

- PSD 포토샵 프로그램의 고유한 파일 형태로 이미지의 모든 모드에서 저장이 가능하며, 24개의 채널과 100개의 레이어를 저장한다. 포토샵에서 가장 안전한 형식으로 사용하며, 레이어를 모두 보존할 수 있지만 용량이 달라진다.
- JPEG 뛰어난 압축률로 웹상에서 가장 많이 사용하며, 특히 색상이 많이 들어가는 그림이나 사진을 저장할 때 많이 사용한다. 확장자는 JPG, JPEG, JFIF가 포함된다.
- GIF 256가지 색을 동시에 표현할 수 있으며, 온라인상에서 이미지 파일을 업로드 및 다운로드할 때 많이 사용한다. 256가지 색으로 제한되기 때문에 홈페이지 문서에 삽입하는 작은 그래픽 문서를 삽입할 때 사용한다.
- PNG 256가지 색만 동시에 표현할 수 있으며, GIF 포맷보다 압축률이 좋으며 1,600가지 색의 트루컬러를 표현하는 모드도 있지만 화질 저하가 없는 압축 방식으로 JPG에 비해 압축률이 낮아서 비효율적이다.
- BMP MS윈도우에서 사용되는 비압축 그래픽 파일로 압축률이 매우 낮아서 일반적인 용도로는 사용하지 않는다. 따라서 BMP 확장자를 가진 파일은 그래픽 프로그램이지만, 그래픽 편집 툴(알씨, acdsee)을 사용하여 압축률이 좋은 포맷으로 변환해야 한다.
- TIFF 앨더스 사와 마이크로소프트 사가 공동으로 개발한 그래픽 파일 포맷으로, 압축하지 않은 상태로 이미지를 저장하여 무손실 압축 방식을 사용하면서 파일의 용량을 최대한 줄여 주는 장점이 있다. 주로 인쇄용 그래픽에 사용하며, 일반적인 용도에는 사용하지 않는다.

활동 주제

적용 학습 영역	학습 주제	학습 활동
전 영역	만화 학습 자료를 이용한 생각 열기	수업 도입부에 동기 유발을 위한 자료로 활용 가능하다. 교사는 학생의 사고나 수업 주제에 대한 생각을 열기 위해 4~6컷 만화자료를 만들어 활용할 수 있으며, 또한 이미지 형태의 퀴즈 자료를 만들어 퀴즈 대결을 통해 수행평가에 활용할 수 있다. 학생의 입장에서는 학습 정리 부분이나 조별 발표 자료를 재미있는 만화 자료로 만들어 발표할 수 있는 자료다.

자료 만들기

포토샵을 실행시키면 다음과 같은 메인 화면을 만나게 된다.

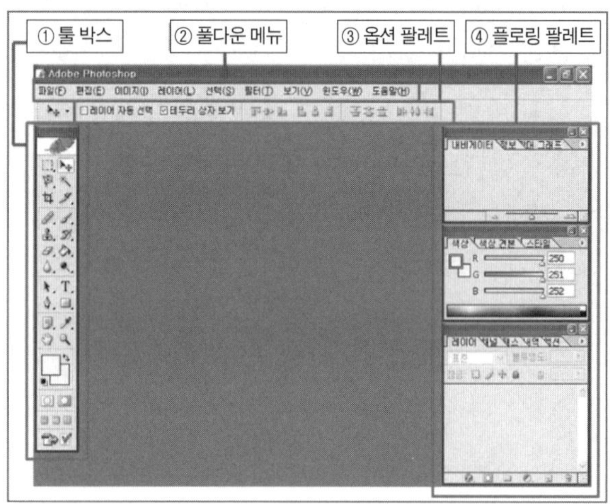

① 툴 박스는 이미지를 편집하고, 그릴 수 있는 기능을 지닌 다양한 메뉴로 구성이 되어 있으며, 이미지 선택, 컬러 선택, 이미지 자르기, 이미지 이동, 이미지 리터치 등을 위한 툴을 모아 놓은 곳이다.

② 풀다운 메뉴는 이미지 작업 시 원하는 명령을 실행시키기 위한 메뉴 항목으로 구성되어 있다. 마우스를 이용해 파일, 편집, 이미지, 레이어, 선택, 필터, 보기, 윈도우, 도움말 항목을 선택하면 풀다운 형태의 다양한 기능을 지닌 메뉴들을 살펴볼 수 있다.

③ 옵션 팔레트는 툴 박스를 통해 원하는 메뉴를 선택하면 나타나는 부분으로, 각 메뉴의 세부적인 기능들을 사용할 수 있는 편리한 형태를 띠고 있다.

④ 플로링 팔레트는 이미지 작업을 위한 레이어, 채널, 패스 등을 사용할 수 있는 기능을 제공하며, 이미지의 축소 화면을 보여 주거나 컬러의 수치를 보여 주며, 컬러를 편리하게 변경할 수 있다.

Tip

툴 박스와 플로링 팔레트 보여 주기

키보드의 〈Tab〉 키를 누르면 툴 박스와 플로링 팔레트가 일시적으로 화면에서 사라지며 넓은 화면으로 이미지 작업을 할 수 있으며, 다시 키보드의 〈Tab〉 키를 누르면 툴 박스와 플로링 박스가 나타난다.

활동 1 이미지 구하기 및 파일 저장하기

1. 인터넷에 접속한 후 다음, 구글, 네이버 등 포털사이트의 이미지 검색 기능을 활용하여 사용할 이미지를 구한다. 교육용 멀티미디어 자료는 에듀넷(edunet4u.net)을 통해 구할 수 있다. 구한 이미지는 개인 폴더에 저장한다.

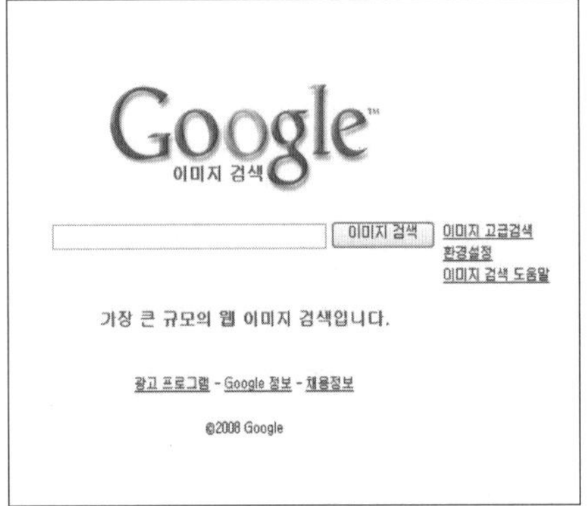

2. 포토샵 프로그램을 실행시킨 후, 메뉴에서 [파일]-[열기]를 선택하여 개인 폴더에 저장한 이미지 파일을 이미지 창으로 불러온다.
3. 구글 이미지 검색에서 '코스모스' 키워드로 이미지를 검색하여 개인 폴더에 저장한다. 포토샵을 실행한 후 [파일]-[열기]를 하여 이미지를 포토샵에 불러온다. 이미지가 열리는 것을 확인한다. [파일]-[따로 저장]을 선택하여 〈파일 이름: TIF 이미지 코스모스〉, 〈포맷: TIFF (* TIF, *TIFF)〉로 따로 저장해 보자.

 활동 2 이미지 및 캔버스 크기 조절하기

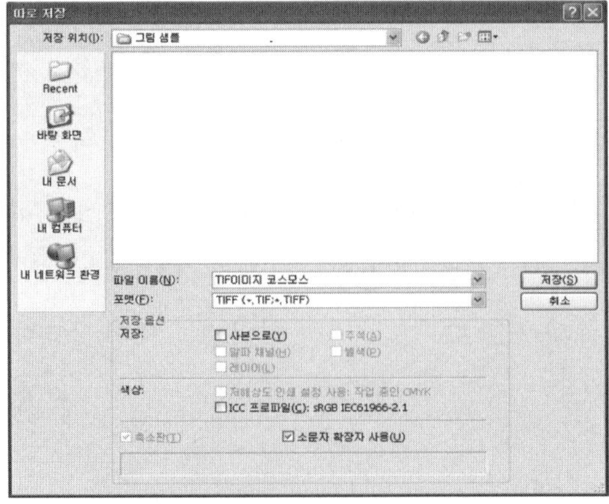

1. 포토샵 작업 화면으로 불러들인 이미지의 크기를 조정하여 원하는 크기로 변경해 보자. 메뉴에서 [이미지]–[이미지 크기]를 선택한 후, 속성 상자에서 픽셀 치수와 문서 크기의 속성을 설정한다. 하단의 〈비율 제한〉에 표시를 하면 이미지의 가로×세로 비율을 원본 그대로 유지할 수 있다.

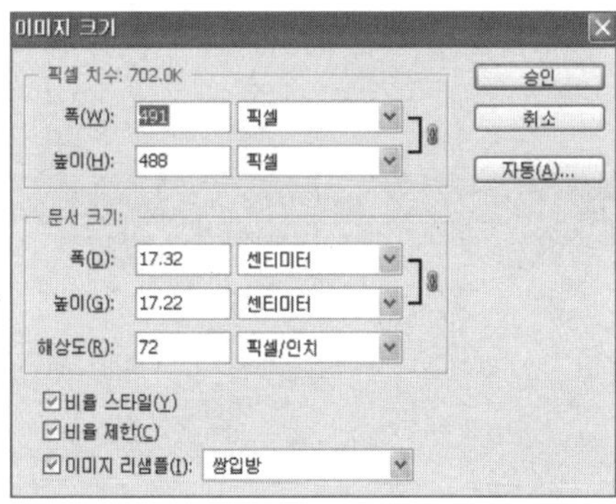

2. 캔버스 크기를 조절해 보자. 캔버스 크기는 이미지 크기의 속성은 그대로 유지한 채 그림화면의 크기만을 조절하는 기능이다. 윈도우 [내 문서]–[내 그림] 폴더에서 수련.jpg 그림을 불러온다. 메뉴에서 [이미지]–[캔버스 크기]를 선택하여 속성 창에서 폭 10cm와 높이 10cm로 캔버스 크기를 조절하고, 〈기준〉은 중앙하단을 선택하여 조절하면, 수련 그림의 하단에 초점이 맞춰져 캔버스 크기가 조절된다.

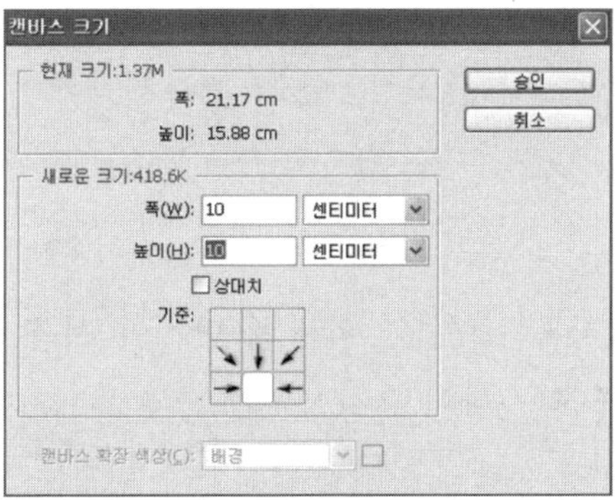

활동 3 글자 입력하기

1. 메뉴의 [파일]-[신규]를 선택하여 〈배경〉 레이어를 가진 화면을 생성한다. 툴 박스에서 [T]를 선택하여, 입력하고자 하는 글자 유형을 선택한다. 글자를 입력할 곳에 마우스를 클릭한 후 글자를 입력한다. 상단의 옵션을 통해서 글꼴, 크기, 정렬, 모양 등의 속성을 설정한다.

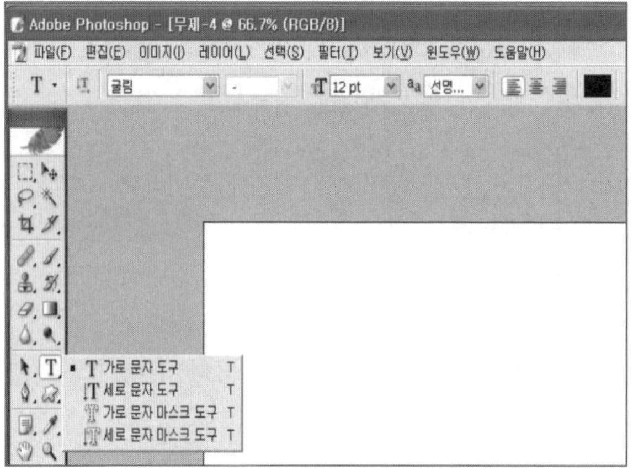

Tip **글자 도구 유형**

- T 가로 문자 도구: 글자를 가로로 쓸 수 있는 유형
- IT 세로 문자 도구: 글자를 세로로 쓸 수 있는 유형
- T 가로 문자 마스크 도구: 입력한 글자가 선택영역으로 입력되는 유형
- IT 세로 문자 마스크 도구: 입력한 글자가 세로로 선택영역이 되는 유형

2. 말풍선이 있는 글자를 입력하기 위해 툴 박스의 [사용자 정의 모양도구]를 선택한다. 메뉴 선택 후 상단의 옵션의 〈모양〉을 통해서 말풍선 아이콘을 선택하고, 툴 박스의 [T]를 선택해 화면에 클릭한 후 원하는 글자를 입력한다.

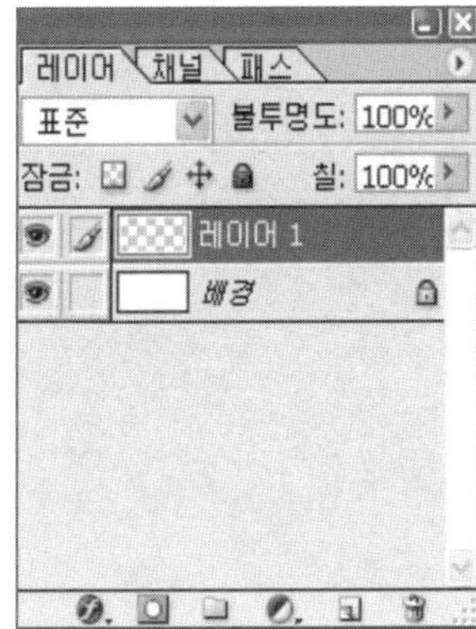

활동 4 레이어 사용하기

1. 레이어는 그림을 그릴 수 있는 투명한 셀로판 종이와 같다. 레이어를 하나씩 추가할 때마다 여러 장의 종이가 차곡차곡 쌓인다고 생각하면 쉽다. 레이어의 기능이 필요한 이유는 레이어마다 다양한 효과를 줄 수 있고, 작업 중 레이어를 통해 수정하기 편리하기 때문이다.
2. 빈 화면을 생성한 후, 레이어 팔레트에서 [레이어 생성] 버튼을 클릭한다. 레이어 팔레트 하단의 단축 아이콘을 이용하여 레이어를 생성하고 삭제, 폴더를 이용하여 관리할 수 있다.
3. 레이어의 이름을 바꾸려면 해당 레이어를 선택한 후 [마우스 오른쪽 버튼]-[레이어 속성] 또는 마우스를 더블클릭하여 이름을 변경할 수 있다.

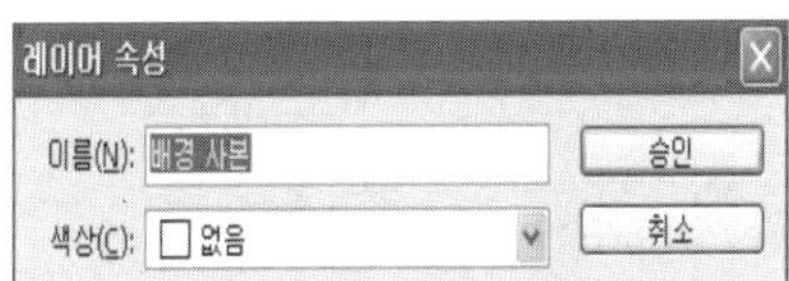

> **Tip** **레이어의 유용한 툴**
>
> 🔒 레이어 잠금장치로 레이어의 모든 편집을 불가능하게 한다.
> 👁 눈 모양이 사라지면 선택된 레이어가 안 보이며 여러 레이어 작업 시 유용하다.
> ▢ 새로운 레이어를 생성한다.
> 🗑 선택된 레이어를 삭제한다.

활동 5 이미지 합성하기

1. 메뉴의 [파일]-[열기]를 선택하여 이미지 파일 두 개를 불러온다. 캐릭터 이미지파일의 배경을 [자동 선택 도구: 마술봉]을 이용하여 선택한 후 〈Delete〉키를 누르면 배경색이 지워지고 투명한 배경이 된다. 이때 [배경화면] 레이어에 자물쇠가 채워져 있는지 확인한다.

뽀로로 이미지 출처: http://home.ebs.co.kr/pororo/index.html
뿌까 이미지 출처: http://www.puccaclub.com

Tip

레이어 확인

포토샵 화면 우측 하단의 기능 창 중, 캐릭터 이미지 원본의 [배경] 레이어에 자물쇠가 채워져 있는지 확인한다. 자물쇠가 채워져 있다면 배경화면의 흰색 바탕이 삭제되지 않아 투명한 배경이 되지 않는다. 만약 자물쇠가 채워져 있다면, [배경] 레이어를 드래그하여 복사한 후 [배경] 원본 레이어를 삭제하면 된다.

2. 투명한 배경이 된 이미지를 합성하고자 하는 〈배경 이미지〉 창으로 드래그한다. 캐릭터가 있는 레이어의 이름을 더블클릭하여 〈캐릭터 사본〉으로 변경한다.

3. 캐릭터의 방향을 바꾸고 싶다면 〈캐릭터 사본〉 레이어를 선택하고 메뉴의 [편집]-[변형]-[수평뒤집기]를 선택한다.

활동 6 액션을 이용한 효과 주기

1. 액션 기능은 여러 가지 종류의 작업과정을 미리 저장해 놓아, 사용자가 손쉽게 이미지에 효과를 줄 수 있는 기능이다. [파일]-[열기]를 통해 작업할 이미지를 불러온다. 여기서는 윈도우에서 제공되는 [내 문서]-[내 그림]에서 겨울.jpg 파일을 열었다.
2. [액션] 팔레트 탭을 클릭하여 선택한 후 [옵션] 단추를 클릭하고 [이미지 효과]를 선택한다. [액션] 창에 나타나는 이미지 효과 중 〈이슬비〉를 선택하면 겨울 숲에 눈이 흩날리는 효과가 연출된다.

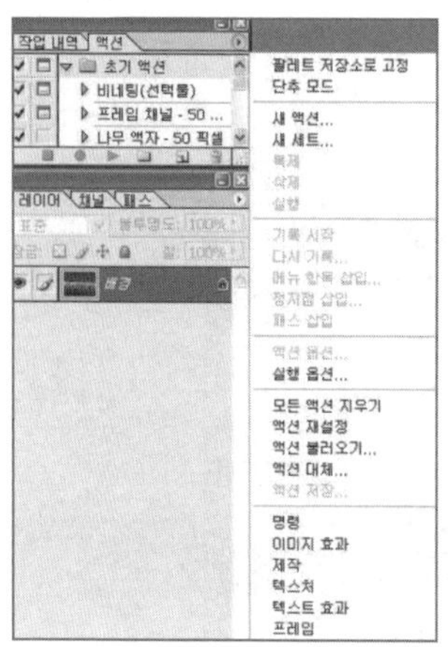

 활동 7 이미지 색칠하기

1. [파일]–[열기]를 통해 색칠할 사진을 불러온다.

이미지 출처: http://unfusion.kunsan.ac.kr/word/archive/183

2. 메뉴의 [이미지]–[모드]–[RGB 색상]을 선택하여 속성을 전환한다. 현재 자물쇠로 채워져 있는 레이어를 두고, 새로운 레이어를 생성한 후 레이어 이름을 '머리스타일' 로 변경한다. 〈전경색〉을 원하는 색상으로 설정하고 [브러쉬 도구] 를 선택하여 머리 부분의 채색 작업을 시작한다.

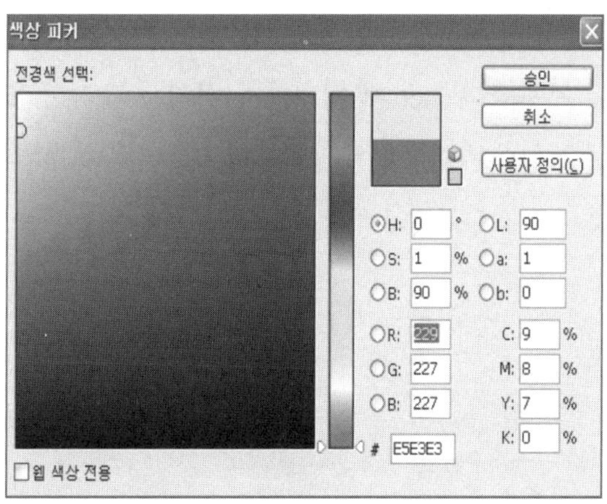

3. 원하는 색상과 브러쉬 굵기를 선택하여, 레이어에 터치하듯이 채색한다. 머리 부분의 채색이 끝나면 차례로 레이어를 추가하여 몸 부분의 채색을 진행한다.

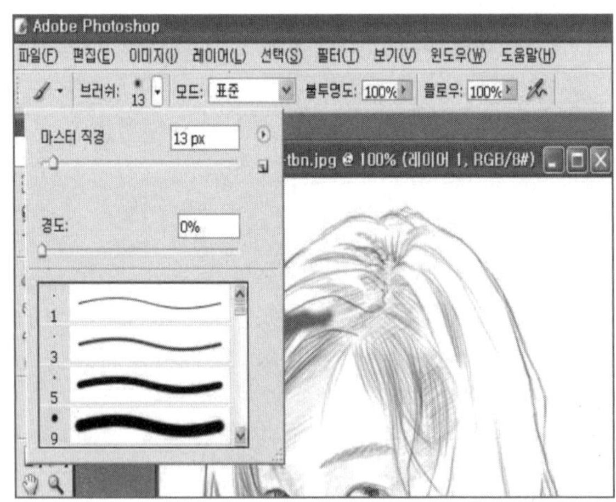

4. 전체적인 채색이 끝나고 나면, 얼굴 부위의 섬세한 부분은 포토샵 툴 박스에서 [올가미 도구] 를 선택하여 부분 선택 채색을 진행한다.
5. 얼굴 부분을 중심으로 툴 박스의 [돋보기 도구] 를 이용하여 이미지를 확대시키고 레이어를 하나 추가한다. 레이어의 이름은 '눈채색' 으로 변경한다. [올가미 도구]-[자석 올가미 도구]를 선택하고 두 눈의 이미지를 선택한다. 〈Shift〉키를 누르면서 드래그하면 선택 영역이 추가된다.
6. 거칠게 선택된 부분을 부드럽게 처리하기 위해서 올가미 도구로 원하는 부분이 선택된 상태에서 [선택]-[페더]를 선택하여 3~5픽셀 정도의 값을 주고 승인을 클릭한다.

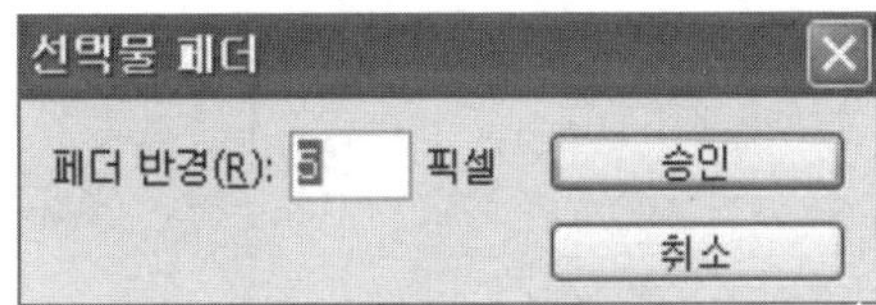

7. 메뉴의 [편집]-[칠]을 선택하여 흰색으로 채색한다. 그런 다음 [선택]-[선택해제]를 클릭하여 선택된 영역을 해제한다.

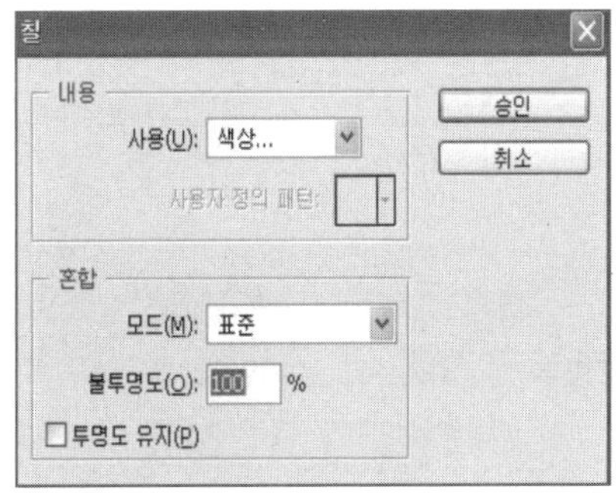

8. 툴 박스의 [전경색 설정]을 클릭하여 색상 팔레트에서 원하는 색으로 바꾸어 준 후, 툴 박스의 [닷지 도구] 를 선택하고 옵션의 브러쉬 종류를 선택하여 눈동자 부분 채색하며 명도를 밝게 한다. 이때 작은 종류의 브러쉬를 선택하는 것이 섬세한 작업을 위해 좋다.
9. 이와 같은 방법으로 입술, 어깨 부분 등을 레이어를 생성하여 채색하여 준다.

Tip

불투명도와 올가미 도구 사용

- 레이어 패널의 불투명도를 40~65% 정도로 조절하면 맑고 투명한 효과를 준다. 또한 레이어를 추가하여 레이어마다 불투명도를 달리하면 수채화의 맑은 느낌을 그림에 표현할 수 있다.
- 올가미 도구, 자석 올가미 도구를 이용하면 손쉽게 선택적으로 채색이 가능하며, 선택 영역의 해제는 〈Ctrl+D〉를 누르면 된다.
- [자석 올가미 도구]를 사용할 때는 선택할 이미지를 자동으로 잡아 주지만, 정교한 작업을 원하면 중요한 외곽선에서는 마우스를 한 번씩 클릭하여 경계점을 잡아주는 것이 좋다.
- 정교한 작업을 할 때는 화면 왼쪽 하단의 이미지 확대 기능을 이용하면 편리하다.

100% 문서: 719.8K/5.15M

활동 8 이미지 자르기

1. 먼저 잘라 낼 이미지를 불러온다. 이미지를 정확하게 자르기 위해 가이드 선을 이용한다. 가이드 선을 이용하기 위해 [보기]-[눈금자]를 선택하거나 〈Ctrl + R〉키를 눌러서 눈금자를 불러 낸다. 이미지 창의 위쪽과 왼쪽에 눈금자가 나타난다.

2. 눈금자 위에 마우스 커서를 갖다 놓고 클릭한 채 아래쪽, 오른쪽으로 드래그하면 가이드 선이 생긴다. 이 가이드 선을 이용해 자르려는 부분의 가로, 세로 위치를 정해 준다. 가이드 선의 위치를 바꾸려면 마우스를 가져다 대면 커서의 모양이 바뀌는데, 이 상태에서 마우스를 드래그하면 가이드 선의 위치를 변경할 수 있다.

3. 툴 박스의 [자르기 도구] 를 이용하여 이미지를 잘라 낼 수 있다. 단, 원본 이미지가 변하기 때문에 주의해야 한다. 설정한 가이드 선 부분을 [자르기 도구]로 선택하고 더블클릭 또는 <Enter> 키를 누르면 선택한 부분을 제외한 이미지가 잘린다.

활동 9 이미지 편집하기

1. 이미지를 편집할 사진을 불러온 후, 툴 박스의 [다각형 올가미 도구] 또는 [자석 올가미 도구] 를 이용해 배경을 뺀 인물이나 동물 부분만 선택한다. 이미지를 확대하여 정교하게 작업한다. 선택 작업이 끝나면 메뉴 [선택]–[페더]를 선택하고, 값을 1 정도로 준다.

2. [선택]–[반전]을 눌러서 배경을 선택하고 〈Delete〉 키를 눌러 배경을 지운다. 이때 툴 박스의 〈전경색〉, 〈배경색〉으로 설정 색을 확인한다.

3. 선택영역을 반전시킬 때 [페더] 값을 주었기 때문에 경계 부분이 조금 지저분해 보일 수 있다. 외곽선이 깔끔한 이미지를 원할 때는 툴 박스의 [지우개 도구] 를 이용해 없애 주도록 한다. 배경이 없는 깔끔한 이미지가 완성된다.
4. 우선 툴 박스의 [자동 선택 도구]를 이용해 배경의 흰색 부분을 클릭한다. [자동 선택 도구]는 마우스 버튼을 클릭한 곳의 색상을 중심으로 유사한 색상을 모두 선택할 수 있는 툴이다. 배경이 선택된 상태에서 사진의 바탕으로 쓰일 툴 박스의 〈전경색〉 색상을 선택하고, 〈배경색〉은 흰색으로 선택한다.
5. 툴 박스의 [그라디언트 도구] 를 클릭하고 이미지를 클릭한 후 〈Shift〉 키를 누른 채 위에서 아래로 크게 드래그한다. 이렇게 하면 자연스러운 배경이 나오게 된다.

활동 10 이미지 효과 주기

1. [파일]-[열기]를 통해 효과를 줄 이미지 파일을 불러온다. 새로운 레이어를 생성한 후 원형 선택 툴을 이용해 원을 한 개 만든다. 〈Shift〉 키를 누른 상태에서 선택하면 정원을 그릴 수 있다. 툴 박스의 [페인트 통 도구] 그라디언트 도구 G 페인트 통 도구 G 를 이용해 원 안을 흰색으로 채운다.

2. [선택]-[수정]-[축소]를 선택한 후 설정 값 4를 입력하면 선택 영역이 줄어든 것을 확인할 수 있다. [선택]-[페더]를 선택하고 5를 입력하면 선택 영역의 경계선이 부드러워진다.

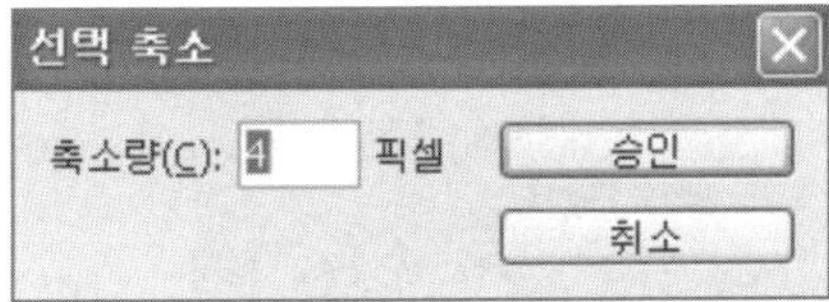

3. 〈Delete〉키를 눌러 선택 영역을 지우면 비눗방울 모습이 나타난다. 〈Ctrl+D〉키를 눌러서 선택 영역을 해제한다. 완벽한 비눗방울 모양을 위해서 툴 박스의 [브러쉬 도구]를 선택하고, 적당한 브러쉬 두께를 선택하여 반사광을 그린다.

4. 〈Ctrl+Alt〉 키를 누른 상태에서 비눗방울을 이동하면 비눗방울이 복사된다. 비눗방울의 크기를 조절하려면 복사된 비눗방울 레이어를 선택하고, 상단의 [테두리 상자 보기]를 체크하여 이미지 조절점을 조절하여 크기, 위치 등을 변경한다.

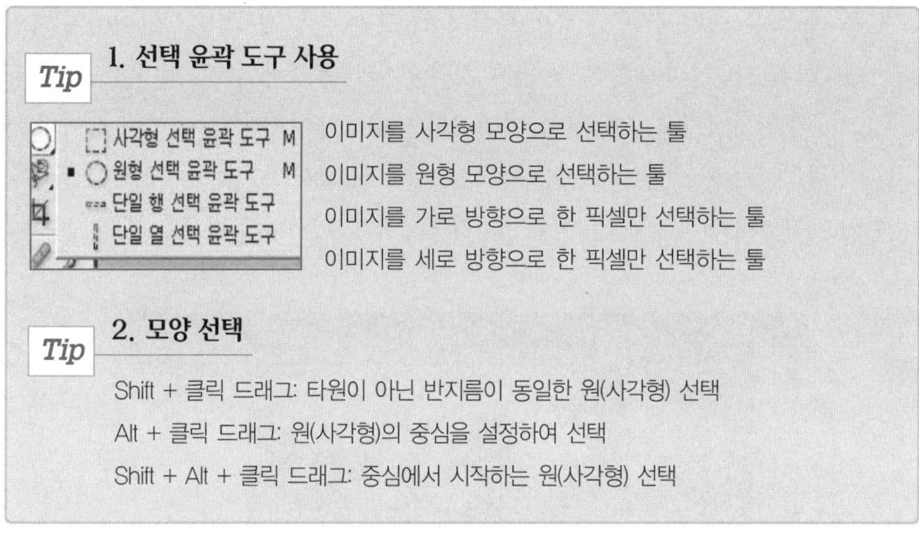

Tip 1. 선택 윤곽 도구 사용

이미지를 사각형 모양으로 선택하는 툴
이미지를 원형 모양으로 선택하는 툴
이미지를 가로 방향으로 한 픽셀만 선택하는 툴
이미지를 세로 방향으로 한 픽셀만 선택하는 툴

Tip 2. 모양 선택

Shift + 클릭 드래그: 타원이 아닌 반지름이 동일한 원(사각형) 선택
Alt + 클릭 드래그: 원(사각형)의 중심을 설정하여 선택
Shift + Alt + 클릭 드래그: 중심에서 시작하는 원(사각형) 선택

활동11 배운 내용을 활용하여 수업을 위한 만화 자료 만들기

1. 작업할 화면을 준비해 보자. [파일]-[신규]를 통해 새 이미지 창을 열고, [보기]-[눈금자]를 선택하고 4컷의 선을 그릴 부분에 표시를 한다.
2. 툴 박스의 [사용자 정의 도구]를 2~3초 누르면 나타나는 도구 모음 중 [선 도구]를 선택하여 이미지 창을 4등분하는 선을 그린다.

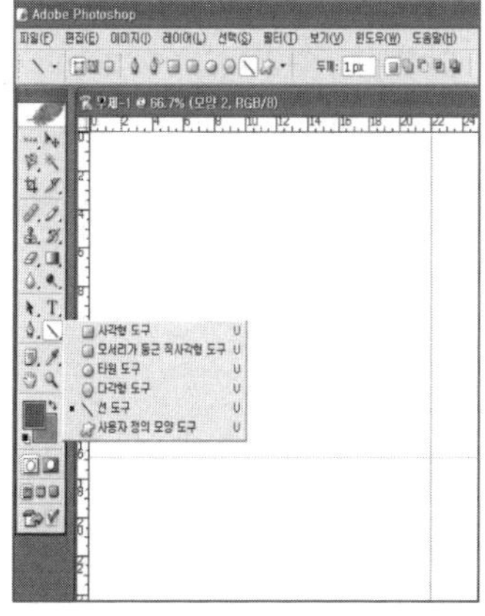

3. 툴 박스의 〈배경색〉을 흰색으로 설정한 후, 배경과 캐릭터가 될 이미지 파일을 불러온다. 이미지 창의 첫 번째 컷의 적당한 부분에 〈배경〉 이미지를 드래그하여 위치시키고, 〈캐릭터〉 이미지를 드래그하여 〈배경〉 이미지 레이어 위에 위치시킨다. 이미지 조절은 상단의 〈테두리 상자 보기〉를 체크하면 조절점이 나타난다(캐릭터 추출은 앞의 이미지 합성하기 부분 참조).

4. 캐릭터의 대화 내용을 [사용자 정의 모양 도구]의 말풍선과 툴 박스의 [T]를 선택하여 원하는 글자를 입력해 보자. 그림과 같은 방법으로 재미난 줄거리를 생각해서 4컷 만화를 완성하여 수업 자료로 활용할 수 있다.

5. 작업 과정에서 [T] 도구로 글자를 입력했는데 보이지 않는다면 레이어 탭을 확인한다. [말풍선 레이어] 아래에 [텍스트 레이어]가 위치하여 그럴 수 있다. 이때는 [텍스트 레이어]를 선택하고 마우스로 드래그하여 [말풍선 레이어] 위로 올리면 된다.

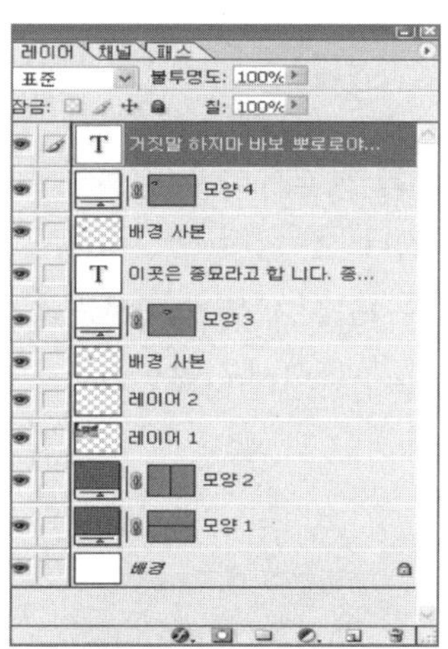

한 걸음 더

이미지 캡처하기

컴퓨터 화면을 캡처하는 방법에는 여러 가지가 있는데, 여기서는 키보드의 〈프린트 스크린〉키와 캡처 프로그램을 사용하는 방법이 있다.

1. 〈Print Screen: PrtSc〉 키를 활용하여 컴퓨터 화면을 캡처하는 방법에 대해 알아보자.

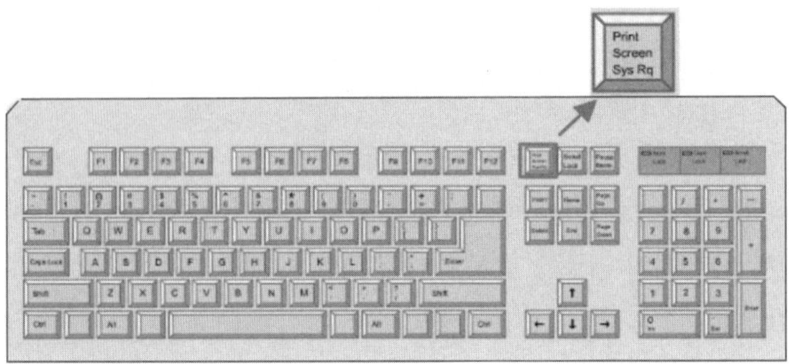

① 캡처하고자 하는 컴퓨터 화면을 두고 키보드 〈프린트 스크린〉키를 누른다.
② 한글 워드프로세서, 기타 문서편집 프로그램을 실행한 후 오른쪽 마우스를 클릭하여 팝업 메뉴 중 [붙이기]를 클릭하거나, 〈Ctrl+V〉의 붙이기 단축 키를 누르면 캡처한 컴퓨터 화면이 나타난다.

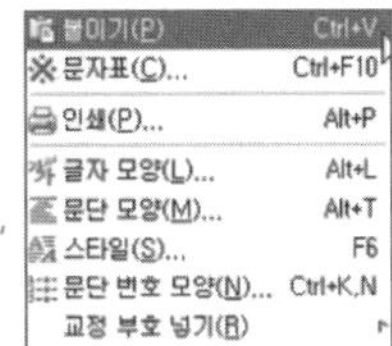

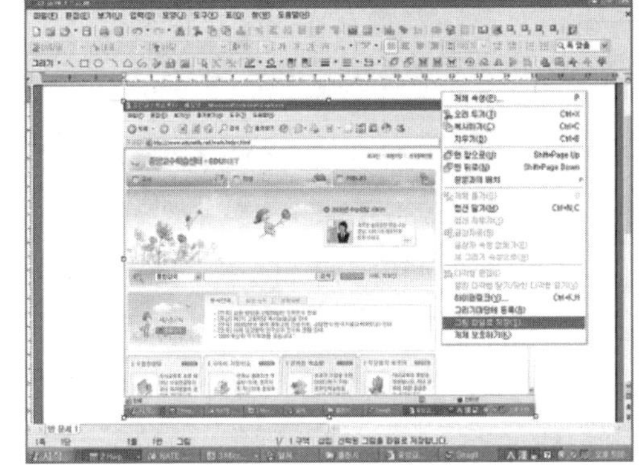

③ 캡처한 화면을 그림으로 저장하려면 캡처한 그림을 선택하여 오른쪽 마우스를 클릭하면 팝업 메뉴가 열리는데, 여기서 〈그림 파일로 저장〉을 선택하면 그림 파일로 저장할 수 있다.

2. 캡처 프로그램인 스내그잇(Snagit)을 이용하여 컴퓨터 화면을 캡처하는 방법에 대해 알아보자.

① 프로그램의 평가판을 인터넷 포털 사이트나 기타 자료실 홈페이지를 통해 캡처 프로그램을 구한다.

② 프로그램 설치가 끝나면 바탕화면에 스내그잇 아이콘이 생성된다.

③ 먼저 캡처하고자 하는 화면을 열어 놓고 스내그잇 프로그램을 실행한다. 포털에서 다운받은 평가판 스내그잇 8.0의 실행화면이다. 원하는 캡처 형태를 선택한다. [선택영역], [윈도우 창], [전체화면] 등을 선택할 수 있다.

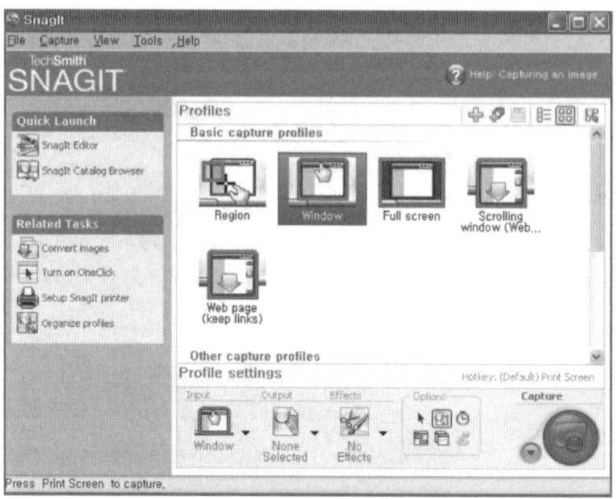

④ 캡처하고자 하는 화면을 두고 스내그잇 실행창 하단의 [Capture] 버튼을 클릭하면 화면에 손모양이 보인다. 마우스로 드래그하면 전체 화면 또는 원하는 영역만 캡처가 된다.

⑤ 캡처한 화면이 [Snagit Capture Preview] 창에 보여지게 되며 저장을 원한다면 버튼을 클릭하여 저장하고, 취소하고자 하는 경우 버튼을 클릭하면 저장하지 않고 편집창이 닫히게 된다.

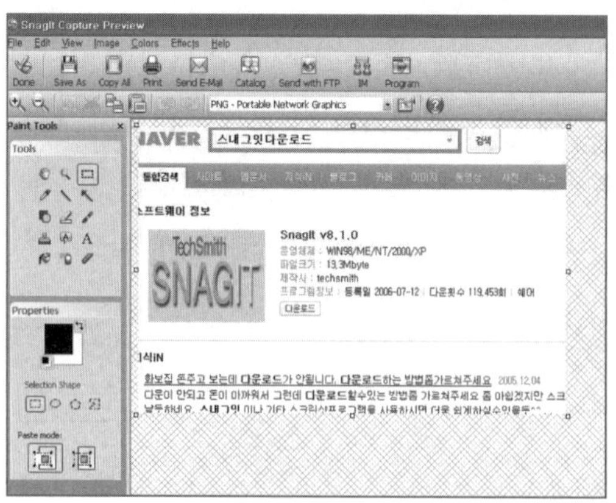

FAQ

Q 이미지를 열 때마다 눈금이 생깁니다. 어떻게 없애나요?

A 메뉴의 [보기]-[보기]-[격자]를 선택하면 사라집니다.
혹시 줄자눈금이 생긴다면 메뉴의 [보기]-[눈금자]를 선택하면 사라집니다.

Q 복잡한 이미지 작업으로 레이어의 수가 너무 많아졌습니다. 레이어를 정리할 방법은 없나요?

A 레이어 팔레트 하단의 단축 아이콘에서 [새 세트만들기]를 선택하여 레이어 폴더를 만들어 레이어를 폴더 안으로 마우스를 드래그하면 깔끔하게 레이어를 관리할 수 있습니다.

수업활용 아이디어

현재 미술 수업은 실기에 중점을 두어 많은 부분을 전통적인 수업 방법에 의존하고 있는데, 포토샵 프로그램을 활용하면 미적 체험, 표현, 감상 등 미술과 전 영역에 걸쳐 적은 시간을 들여 효율적인 활동을 할 수 있다.

단원명	초 · 중등 미술	학습 주제	전통문양을 이용한 꾸미기
학습 목표	전통문양 꾸미기 디자인을 포토샵 프로그램을 활용하여 표현할 수 있다.		
활용 아이디어	포토샵 프로그램 하나로 도안, 수정, 반복, 채색 등 여러 가지 효과를 쉽게 나타낼 수 있고, 노동 집약적인 수작업을 빠른 시간 안에 해결할 수 있으므로 경제적이며, 결과물을 손쉽게 얻을 수 있다.		
학습 흐름	**단 계**	**주요 활동**	**주요 매체 활용**
	도입	생활에서 볼 수 있는 다양한 전통문양 공예품 감상하기	포토샵
	전개	• 여러 가지 사이트를 검색하여 다양한 전통 문양 이미지 찾기 • 원하는 전통문양 이미지를 잘라내어 여러 가지 툴을 이용하여 문양 꾸미기 • 다양한 작품을 만들어 포트폴리오 준비하기	포토샵
	정리	완성된 작품 감상하기	

제3장

사운드 수업 자료 만들기

수업 내용 미리 보기

우리 학생들은 이미 디지털 사운드와 친숙해 있고, 그 속에서 성장하고 있으며, 그 음악에 심취해 가고 있다. 특히 디지털 음향기기와 사운드 편집 프로그램의 발달은 실음과의 거리를 좁히는 동시에 다양한 방법으로 교수 · 학습을 지원하고 교사의 모자란 부분을 보완하고 있다. 사운드 편집 프로그램은 제작하는 과정에서 소리를 확인할 수 있고 수정과 보완이 간편하여 음악적 상상력을 증진시킬 뿐 아니라 파일 형태의 창작물을 공유하거나 감상할 수 있다.

여기에서는 음악 교과를 중심으로 우리 주변에 있는 많은 소리들을 소재로 활용하고, 그 소리들을 구성 및 편집하여 수업에 활용하는 방법에 대해 알아보겠다.

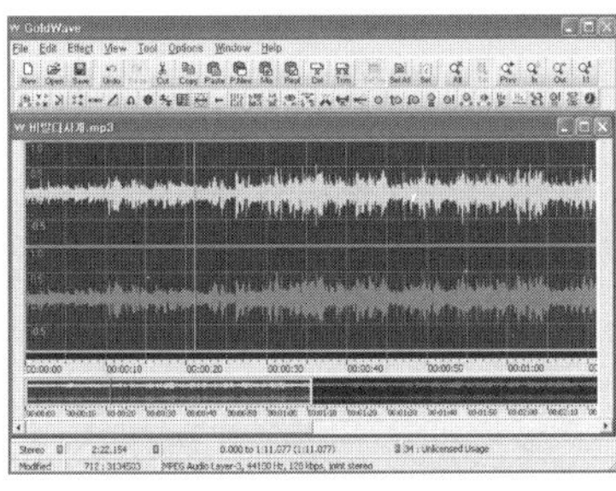

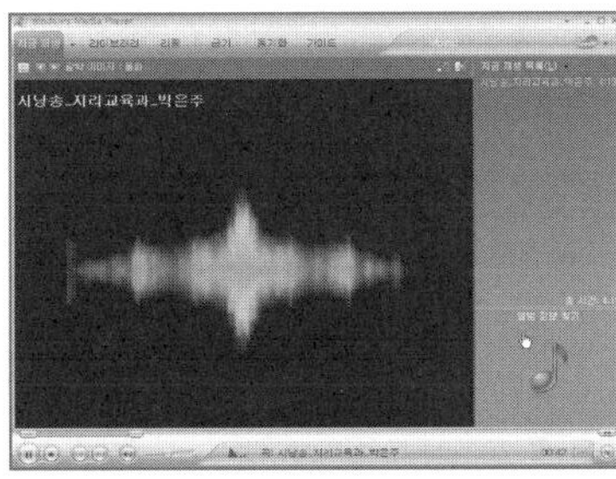

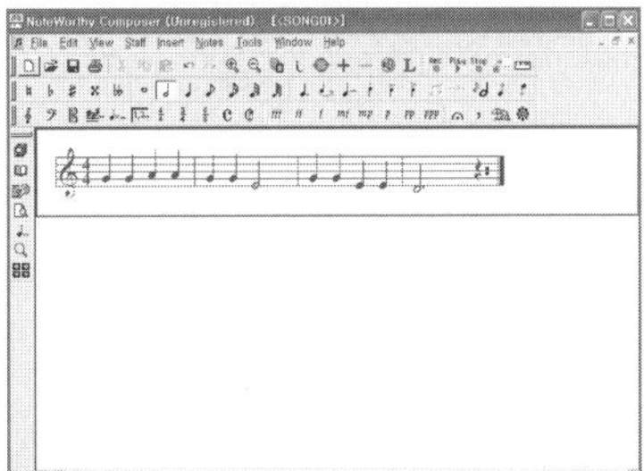

개 요

01 관련 파일 알아보기

디지털 오디오는 두 가지 포맷인 시퀀싱 오디오 포맷과 샘플링 오디오 포맷으로 구분할 수 있다. 시퀀싱 오디오 포맷은 MIDI로 대표되며, 샘플링 오디오 포맷은 WAVE, MP3 속성을 지닌 파일이 대표적이다. 여기서 소개하는 Goldwave는 샘플링 오디오의 데이터를 편집하는 프로그램인데, 지원하는 사운드 파일 포맷으로는 mid, wav, mp3, mp2, snd, voc, au, aiff, raw, mov, smp, ogg, vox, cda 등이 있다.

- mid　midi를 나타내는 포맷으로 컴퓨터에서 음악을 들려주는 포맷이다. 악기음은 사운드 카드에 내장된 음원 모듈을 사용하고 미디 채널을 사용한다.
- wav　윈도우에서 소리를 녹음하고 듣기 위해 사용하는 포맷으로 음악이 아닌 소리로 웨이브 채널을 사용하며, 윈도우의 매체 재생기와 연결되어 있다. 녹음할 음질에 따라 용량이 다르지만 CD 수준의 음질로 녹음할 경우 1분에 10MB 정도의 용량을 차지한다.
- aiff　aif와 함께 매킨토시에서 소리를 녹음하고 듣는 데 사용하는 포맷으로 윈도우에서는 지원하지 않지만 내비게이터, 액티브 무비를 통해 들을 수 있다.
- au　Sun Microsystems에서 만든 사운드 포맷으로 웨이브 파일과 비슷하며 윈도우에서는 지원하지 않지만 액티브 무비를 설치하면 들을 수 있다.
- mp3, mp2　동영상 규격인 MPEG에서 사운드 부분만을 구현한 것으로 뛰어난 압축률을 자랑한다. 요즘 젊은 세대 사이에서 인기 있는 mp3의 경우 wav의 1/11의 용량만으로도 같은 음질의 소리를 구현할 수 있는 장점이 있다.
- cda　오디오 CD에 있는 각각의 곡을 파일로 표현하는 포맷으로 음악 시디를 컴퓨터의 CD-ROM에 삽입하면 보이는 확장자다.

활동 주제

적용 학습 영역	학습 주제	학습 활동
〈초등음악 4–2〉 • 여러 사람 앞에서 노래 부르기	• 여러 사람 앞에서 노래 부르기	• 노래를 MP3 파일로 녹음하고 실기평가 자료나 홈페이지 탑재, 프레젠테이션 자료 제작 등에 활용하기
〈초등음악 6–1〉 • 뻐꾸기 〈중등음악 2〉 • 주제에 따라 소리 구성하기 〈중등음악 2〉 • 상황 묘사 음악 만들기	• 새로운 음악을 만들거나, 리듬이나 가락, 반주 부분 등을 창작하기	• 인터넷이나 음악 CD에서 음원 취사 선택한 후 재구성, 편집하기 • 소리의 가공 및 구성을 통해 창작 능력 향상시키기
〈중등음악 3〉 • 소리로 음악 만들기	• 창작 음악 앨범 만들기	• 개인별 창작 음악을 WAVE나 MP3 음원으로 변환 후 음악에 어울리는 배경 이미지와 함께 앨범 제작하기
〈초등음악 3–1〉 • 리듬악기 노래	• 리듬악기의 바른 주법 익히기	• 악보 작성 프로그램 활용하여 악보 그리기
〈초등음악 6–2〉 • 8마디 가락 창작하기	• 주어진 가락에 이어 가락 짓기	• 음악 작곡 프로그램 활용하여 창작 활동하기

자료 만들기

활동 1 윈도우 녹음기 사용하기

1. PC만으로 목소리를 녹음하는 간단한 방법에 대하여 알아보겠다. 윈도우 운영 체제에서 기본으로 제공하는 녹음기를 활용하여 자신의 목소리나 가창을 녹음한 후, 그 파일을 인터넷 메일로 보내거나 게시판에 탑재할 수 있다. 윈도우 녹음기로 목소리를 녹음하려면 기본적으로 사운드카드의 마이크 인(MIC IN) 단자에 마이크가 연결되어 있어야 한다.

2. 윈도우 [시작]-[프로그램]-[보조프로그램]-[엔터테인먼트]-[녹음기]를 실행한다.

3. 녹음기 실행화면이다.

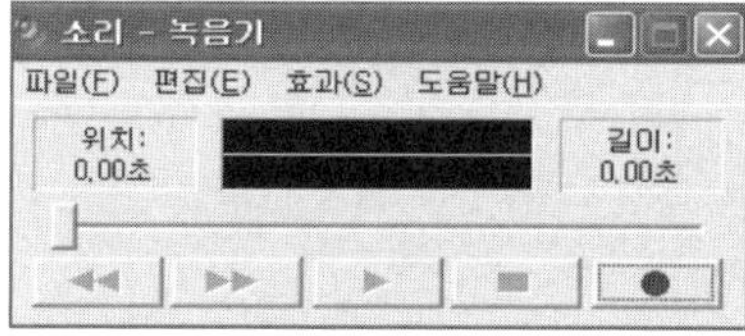

4. 녹음을 하기 전에 오디오 설정을 해 주어야 한다. 컴퓨터 화면 오른쪽 하단 작업표시줄의 스피커 아이콘을 클릭하여 [볼륨 컨트롤] 창을 열고 [옵션]-[속성] 항목을 클릭한다.

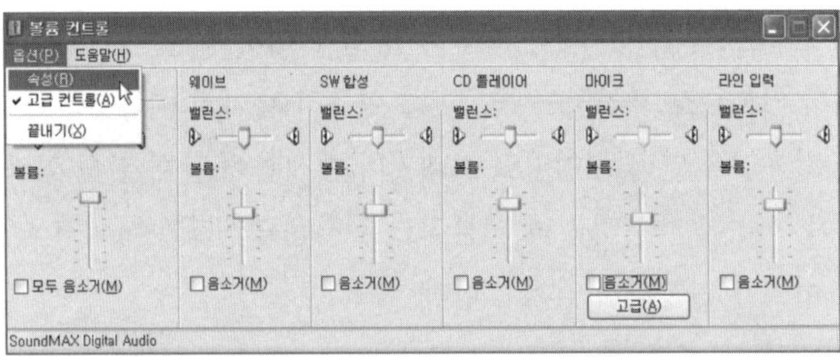

5. 오디오 등록정보 속성 항목의 [녹음 설정] 창에서 마이크를 선택한다. 그런 다음 [녹음 컨트롤] 창에서 마이크를 선택하고 볼륨을 올린다.

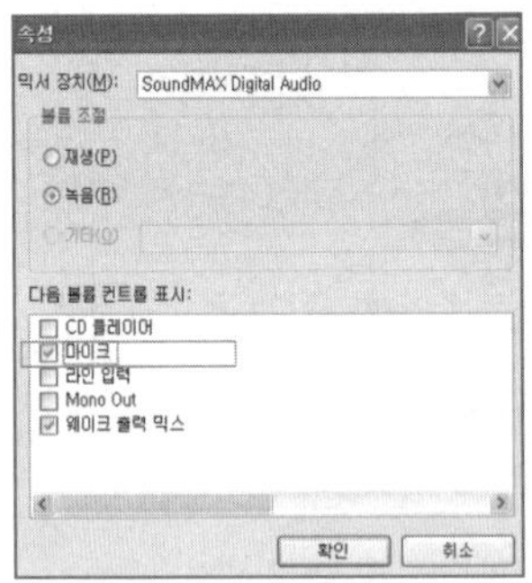

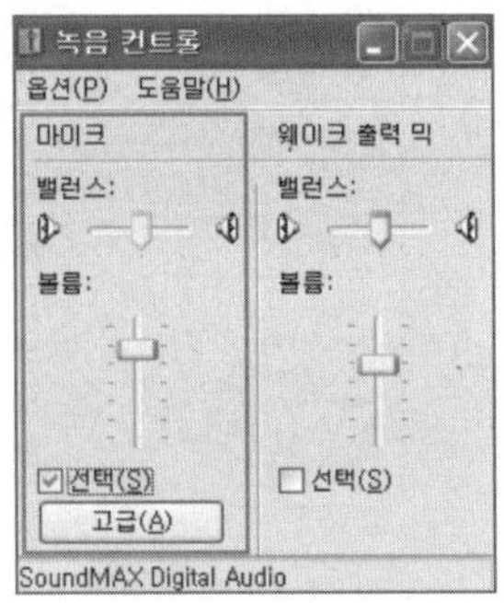

6. 설정을 마치면 마이크 혹은 헤드셋을 컴퓨터 본체에 연결하고 녹음 버튼을 눌러 녹음을 시작한다.

7. 녹음이 끝나면 [정지] 버튼을 누르고 [파일] 메뉴에서 [저장하기]를 선택한 후 저장한다.

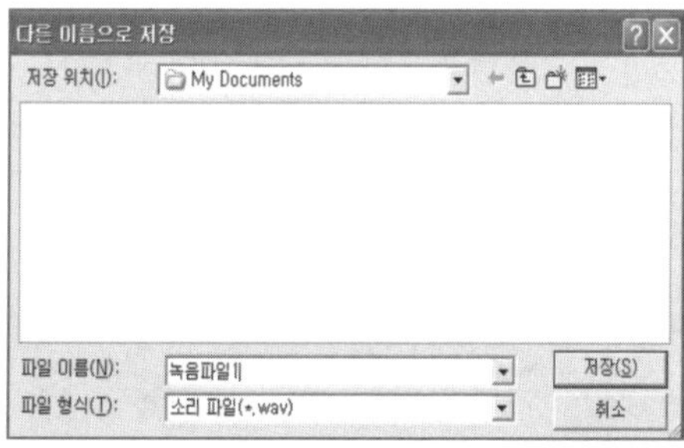

8. 저장한 파일을 불러 와서 실행시키면 녹음한 소리를 들을 수 있다.

Tip

윈도우 녹음기로 1분 이상 녹음하기

윈도우 녹음기는 단순한 기본 기능만 제공하기 때문에 1분(60초)이라는 녹음 시간의 제약이 있다. 1분을 초과하는 녹음 파일을 만들려면 먼저 1분 가량 녹음을 한 후 저장하고 나머지 분량을 녹음하여 2개의 녹음 파일을 만들어야 한다.

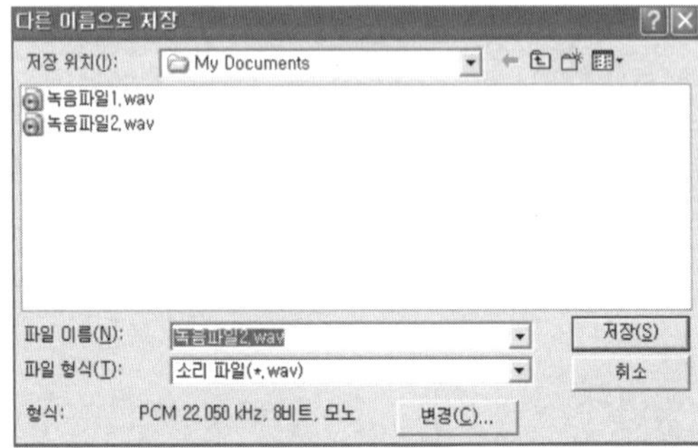

① 두 개의 녹음 파일 중 두 번째로 녹음한 파일을 불러온다. 그리고 [편집]–[파일 삽입] 항목을 클릭하여 첫 번째 녹음한 파일을 찾아 삽입한다.

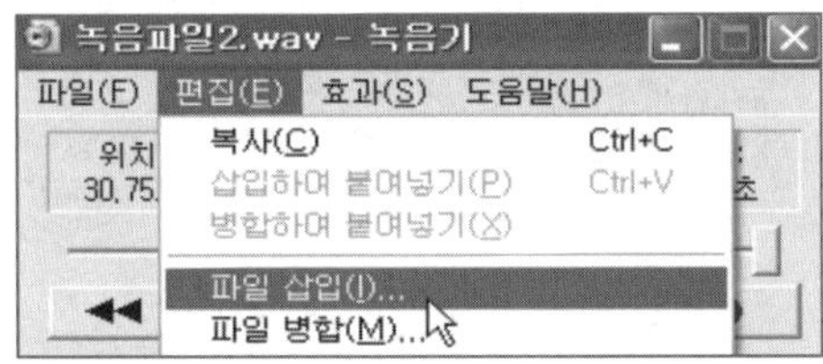

② 두 파일을 합치고 나서 녹음 시간을 보면 1분이 넘는 것을 알 수 있다. 이 합쳐진 파일을 메뉴 [파일]–[다른 이름으로 저장] 항목을 클릭하여 저장한다.

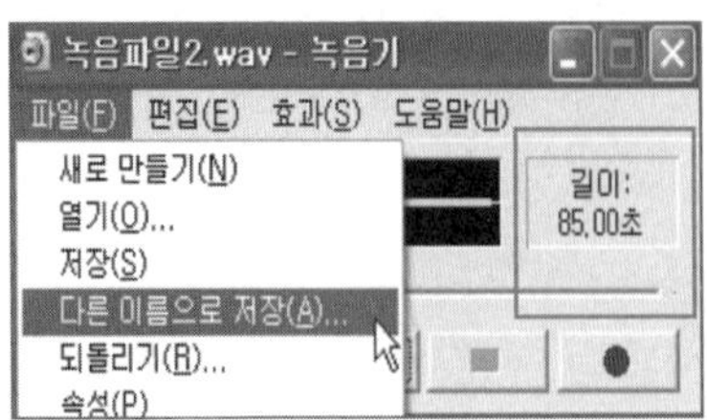

활동 2 Goldwave 이용하여 MP3 파일 녹음하기

1. 소리를 녹음하거나 편집하는 프로그램으로는 Cooledit나 Goldwave 프로그램이 많이 사용되고 있다. 특히 Goldwave는 작은 용량으로 일반 상용 프로그램 못지않은 기능을 제공하고 있는데, 목소리나 컴퓨터에서 재생되는 소리를 바로 mp3 파일로 저장할 수 있고 이미 wave로 저장된 파일을 mp3로 손쉽게 변환할 수 있다. Goldwave 프로그램은 인터넷 검색엔진에서 쉽게 검색하여 다운로드 받을 수 있다.

2. Goldwave를 이용해 목소리나 노랫소리를 녹음해 보자. 녹음을 하기 전에 앞에서 설명한 것처럼 오디오 등록정보 속성 항목의 [녹음 설정] 창에서 마이크가 선택되어 있어야 한다. Goldwave를 실행시킨 후 [new]를 클릭한다.

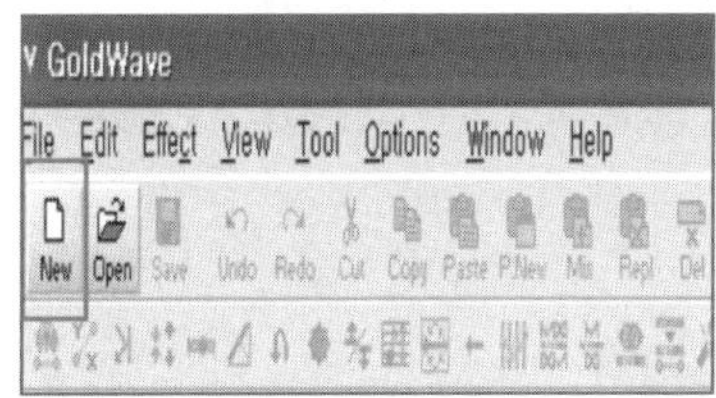

3. [New Sound] 창에서 설정을 하고 [OK]를 클릭한다.

New Sound
Quality and duration
Number of channels: 2 (stereo)
Sampling rate: 44100
Initial file length (HH:MM:SS.T): 1:00.0
Presets
OK Cancel Help

4. Goldwave의 작업창에서 빨간 버튼을 클릭하면 녹음이 된다. 녹음이 끝나면 [정지] 버튼을 클릭한다.

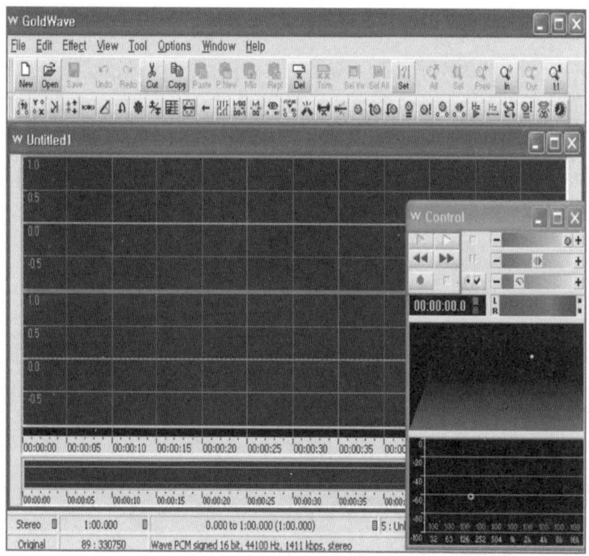

5. 녹음이 되고 있는 모습이다.

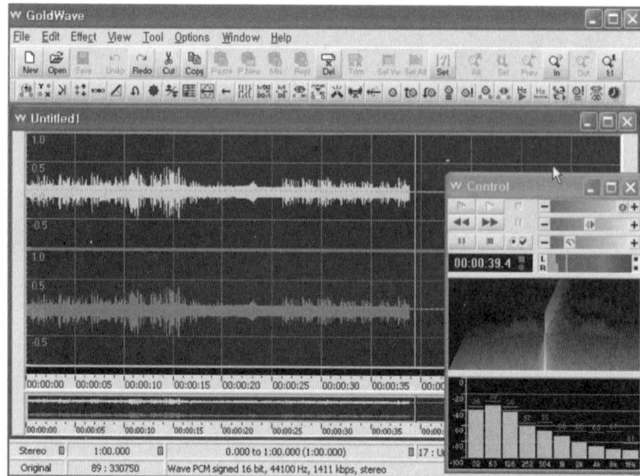

6. [저장] 버튼을 클릭하여 파일 이름을 입력하고 저장하는데, wave 파일은 용량이 크기 때문에 좋은 음질에 용량도 작은 mp3 파일로 저장한다.

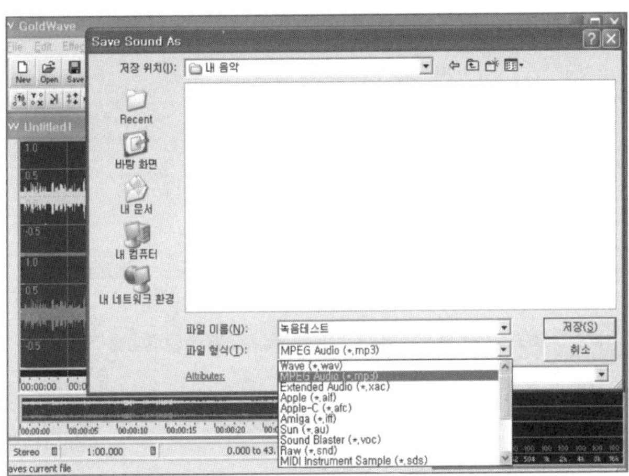

7. 저장한 파일을 실행시키면 녹음한 사운드를 들을 수 있다. 추후 저장한 파일은 [File]-[Save As] 메뉴에서 다양한 사운드 파일 형식으로 변환할 수 있다.

활동 3 NWC 프로그램 활용하여 작곡하기

1. NWC(NoteWorthy Composer)는 인터넷 검색 사이트에서 쉽게 얻을 수 있는 쉐어웨어 프로그램으로 정품이 제공하는 기능과 차이가 없으나 10회만 저장할 수 있다는 기능 제한이 있다.

2. 새 파일 도구 상자를 클릭하여 새 파일을 만든다.

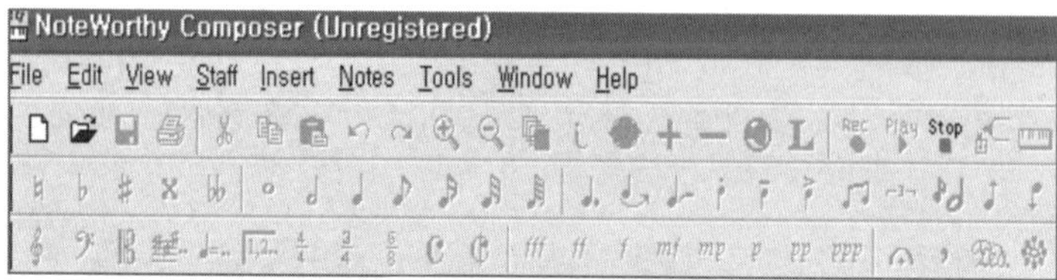

3. 그러면 자동으로 [Song Templates] 창이 열린다.

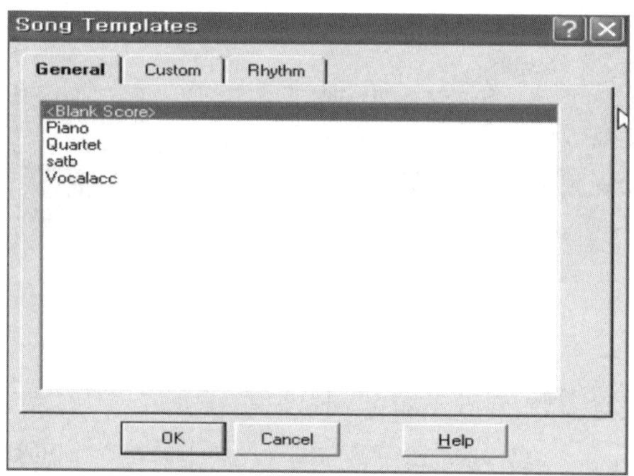

4. 기본 설정 그대로 두고 [OK]를 클릭하면 [File Info] 창이 열린다. 내용을 입력하고 다시 [OK]를 클릭한다.

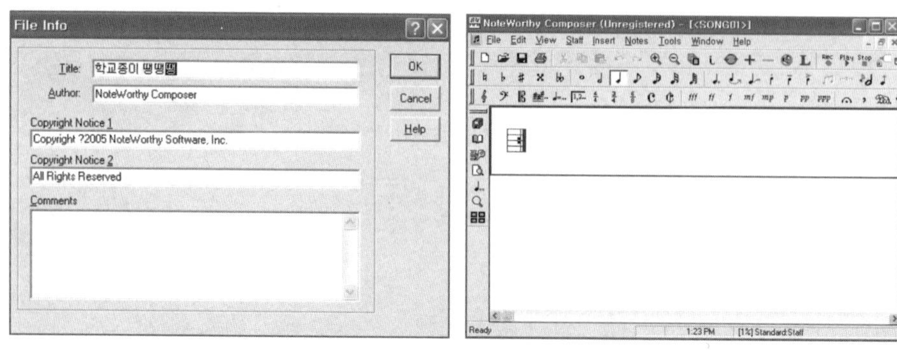

5. 이제 도구 상자에서 높은음자리표, 조표, 박자 등을 입력하고 음표 도구상자에서 알맞은 음표와 쉼표 등을 입력한다.

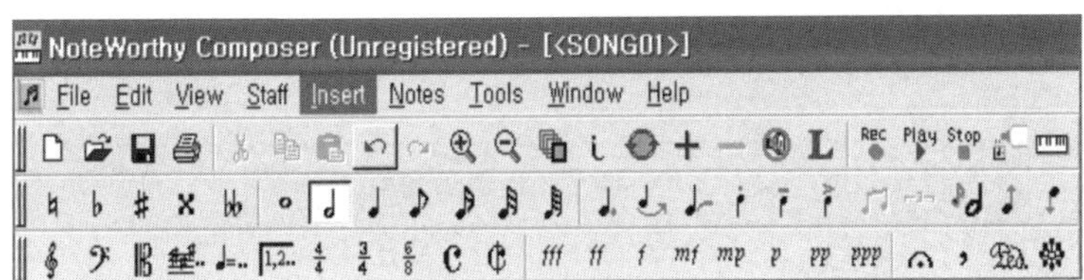

- 높은음자리표　입력 도구상자에서 높은음자리표 클릭하여 자동 오선을 입력한다.
- 조표　조표를 클릭하여 조표 입력상자가 나오면 알맞은 조표를 선택한다.

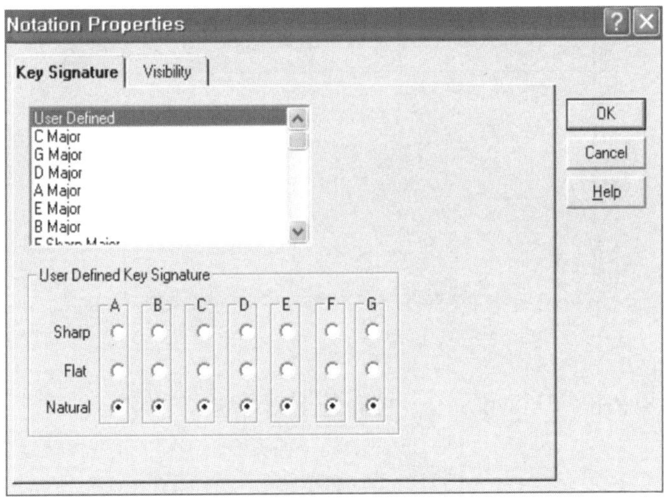

- 박자　도구상자에서 알맞은 박자를 클릭하고 엔터를 쳐서 자동 오선을 입력한다.

• 점음표 키보드의 마침표를 클릭하고 엔터를 쳐서 점음표를 입력한다.

6. 음표나 마디, 쉼표 등을 입력할 때는 마우스보다는 단축키를 이용하는 것이 편리하다.

Enter↵	음표 입력	Space Bar	쉼표 입력	⇆	마디 입력
1	온음표	2	2분 음표	3	4분 음표
4	8분 음표	5	16분 음표	6	32분 음표

7. 다음과 같이 원하는 음악을 작곡할 수 있다.

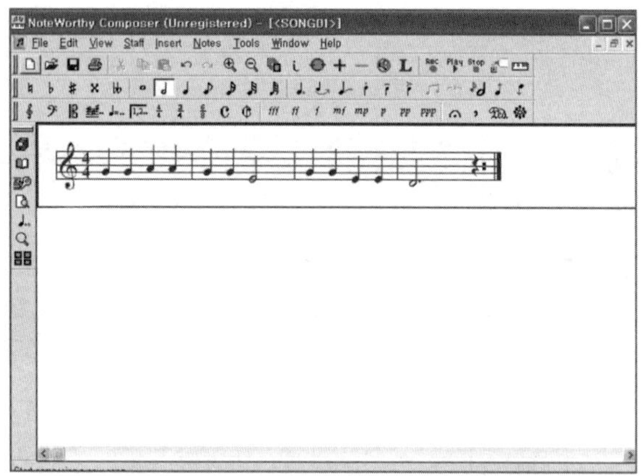

8. 가사 입력은 [Edit]-[Lyrics……] 메뉴를 선택하면 가능하다.

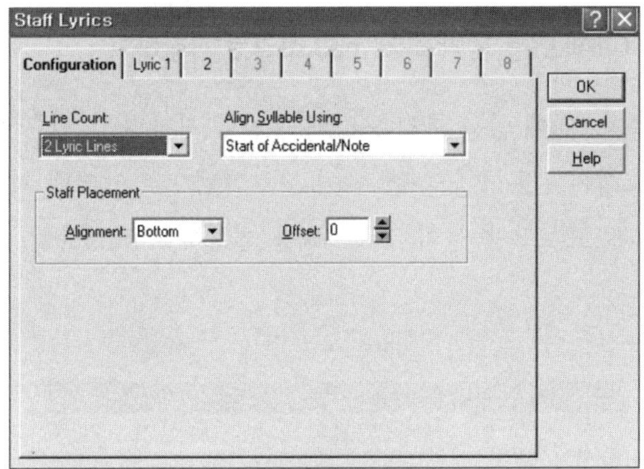

① Line Counter에 몇 절까지 입력할 것인지를 택한다.

② Offset은 악보와 가사 사이의 줄 간격을 조정한다.

③ Lyric 1을 선택하여 1절 가사를 입력하는데, 한 글자 입력하고 스페이스 바를 클릭하고 다음 글자를 입력한다. 보통 4마디를 입력하고 줄 바꿈을 하여 다시 입력하면 편하다.

④ 같은 요령으로 2절의 가사를 입력한다.

9. [File]-[Page Setup……]에서 추가적인 설정을 하고 Preview 대화상자에서 [Copy] 단추를 클릭하여 한글 프로그램에 악보를 붙일 수 있다.

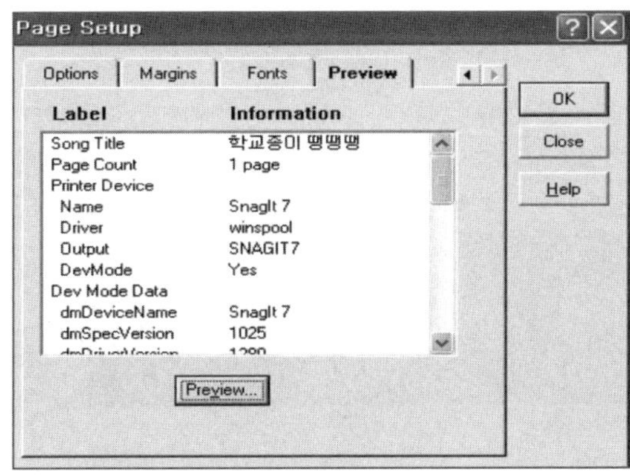

 활동 4 CD에 있는 음악 파일 mp3 파일로 저장하기

1. 이번에는 음악 CD에 있는 파일을 mp3 파일로 저장해 보겠다. 이때 주로 사용하는 프로그램은 CDex라는 프리웨어 프로그램으로 인터넷 자료실에서 쉽게 구할 수 있다. 프로그램 설치 후 CDex를 실행하고 mp3로 변환할 곡이 있는 CD를 넣는다.

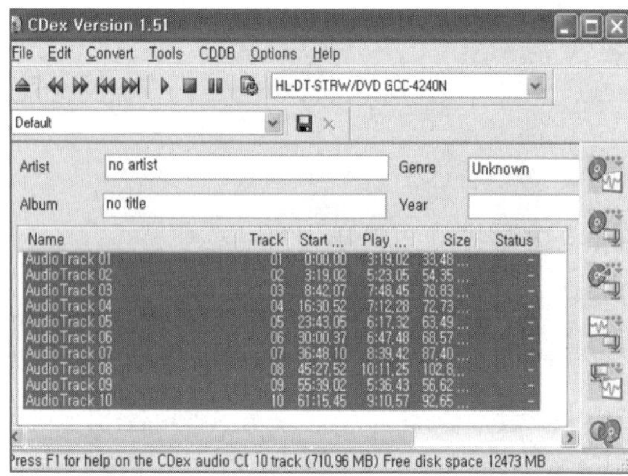

2. [Options]−[Settings]를 클릭한다.

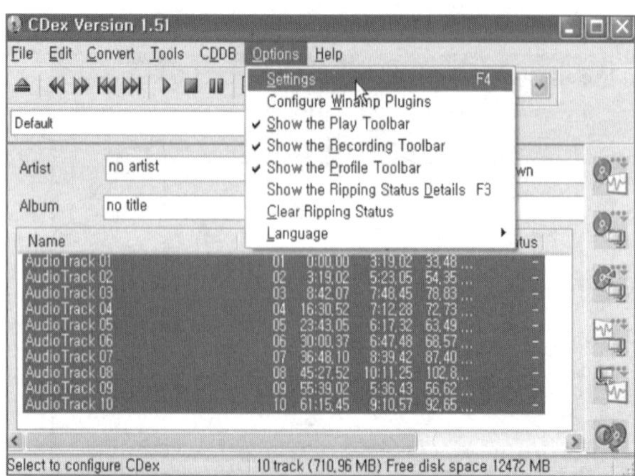

3. Local CDDB에서 mp3 파일로 변환될 경로(path)를 설정한다.

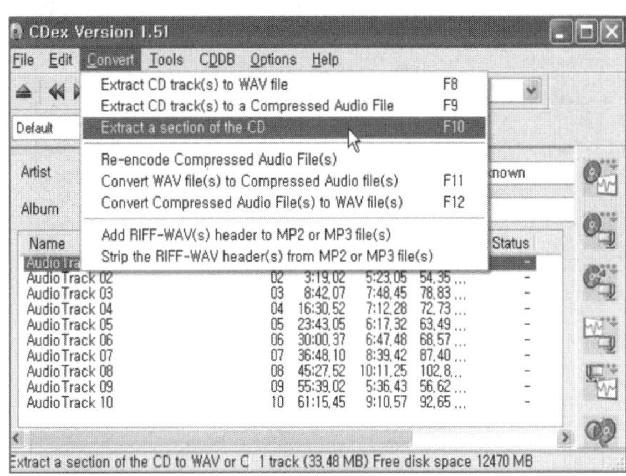

4. mp3 파일로 변환할 오디오 트랙을 선택하여 [Convert]-[Extract a section of the CD]를 선택한다.

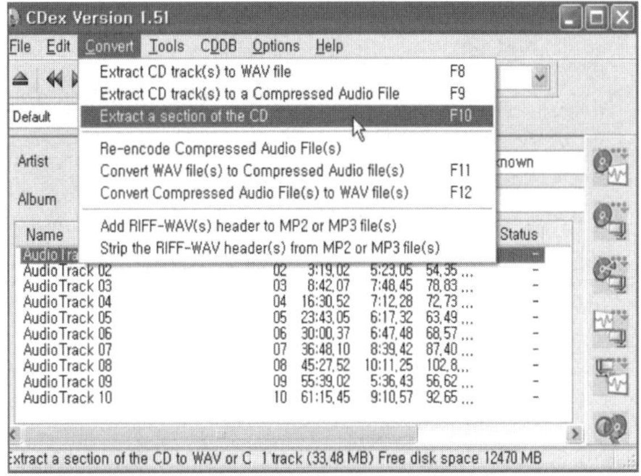

5. CD 트랙의 일부분을 파일로 변환하는 것으로 파일 형식에 이름을 써넣고 확인을 클릭한다.

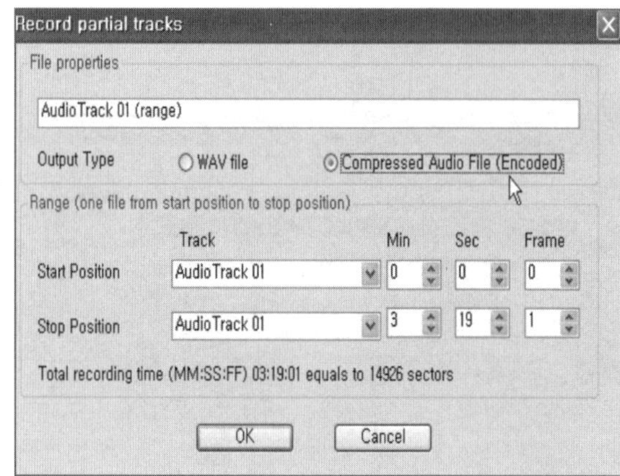

6. 파일이 변환되고 있는 화면이다.

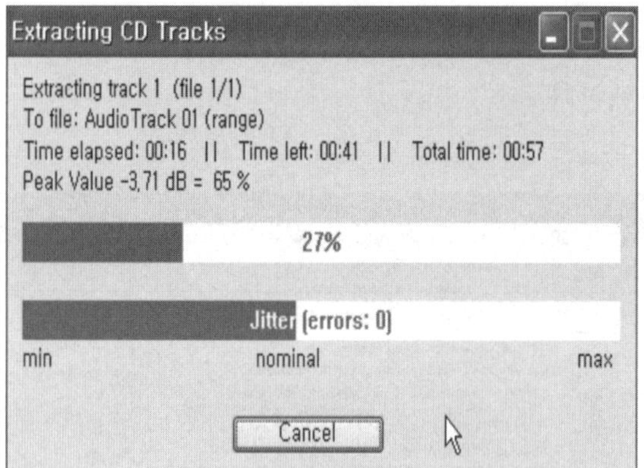

7. 변환된 파일을 확인한다. 파일의 위치는 기본 설정으로 정해진 [내 문서]-[My Music]-[mp3] 폴더다.

8. CDex 외에 윈도우 미디어 플레이어 10 버전에서도 음악 CD의 파일을 mp3 파일이나 wma 파일 형식으로 리핑(Ripping)하는 기능을 지원하고 있다.

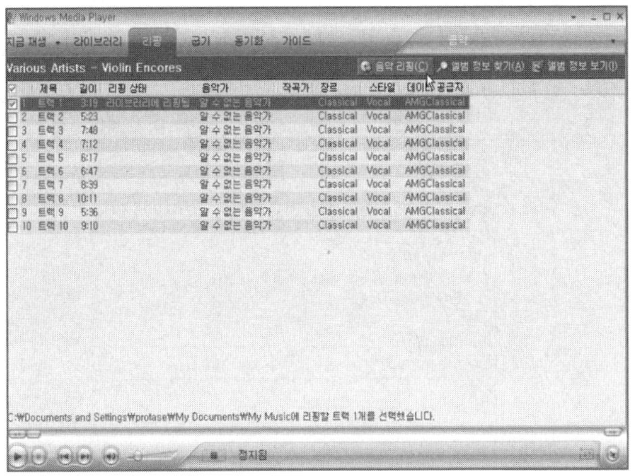

Tip

플래시 노래방 만들기

요즘 학교 현장에는 교사가 직접 애니메이션을 만들고 거기에 동요나 가요를 개사한 노래를 입힌 플래시 노래방이 학생들로부터 좋은 반응을 얻고 있다. 김정식 허명성의 과학사랑(http://sciencelove.com)에 접속하면 플래시를 잘 사용하지 못하더라도 편리하게 플래시 노래방을 만들 수 있는 방법이 소개되어 있다.

- '플래시 노래방'을 다운받아 압축파일을 풀면 한 개의 MP3 파일과 여러 개의 jpg 파일, 그리고 몇 개의 텍스트 파일과 실행 파일 한 개가 있다. 노래방만들기3.exe를 실행시키면 음악과 함께 이미지와 가사가 제시되는 플래시 노래방을 확인할 수 있다.

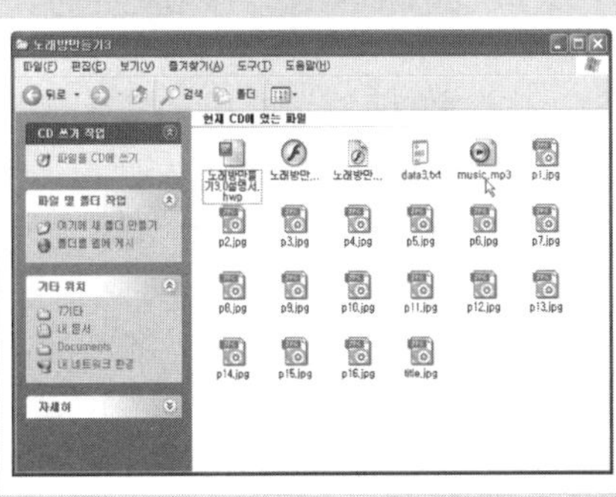

• 원하는 다른 노래로 바꾸고 싶다면 준비된 음악의 파일명을 'music.mp3'로 바꾸어 같은 폴더에 넣는다. 그리고 새로 바꾼 노래의 가사도 미리 준비해 둔다. 폴더의 data3.txt 파일을 메모장으로 열어서 가사를 미리 적어 놓는다.

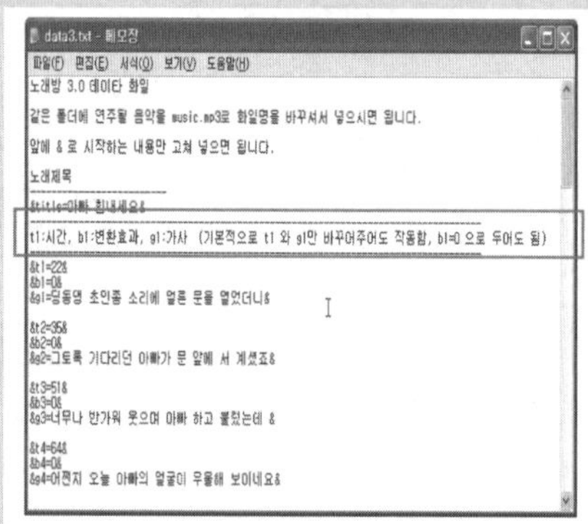

• 또 원하는 이미지나 사진을 가져와 같은 폴더 내에 title.jpg, p1.jpg, p2.jpg…… 순으로 파일 이름을 바꿔 준다.

• 노래방만들기3.exe와 data3.txt를 동시에 실행시킨 후 플래시 노래방 화면의 오른쪽 상단의 시간을 보며 data3.txt의 시간과 가사내용, 장면 전환 효과를 설정한다.

• 설정이 끝나면 data3.txt를 저장하고 노래방만들기3.exe를 실행시켜 시간과 노래가사 배경그림을 확인한다.

자료 출처: 김정식 허명성의 과학사랑(http://sciencelove.com/)

한 걸음 더

Goldwave로 감상곡 2번 반복 저장하기

1. 감상할 곡의 일정 부분만 선택해서 2번 반복 저장을 해 보겠다. 음악을 감상할 부분을 드래그하여 영역을 선택한다.

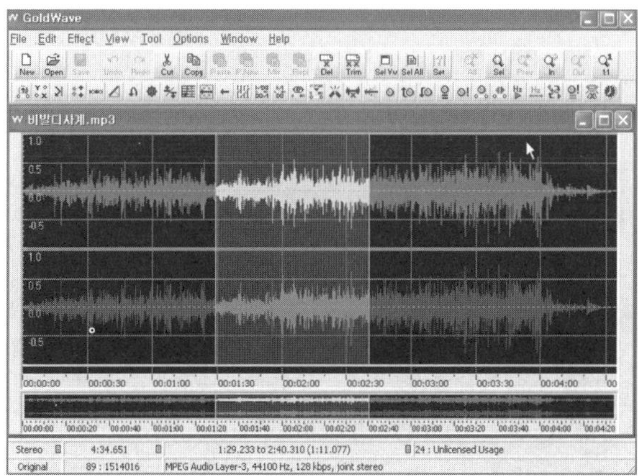

2. 그리고 [Trim]을 클릭하여 선택한 영역 이외의 부분을 삭제한다.

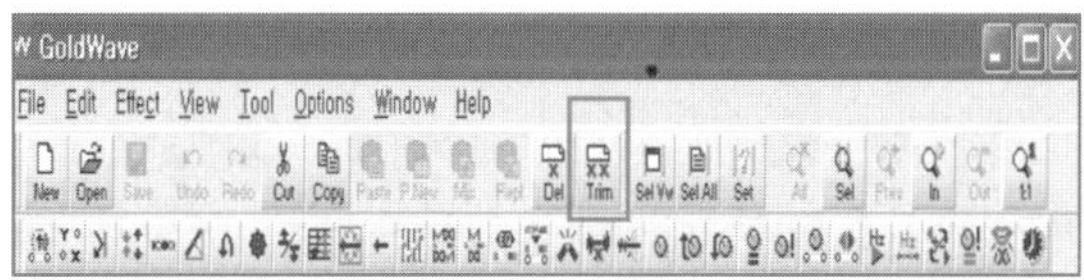

Tip **도구상자 메뉴**

Cut	선택 영역 잘라내기	Copy	선택 영역 복사하기
Paste	선택 영역 붙이기	P New	선택 영역을 새 창에 붙이기
Del	선택 영역 삭제하기	Trim	선택된 영역 이외 삭제하기
Sel Vw	보이는 부분만 선택하기	Sel All	모두 선택하기
Set	시간으로 정확하게 설정하기		

3. 선택한 이외의 부분이 삭제되었음을 확인할 수 있다.

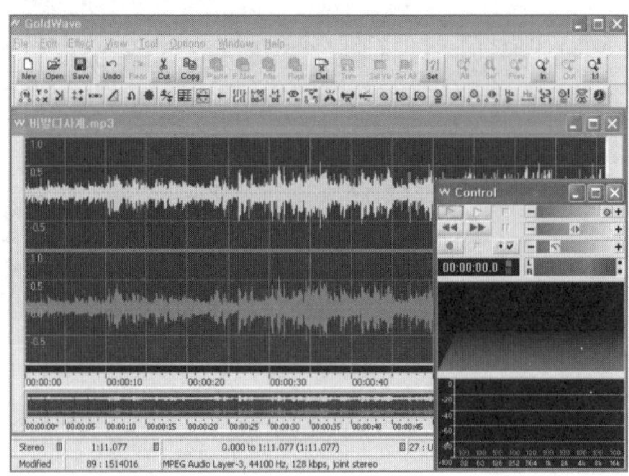

4. [Copy]를 선택하여 복사하고 [Paste]를 선택하여 붙이기를 한 후 다른 이름으로 저장한다.

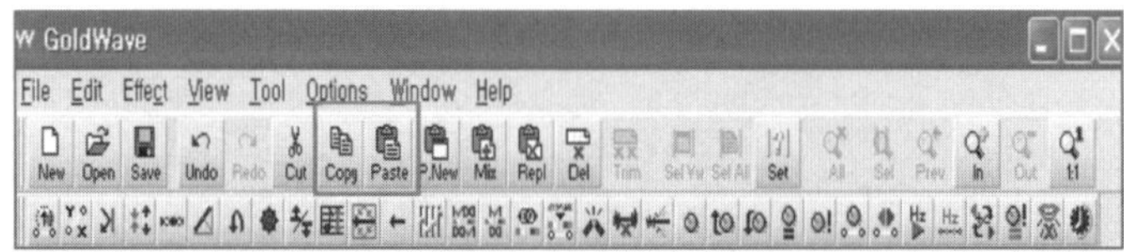

5. 선택한 영역이 2번 반복되어 합쳐진 파일을 확인할 수 있다.

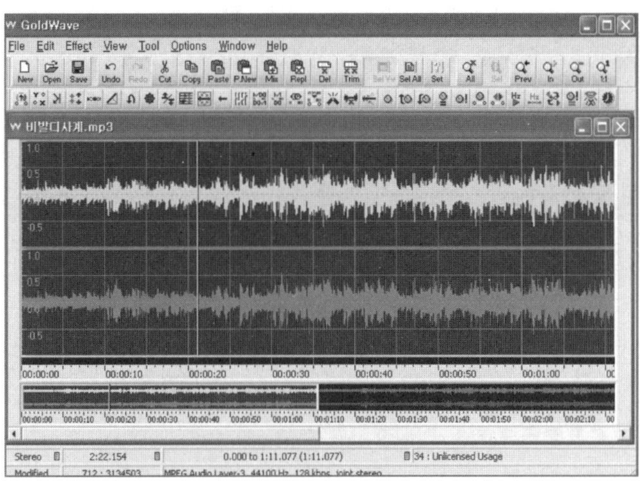

Goldwave로 노래 메들리 만들기

1. Goldwave로 붙이고 싶은 음악 파일을 [File]-[Open]을 클릭하여 모두 불러 온다.

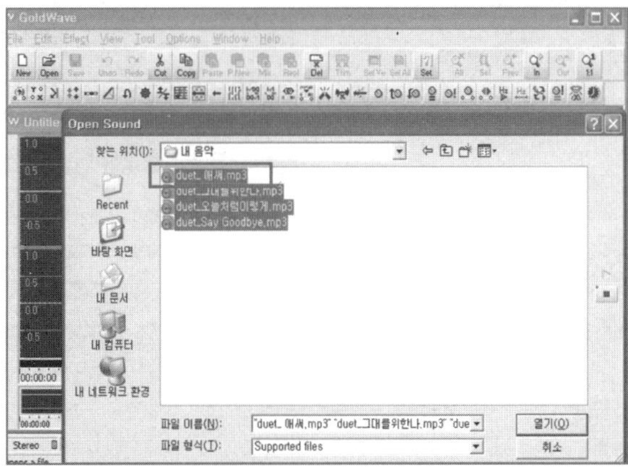

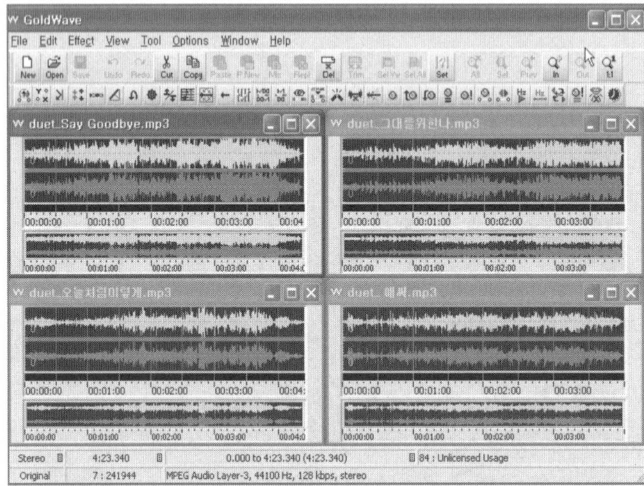

2. 열어 놓은 파일들 가운데 가장 맨 앞에 붙이고 싶은 음악파일의 창을 선택하여 활성화시킨 후 메뉴바의 [Copy]를 선택한다. 그런 다음 [P.New]를 선택하면 새 창(Untitled1)으로 선택한 음악파일이 생성된다.

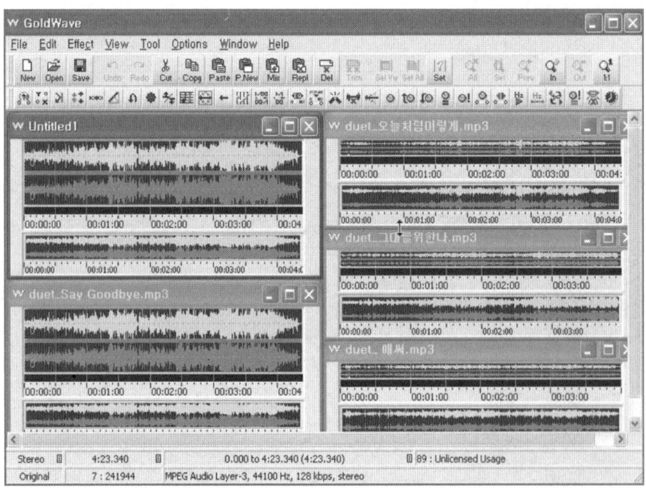

3. 이제 새로 생성된 창에 음악파일들을 하나씩 복사하여 붙이면 된다. 다음에 위치할 음악파일들을 선택해서 활성화시켜 [Copy]를 한 후 [Edit]-[Paste at]-[End]를 클릭하면 두 번째 파일이 처음 파일의 맨 끝에 삽입된다.

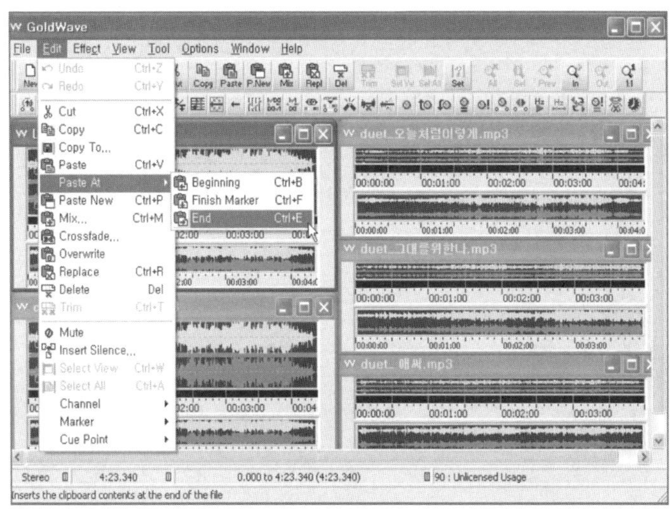

4. 붙이고 싶은 나머지 곡들도 위와 같은 방법으로 반복 수행하면 된다.
5. 파일을 다 붙인 후 적당한 파일 이름을 입력하고 저장한다.

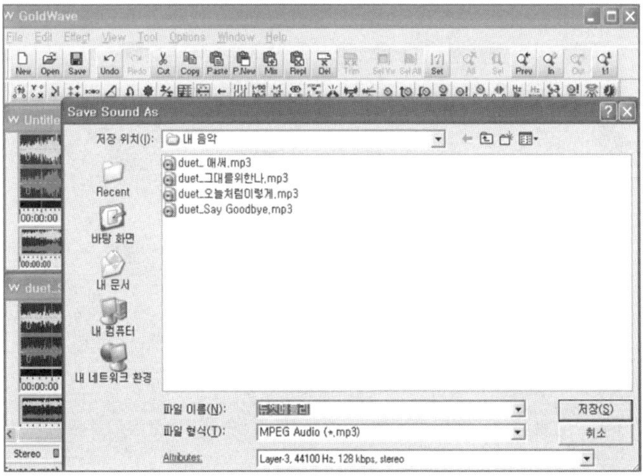

Goldwave로 음악과 음성 합성하기

1. Goldwave로 시낭송이나 음악편지를 만드는 방법을 알아보겠다. 먼저 Goldwave를 실행시켜 미리 준비해 놓은 배경음악과 음성 파일을 불러온다.

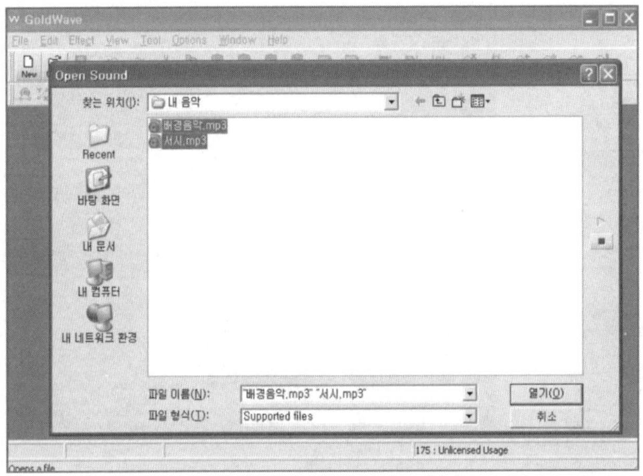

2. 자신의 음성 파일을 선택한 후 [Copy]를 한다. Control로 배경음악을 들어 보고 자신의 음성이 들어가면 어울릴 만한 곳에 블록을 지정하고 [Mix]를 클릭한다.

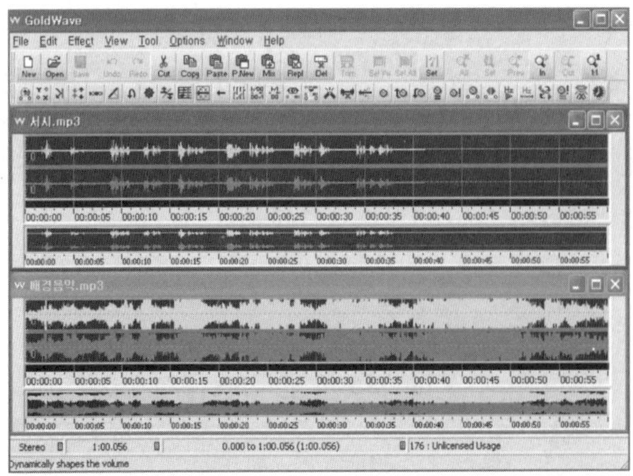

3. 그러면 작은 창이 하나 뜨는데 자신의 목소리가 어떤 소리 크기로 들어갈지 +, −버튼을 이용해 조정할 수 있다. 목소리가 너무 작거나 크다면 일단 [undo]를 클릭하고 마음에 드는 효과를 얻을 때까지 반복해서 작업한다.

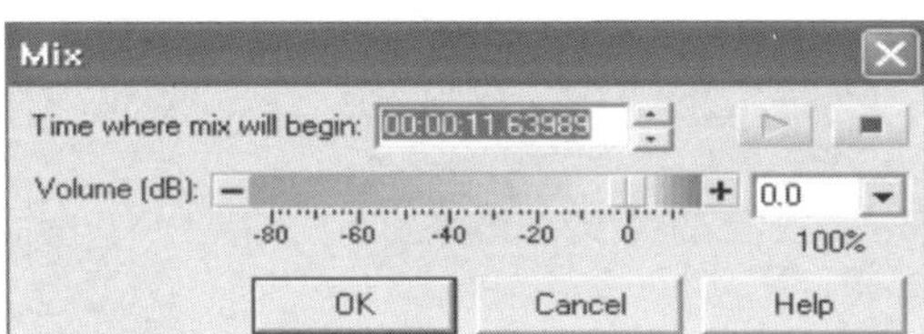

4. 콘트롤로 재생되는 배경음악과 음성이 적당하다고 판단하면 저장하고 싶은 파일 형식을 선택한 후 저장하면 된다.

Goldwave로 볼륨을 서서히 작아지게/커지게 하기

1. 편집할 음악파일을 불러온다. 그리고 볼륨을 서서히 커지게 할 부분을 마우스 드래그하여 선택한다. 그런 다음 메뉴바에서 [Fade In] 버튼을 클릭한다.

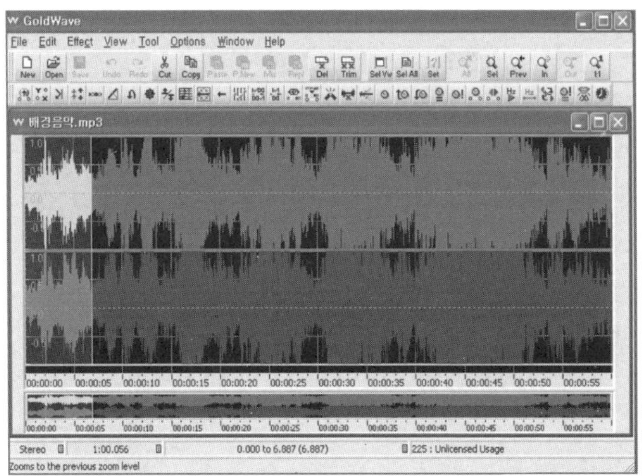

2. [Fade In] 속성창에서 처음 시작할 때의 볼륨 크기를 조정할 수 있다. [Fade Out]의 경우도 위와 같은 방법으로 작업하면 된다.

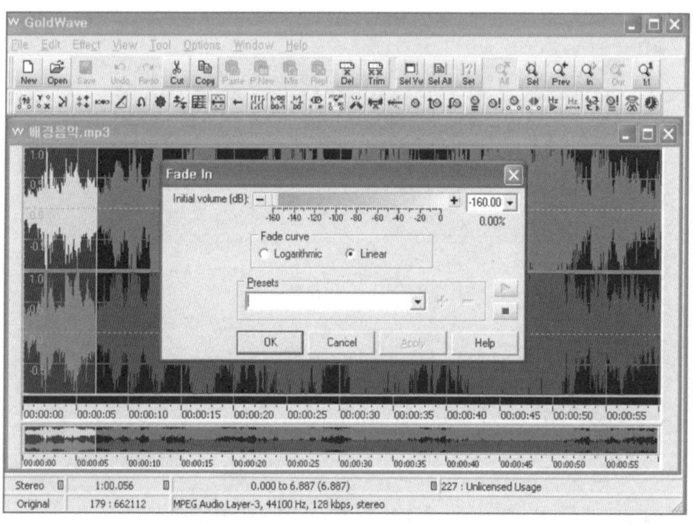

Tip

Goldwave로 변조 목소리 만들기

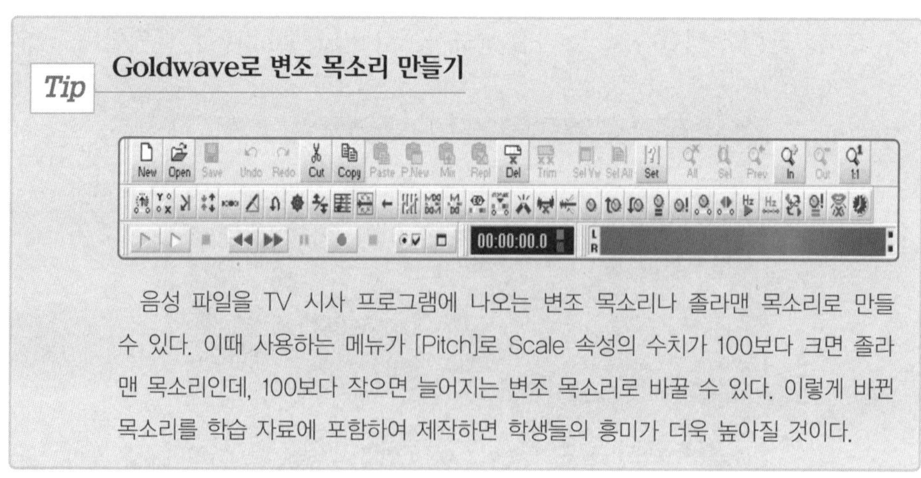

음성 파일을 TV 시사 프로그램에 나오는 변조 목소리나 졸라맨 목소리로 만들 수 있다. 이때 사용하는 메뉴가 [Pitch]로 Scale 속성의 수치가 100보다 크면 졸라맨 목소리인데, 100보다 작으면 늘어지는 변조 목소리로 바꿀 수 있다. 이렇게 바뀐 목소리를 학습 자료에 포함하여 제작하면 학생들의 흥미가 더욱 높아질 것이다.

FAQ

Q Goldwave를 이용해서 인터넷이나 음악 CD에 있는 사운드를 녹음하였더니 '윙윙' 거리는 잡음이 들립니다. 잡음을 wpj하기 위해서는 어떻게 해야 하나요?

A 골드웨이브 메뉴의 [effects]–[Filter]–[Noise Reduction]을 선택하여 잡음을 제거할 수 있습니다. [Noise Reduction] 대화창이 열리면 [Reduction envelop]에서 [Useshape]를 [Presets]은 [Reduce hum]을 선택하면 잡음이 제거됩니다.

수업활용 아이디어

음악교과 교육과정에서는 음악 만들기 및 창작 활동을 종전보다 확대하고 있다. 학생들은 구체적인 음악활동과 도구를 제공받음으로써 음악을 쉽게 접하고 창작활동을 원활히 할 수 있는데, 이 과정에서 작곡 소프트웨어를 사용함으로써 자신의 음악적인 생각을 자신의 방식으로 쉽게 표현할 수 있게 된다.

음악교과 창작 수업에서 실제 악기를 연주해 보지 않고는 금방 주어진 동기에 따른 곡도 창작하기기 힘든 것이 현실이다. NWC와 같은 음악편집 소프트웨어를 사용하면 학생들의 학습 의욕을 높이면서 적극적인 학습 참여와 재미있는 학습활동을 기대할 수 있다.

학생들의 창작품인 최종 파일을 모두 합하여 CD로 저장하여 학생은 물론 학부모와 나눌 수도 있고, 온라인 학급 커뮤니티를 활용해 작품 발표회 혹은 작품 감상회 등의 이벤트도 가능할 것이다.

<table>
<tr><th>단원명</th><td colspan="2">〈초등음악 6-2〉
16. 가을맞이</td><th>학습 주제</th><td>8마디 가락 창작하기</td></tr>
<tr><th>학습 목표</th><td colspan="4">주어진 가락에 이어 가락을 지을 수 있다.</td></tr>
<tr><th>수업 모형</th><td colspan="2">창작 중심 모형</td><th>교실 환경</th><td>멀티미디어실</td></tr>
<tr><th>활용 아이디어</th><td colspan="4">헤드셋이 갖춰진 멀티미디어실에서 각자 음악편집 소프트웨어를 활용하여 창작학습을 함으로써 각자 실음을 들으면서 자유로운 창작의 기회를 제공한다. 또 파일형태로 저장된 각자의 작품을 학급 커뮤니티에 탑재하여 발표회를 가질 수도 있다.</td></tr>
<tr><th rowspan="4">학습 흐름</th><th>단 계</th><th colspan="2">주요 활동</th><th>주요 매체 활용</th></tr>
<tr><td>도입</td><td colspan="2">제재곡 부르기</td><td></td></tr>
<tr><td>전개</td><td colspan="2">• 계속되는 느낌의 가락과 끝나는 느낌의 가락 이해하기
• 가락 창작하기</td><td>NWC</td></tr>
<tr><td>정리</td><td colspan="2">창작곡 발표하기</td><td></td></tr>
</table>

제4장

동영상 수업 자료 만들기–촬영

수업 내용 미리 보기

어쩌면 영상 세대들에게 영상 자료로 교육한다는 것은 당연한 이야기일지 모르겠다. 최근 압축과 스트리밍 기술의 발달, 그리고 컴퓨터 성능의 향상으로 다양한 영상 자료들을 수업에 활용할 수 있게 되었다.

여기서는 디지털 카메라와 캠코더의 작동법과 동영상 캡처 방법을 익혀 보고 컴퓨터에 저장하는 방법에 대해 알아보자.

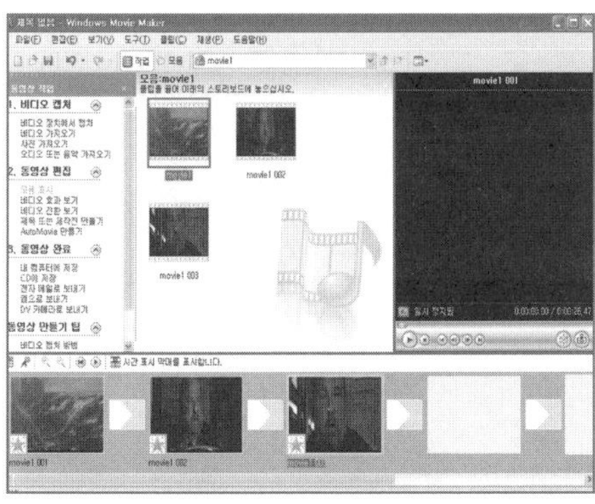

만약 메인 창에서 [Last area]를 클릭하면 바로 아래 창이 표시된다.

Tip 녹화 영역

점선으로 된 녹화 영역을 네 개의 각과 선 가운에 있는 흰 사각형(크기 조정 핸들)을 마우스 왼쪽 버튼으로 누른 상태에서 드래그하여 크기를 조정한다.

9. 동영상 녹화를 편리하게 조작하기 위해서는 단축키를 자주 사용해야 한다. 단축키는 기존의 설정대로 쓸 수도 있고 사용자의 습성에 따라 재설정할 수도 있다. 캠타시아가 설치되면 기본값으로 〈F9〉는 녹음으로, 〈F10〉은 정지로 되어 있다. 메뉴 [Tools]-[Options……]-[Hotkeys] 창에서, 그리고 하단의 [Advanced……]를 클릭하여 [Advanced Hotkrys] 창에서 단축키를 설정할 수 있다.

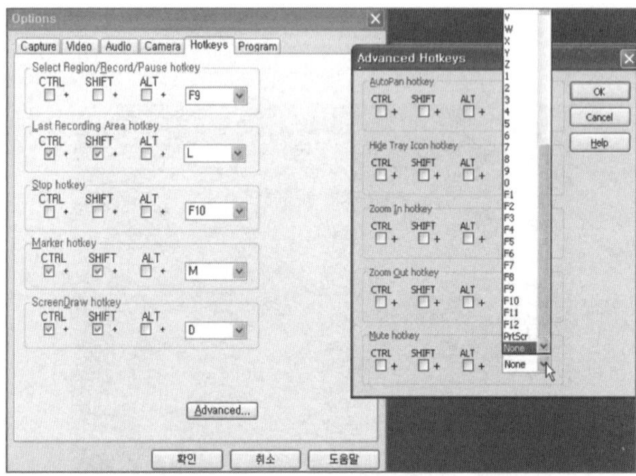

Tip

녹화 중 그리기 도구 사용

[Annotation Toolbar] 중 그리기 도구 는 반드시 단축키를 사용해야 한다. 메뉴 [Tools]-[Options……]-[Hotkeys] 탭에서 [ScreenDraw hotkey]를 [Ctrl]+[Shift]+[D]로 설정하고 [확인]을 클릭한다. 동영상 녹화를 시작한 다음 위의 단축키를 클릭하면 마우스 커서가 로 변한다. 마우스 오른쪽 버튼을 눌러 프레임, 강조, 선, 펜, 색상과 굵기를 선택할 수 있다.

활동 5 캠타시아 스튜디오로 동영상 편집하기

캠타시아 스튜디오를 실행한 후 다음과 같은 순서로 편집 작업을 하면 된다.

① 작업 목록 영역 ② 클립모음 영역 ③ 미리 보기 영역 ④ 타임라인 영역

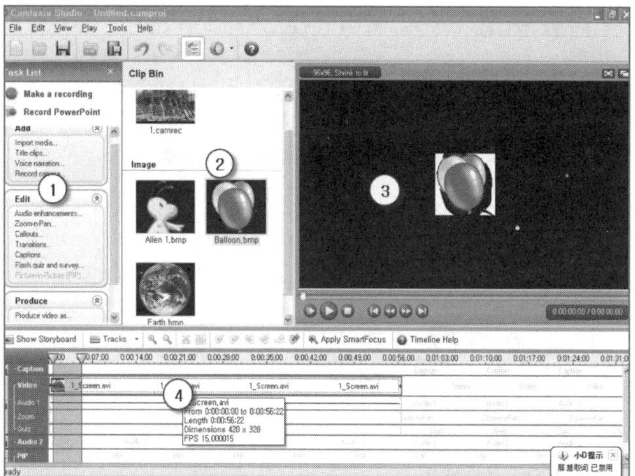

1. 영역 ①에서 [Add]를 이용하여 편집할 동영상, 이미지 등을 불러오면 클립모음 영역인 ②에 표시된다. 그러면 선택한 폴더 속에 있는 편집 가능한 파일이 영역 ②에 표시된다.

2. 영역 ②에 표시된 파일들을 더블클릭하거나 영역 ③으로 끌어 놓으면 실행된다.

3. 편집할 파일을 마우스로 끌어 [Timeline]에 놓거나 마우스 오른쪽 버튼을 클릭하여 [Add to Timeline]을 클릭하면 타임라인에 추가된다.

4. 영역 ④에서 시간 기준자와 툴바를 이용하여 동영상을 자르거나 오디오를 조정하며 스토리보드로 전환한다.

5. 작업 목록에 있는 타이틀클립, 내레이션, 퀴즈, 자막 등을 시간 기준자로 지정한 곳에 삽입할 수 있다.

6. 타임라인 툴바의 [Show Storyboard]로 전화한 다음 클립들 사이의 전환을 삽입할 수 있다.

7. 편집이 끝난 다음 작업 목록에서 [Produce video as……]를 클릭하여 제시에 따라 비디오를 제작하여야 하고 저장해야 한다.

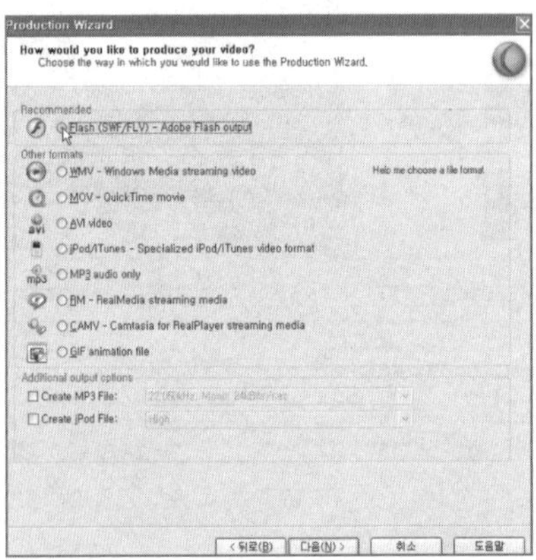

한 걸음 더

다양한 동영상 편집 소프트웨어 알아보기

1. 윈도우 무비 메이커

윈도우 무비 메이커(Windows Movie Maker)는 사용 방법이 쉽고, 무엇보다 윈도우 XP 운영체제를 사용하면 기본으로 제공되는 프리웨어라는 장점이 있다.

윈도우 무비 메이커는 디지털 캠코더 또는 아날로그 캠코더로 촬영한 영상을 디지털 포맷의 동영상으로 만들어, 특수 효과 삽입 등의 다양한 편집 과정을 거쳐 웹을 통해 또는 CD/DVD로 만들어서 친구나 가족과 함께 소중한 기억들을 오래도록 공유할 수 있다. 이미지, 오디오 파일, 사용자 음성, 텍스트 문구, 특수 효과 등의 다양한 편집 기능이 제공되므로, 사용자가 원하는 대로 자유롭게 새로운 영상물을 창

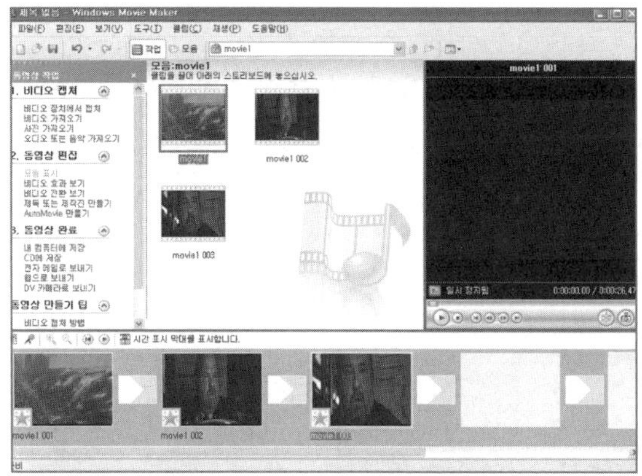

작할 수 있다.

복잡한 편집 절차 없이 간편하고 빠르게 영상을 제작할 수 있는 오토 무비 기능이 지원되며, 제작된 영상은 CD/DVD로 저장이 가능하며 Pocket PC용으로도 저장이 가능하다.

2. Adobe Premiere

Adobe 사는 이미지 편집 소프트웨어인 Photoshop을 개발한 것으로 유명한데,

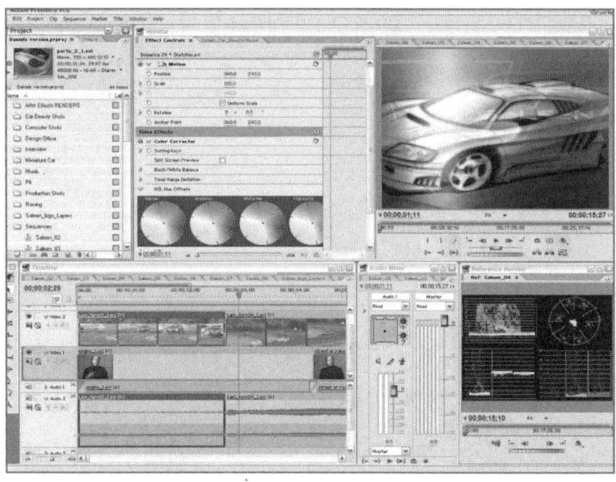

Adobe Premiere 역시 동영상 편집 소프트웨어의 대표적인 프로그램이다. 다양한 기능과 플러그인 지원으로 다양한 동영상 편집 효과를 지원하지만 강력한 기능만큼이나 사용법이 까다롭기 때문에 초보자에게는 다소 어려운 프로그램이다.

3. Ulead Video Studio

Ulead 사는 영상 그래픽 전문 소프트웨어 개발 회사로, 비디오 스튜디오는 초급 사용자를 위해 개발한 동영상 편집 소프트웨어다. 쉬운 인터페이스와 단계별 편집 진행을 적용해 쉽게 다룰 수 있다. 반드시 필요한 기본 기능만을 갖추고 있기 때문에 전체적으로 메뉴 구성이 간단하다.

4. Sony Vegas Video

Vegas Video는 초보자에서 중급자를 위한 동영상 편집 소프트웨어로, 사용하기에 비교적 다양한 기능을 가지고 있어 중급 사용자까지 무리없이 사용할 수 있는 소프트웨어다. 최근 많은 인기를 끌고 있는 영상 편집툴로 DV, HDV, HD 및 SD 등 거의 모든 포맷을 완벽하게 편집할 수 있다.

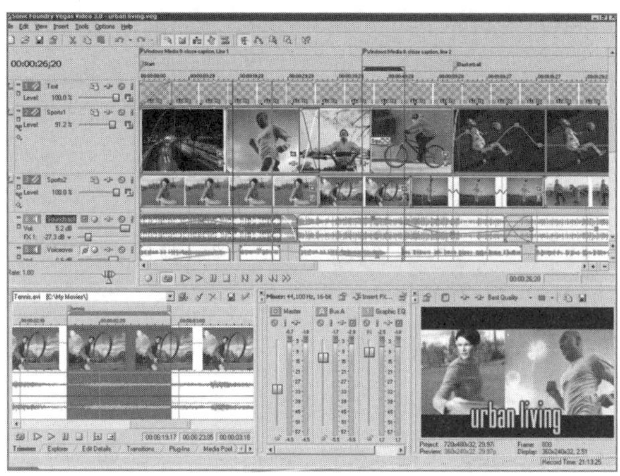

5. Pinacle Studio

편집 보드를 주로 제작하는 Pinacle 사에서 개발한 Studio는 중급에서 고급 사용자를 위한 편집 소프트웨어다. 타이틀 제작과 자막 제작에서 강점을 보이는 소프트웨어다.

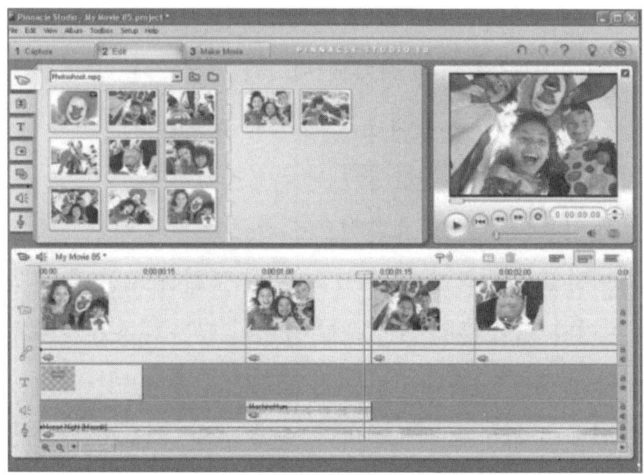

FAQ

Q 정상적으로 동영상 캡처를 하고 난 후 영상을 확인해 보니 소리만 나오고 영상은 까맣게 나옵니다. 이유가 무엇인가요?

A [시작-제어판]에 가면 디스플레이 항목이 있습니다. 더블클릭하면 디스플레이 등록 정보가 나옵니다. [설정]-[고급]을 클릭합니다. 그런 다음 [문제해결] 탭을 클릭하면 [하드웨어 가속]이 나옵니다. 드래그바를 [없음] 쪽으로 드래그하면 화면이 녹화됩니다. 그러나 이 상태에서는 게임이 실행되지 않습니다. 녹화도 되고 게임도 실행하려면 드래그바를 [최대] 쪽으로 드래그하고 하단의 [쓰기 조합사용]에 체크하면 됩니다.

수업활용 아이디어

디지털 카메라, 캠코더, PC 카메라 혹은 캠타시아로 캡처한 뉴스 클립이나 드라마, 영화의 일부분을 시청한 다음 각자의 생각과 느낀 점을 발표하는 활동 등 여러 수업 활동들이 가능할 것이다. 특히 뉴스의 경우 육하원칙에 맞게 사실을 진술하거나 주장과 근거에 대한 이해를 돕는 활동에 적절할 것이다.

살아 있는 언어 사용의 실제에 효과적으로 접근할 수 있다는 점에서 뉴스는 교과서와는 달리 강력하고 생동감 있는 수업 자료다. 또한 뉴스는 좋은 듣기 및 요약하기 교재가 될 수 있다. 뉴스를 2~3번 듣고 중심이 되는 내용을 요약하는 활동을 통해 육하원칙에 맞게 문장을 쓰고 말하는 능력을 기를 수 있다.

이 외에도 인터넷의 확산으로 드라마나 영화 파일, 그리고 쇼 프로그램 영상을

쉽게 구할 수 있는데, 드라마와 영화는 국어과 문학 영역의 갈등 상황을 통한 토론 수업하기 등의 자료로, 쇼 프로그램은 비판적 문화 수용 자세와 관련한 수업 자료로 활용할 수 있을 것이다.

<table>
<tr><th>단원명</th><td colspan="2">〈초등국어 4-2〉
• 둘째 마당 1. 이야기 세계</td><th>학습 주제</th><td>여러 가지 표현 방법</td></tr>
<tr><th>학습 목표</th><td colspan="4">이야기를 듣고, 생각하거나 느낀 점을 말할 수 있다.</td></tr>
<tr><th>수업 모형</th><td colspan="2">반응 중심 모형</td><th>교실 환경</th><td>1인 1PC 환경 혹은 모둠 1PC 환경</td></tr>
<tr><th>활용 아이디어</th><td colspan="4">요즘 학생은 문자 텍스트보다는 영상과 이미지 텍스트에 익숙한 세대다. 인터넷을 비롯한 대중 매체들이 쏟아 내는 자료들 중에는 접근 방식에 따라 교육적인 자료도 있는데, 수업에 잘 활용한다면 감동적이고 인상 깊은 살아 있는 수업이 될 것이다. 캠타시아와 무비메이커를 이용하여 만든 자료를 활용해서 생각하거나 느낀 점을 이야기해 보고 표현해 본다.</td></tr>
<tr><th rowspan="5">학습 흐름</th><th>단 계</th><th colspan="2">주요 활동</th><th>ICT활용</th></tr>
<tr><td>반응의 형성</td><td colspan="2">• 학습 문제 확인
• 배경 지식이나 경험 활성화
• 작품 개관 및 작품 읽기</td><td>• 영상 자료 감상하기</td></tr>
<tr><td>반응의 명료화</td><td colspan="2">• 작품에 대한 개인적 반응의 표현
• 반응에 대한 토의(질의/응답)
• 토의 내용 정리(반성적 쓰기, 그리기 등)</td><td>• 영상 자료를 본 후 생각과 느낌 이야기하기
• 영상 자료의 뒷부분을 생각해 보기</td></tr>
<tr><td>반응의 심화</td><td colspan="2">• 다른 작품과 관련짓기(작품 개관 및 읽기)
• 토의하기</td><td>• 영상 자료의 일부분을 직접 만들어 보기</td></tr>
<tr><td>반응의 일반화</td><td colspan="2">• 일반화 가능성 탐색
• 일반화</td><td>• 만든 영상자료를 편집하여 감상하기</td></tr>
</table>

제5장

동영상 수업 자료 만들기–캡처

수업 내용 미리 보기

양질의 이러닝 콘텐츠 제작을 위한 상호작용 설계에서 가장 중심이 되는 과제는 학습자에게 체계적으로 방향을 제시하는 안내 체제를 구성하고, 이를 기초로 학습을 위한 항해 또는 필요한 정보에의 접근 경로를 설계하는 일이다. 매크로미디어 캡티베이트를 이용하면 화면의 동작을 쉽게 캡처하여 오디오, 애니메이션, 상호작용이 포함된 소프트웨어 시뮬레이션 및 제품 데모를 만들 수 있고, 모든 어플리케이션의 화면 조작을 캡처하여 활용할 수 있다. 또 채점 방식과 교육적인 피드백을 포함한 시뮬레이션을 만들 수도 있다.

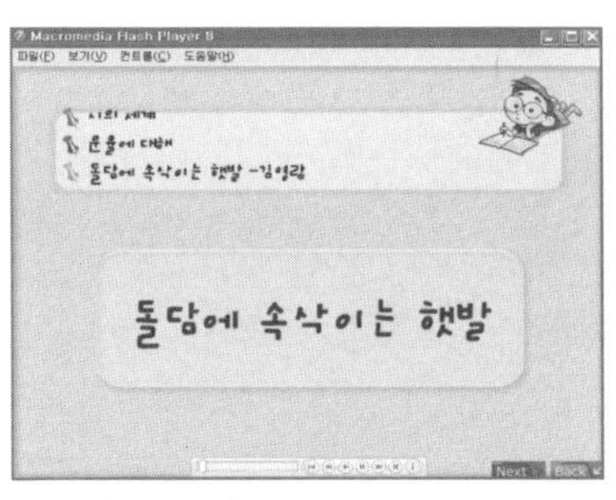

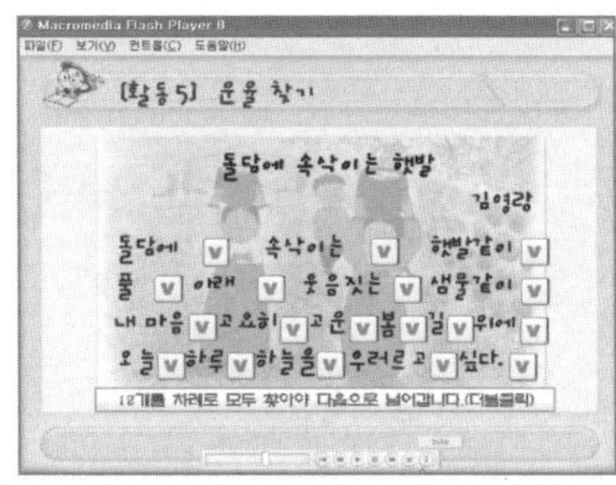

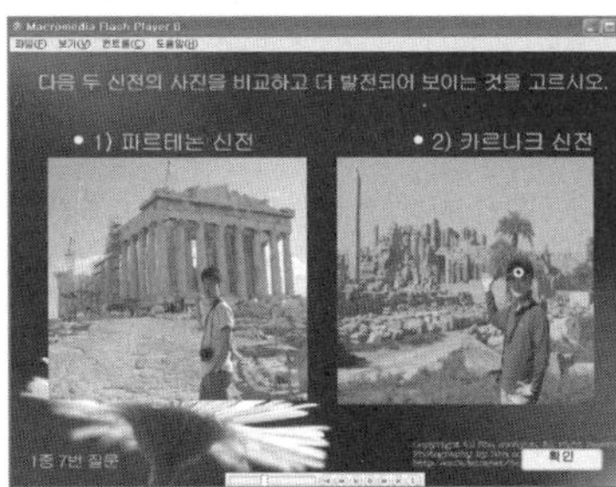

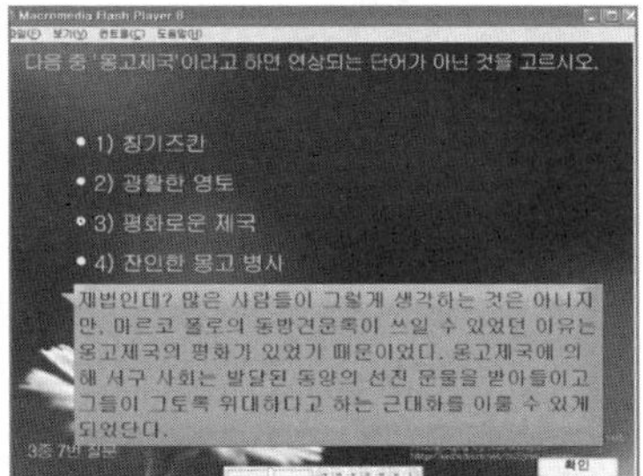

활동 주제

적용 학습 영역	학습 주제	학습 활동
〈초등국어 6-1〉 • 주장과 근거 살피기	• 주장과 근거에 대한 일반적인 개념 이해하기	• 자신의 주장에 대한 근거를 위해 정보를 검색하거나 설문조사로 근거 찾기
〈초등사회 4-2〉 • 새로워지는 우리 시 · 도	• 우리 시 · 도의 여러 가지 문제 알아보기	• 통계화 도표의 수집 및 해석, 조사 활동을 통해 지역사회 문제점 파악하기
〈초등미술 5-2〉 • 우리나라와 다른 나라 미술	• 우리나라와 다른 나라의 미술에 관해 알아보기	• 박물관의 유물 검색을 통해 회화작품, 조소작품, 공예작품, 건축물 감상하기
〈중등국어 3-1〉 • 비판하며 읽기	• 글을 읽으며 신뢰성과 타당성 판단하기	• 단원 학습 후 온라인 평가를 통해 학업성취도를 스스로 판단하기

자료 만들기

활동 1 캡티베이트로 동영상을 녹화해 swf로 저장하기

캡티베이트 작업 흐름도

계획 → 스타트 패널 → 녹화 옵션 → 캡처 작업 → 편집 작업 → 제작

1. 첫 번째 작업으로 메모장 프로그램에 글을 쓰고 저장하는 과정을 데모 형식으로 보여 주는 동영상으로 만들어 보자.

2. 녹화하기 전에 먼저 메모장 프로그램을 연다. 이어서 캡티베이트 프로그램을 기동시키면, 아래 그림과 같은 시작 패널을 볼 수 있다. 중앙에 있는 새 동영상 녹음 또는 만들기를 클릭한다.

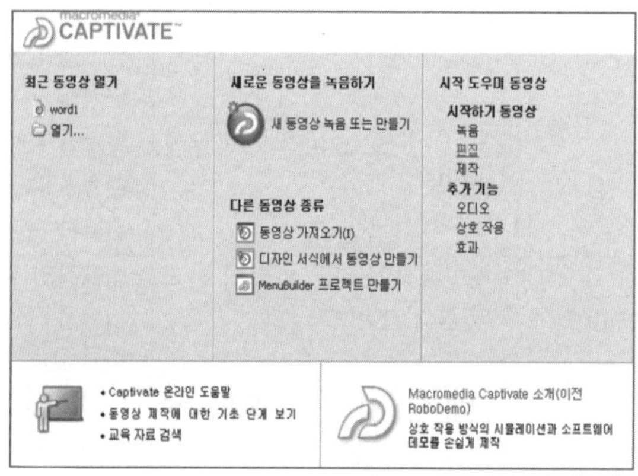

3. 새로운 동영상 옵션 창이 나타나면, 메모장(응용프로그램) 사용법에 관한 동영상을 만들기 위해 [응용 프로그램]을 선택하고 확인을 누른다.

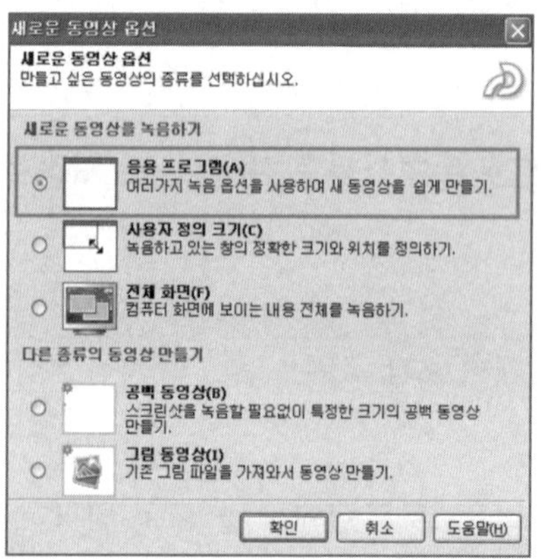

- 응용 프로그램(A)　응용 프로그램으로 시연할 모든 것을 녹화할 때 선택한다. 응용프로그램을 열고 창 안에서 모든 동작을 캡처한다.
- 사용자 정의 크기(C)　화면의 특정한 영역에서 이루어지는 작업들을 녹화하기 위해 선택한다.
- 전체 화면(F)　전체화면을 캡처할 때 선택한다. 응용 프로그램이 여러 개의 열어 놓고 화면을 바꾸어 가면서 녹화할 때 특별히 이용할 수 있다.
- 공백 동영상(B)　공백 슬라이드를 만들 때 선택한다. 다른 캡티베이트 동영상의 슬라이드를 복사하여 첨가하고자 할 때 유용하게 사용할 수 있다. 스크린 샷을 녹화하지 않고 특정한 크기의 공백 동영상을 만들 수 있다.
- 그림 동영상(I)　슬라이드 쇼를 만들고자 할때 선택한다. 기존의 그림 파일을 불러와서 새로운 동영상을 만들 수 있다.

4. 창에서 동영상으로 녹화하고 싶은 창을 선택한다. [녹음하고 싶은 창을 선택하십시오]를 클릭한 후 메모장을 선택하면 메모장 프로그램 둘레에 빨간색의 사각형이 둘러싸게 된다. 빨간색 사각형 테두리 안에서 일어나는 움직임에 대해 캡처가 되는 것이다. 빨간색 캡처 영역은 크기 변경 및 다른 곳으로 이동이 가능하다. [빨간 녹음 영역을 조절하여 선택한 창에 맞게 하십시오]를 클릭하면 선택된 창에 녹음 영역이 자동적으로 맞추어진다. 녹음 방식의 기본 값은 데모 방식으로 되어 있다. 만약 녹음 방식을 바꾸고 싶다면 하단 부분의 [옵션] 버튼을 클릭하여 녹음 옵션 창의 녹음 방식을 원하는 방식으로 선택 변경하면 된다 (녹음 옵션 참조).

5. [녹음]을 클릭하면 캡처가 시작된다. 이제 메모장에 '캡티베이트 연습'이라고 쓰고 파일 메뉴를 클릭한 후 [저장]을 누른다. 마우스를 클릭하는 동안 소리와 함께 동영상이 녹화된다.

6. 동영상 녹화를 멈추려면 [End]를 누른다. 또 작업표시줄에 있는 캡티베이트 프로그램을 클릭하면 [이 캡처 세션을 마치겠습니까?]라는 창이 뜨고 예를 누르면 캡티베이트 화면에 녹화된 슬라이드를 볼 수 있다. 불필요한 슬라이드도 편집하거나 삭제할 수 있다.

7. 메뉴 [파일]–[제작]을 클릭한 후 동영상 제목 및 폴더, 출력 옵션을 지정한 다음 [제작]을 누른다. 출력 옵션에 따라 swf 파일 및 html이 만들어진다.

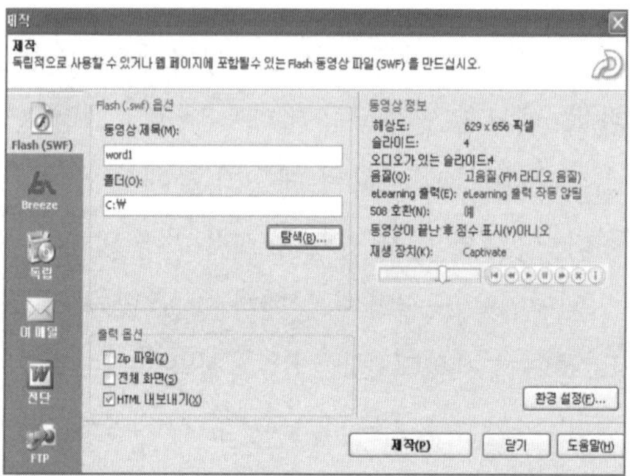

활동 2 기존 동영상에 새로운 슬라이드 추가하기

1. 슬라이드를 추가하고자 하는 캡티베이트 동영상을 연다. 녹화하고자 하는 응용 프로그램을 연다.

2. 다음 두 가지 방법 중 하나를 실행한다.

① 스토리보드 보기 창의 [주요 툴바]에서 [녹음] 버튼 녹음 을 클릭하거나 [슬라이드 작업] 옵션에서 [추가 슬라이드 녹음하기]를 클릭하여 녹화 창을 연다.

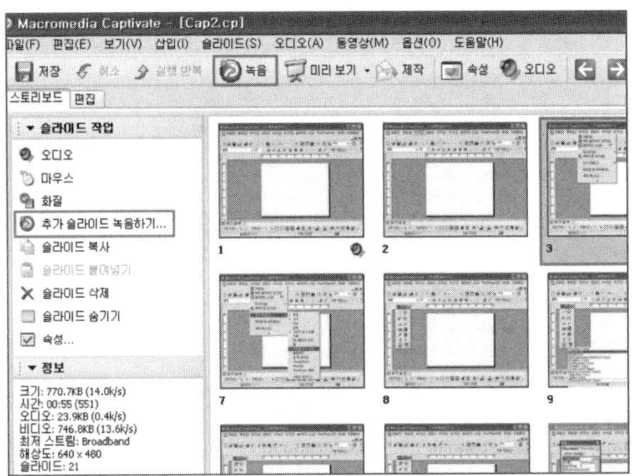

② 편집 보기 창에서, [주요 툴바]에서 [녹음] 버튼 녹음 을 클릭하여 녹화 창을 연다.

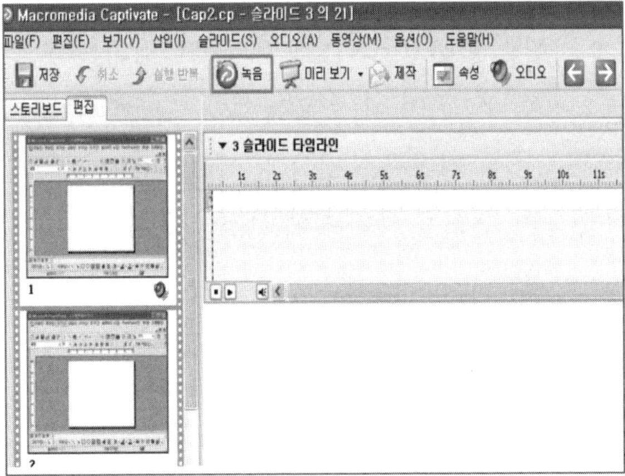

3. 다음과 같이 새로운 슬라이드가 동영상의 맨 마지막에 자동적으로 추가되거나 또는 특정한 슬라이드 사이에 추가되도록 선택한다.

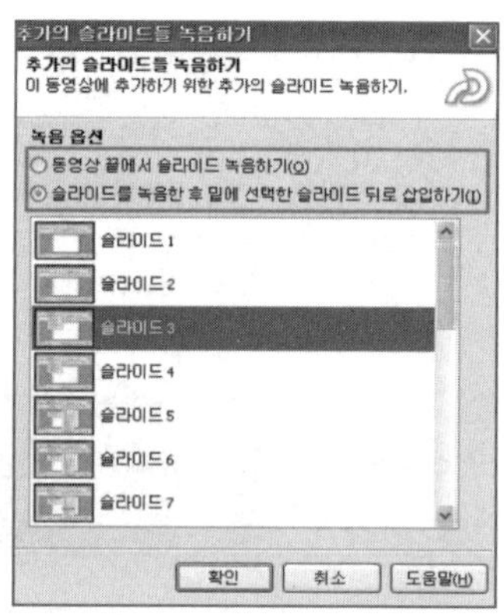

4. [확인]을 클릭하여 녹화 창을 연다.

활동 3 녹화 옵션 설정하기

1. 녹화 옵션 설정 방법을 알아보자. 이 과정은 캡티베이트 동영상 녹화에서 첫 단계는 사용될 사운드가 무엇인지, 자동녹화의 사용 여부, 녹화하는 동안 보이게 할 인터페이스 요소를 결정하는 것이다. 이러한 것들은 캡티베이트 녹화 옵션에 포함되어 있는데, 녹화를 하기 전에 설정할 수 있다.

2. 다음의 방법 중에서 하나를 실행한다.
   ① 녹화 창에서 [옵션]을 클릭하여 [녹음 옵션] 대화상자를 연다.

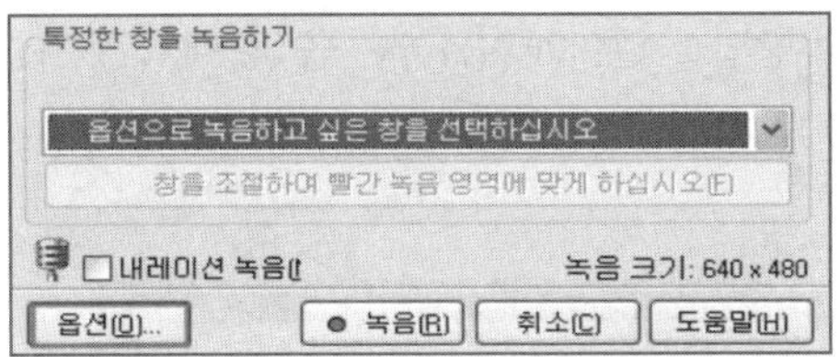

② 캡티베이트 동영상을 연 다음, 다음과 같이 [옵션]-[녹음 옵션]을 차례로 클릭한다.

3. 그러면 [녹음 옵션] 대화 상자가 열린다.

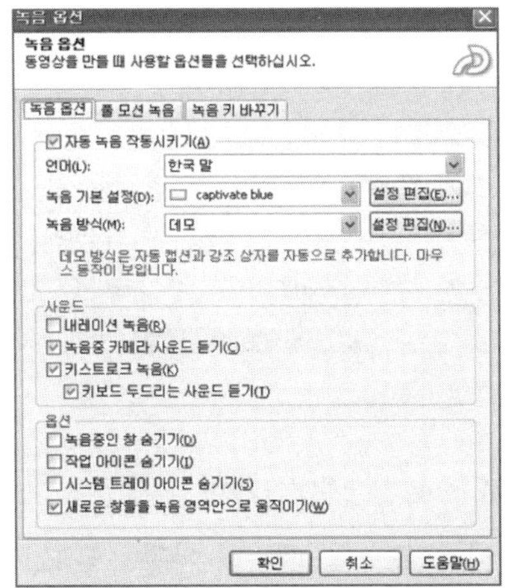

4. [녹음 옵션]의 설정 방법을 알아보자. [녹음 옵션] 대화 상자는 아래 그림과 같이 [녹음 옵션], [풀 모션 녹음], [녹음 키 바꾸기] 등의 세 가지 영역으로 나누어져 있다.

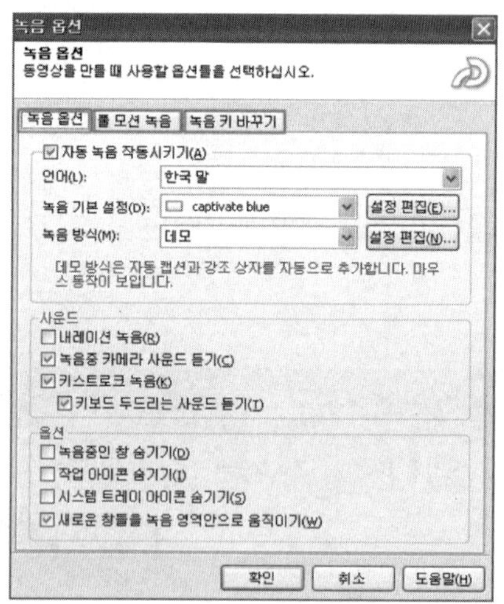

5. [녹음 옵션] 탭을 클릭하면 다음과 같은 녹음 옵션들이 나타난다.

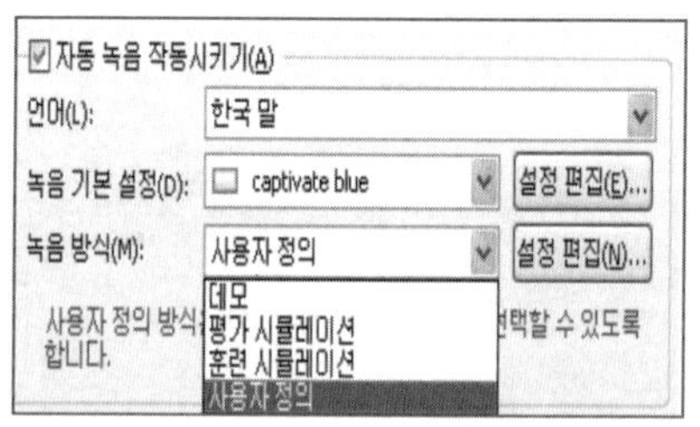

- 자동 녹음 시키기(A)   이것을 선택하면 응용 프로그램으로 앞으로 이동하거나 또는 키보드에서 키를 누를 때마다 자동으로 스크린 샷을 캡처해 준다.
- 언어(L)   캡션과 도구 팁들을 위한 13가지 언어 중에서 하나를 선택할 수 있다.
- 녹음 방식(M)   네 가지의 녹음 방식을 이용할 수 있다.

① **데모**: 자동으로 녹화된 동영상에 자동으로 캡션과 하이라이트를 포함할 수 있다.

② **평가 시뮬레이션**: 자동으로 녹화된 동영상에 성공과 실패 캡션을 가진 클릭상자를 자동으로 포함할 수 있다.

③ **훈련 시뮬레이션**: 이것을 선택하면 자동으로 녹화하는 동안 롤오버 캡션과 클릭상자를 포함할 수 있다.

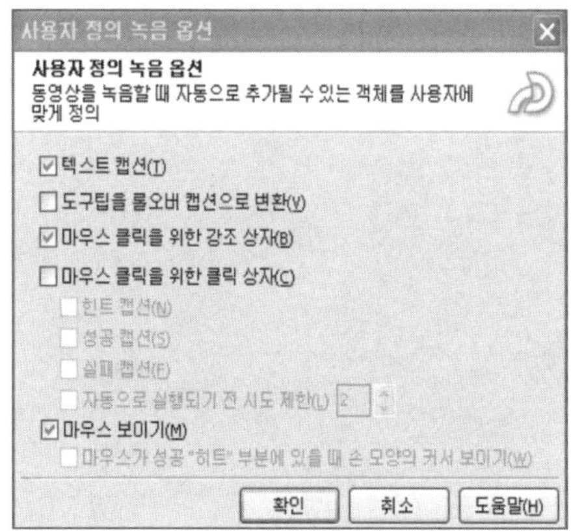

데모의 기본 설정

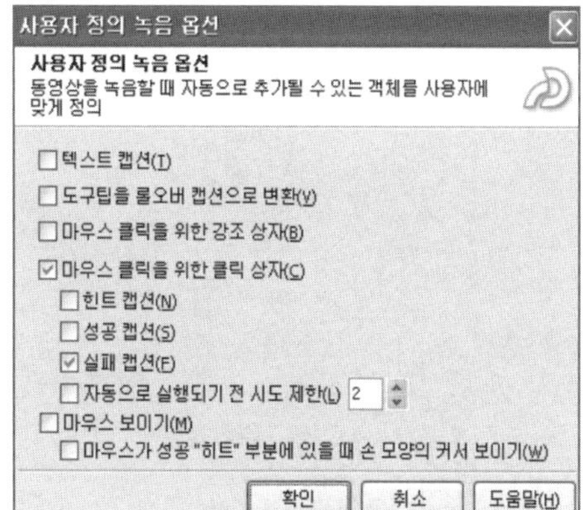

평가 시뮬레이션의 기본 설정

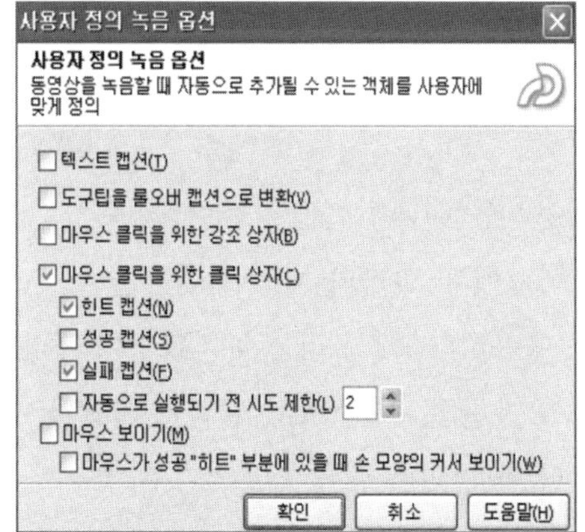

훈련 시뮬레이션의 기본 설정

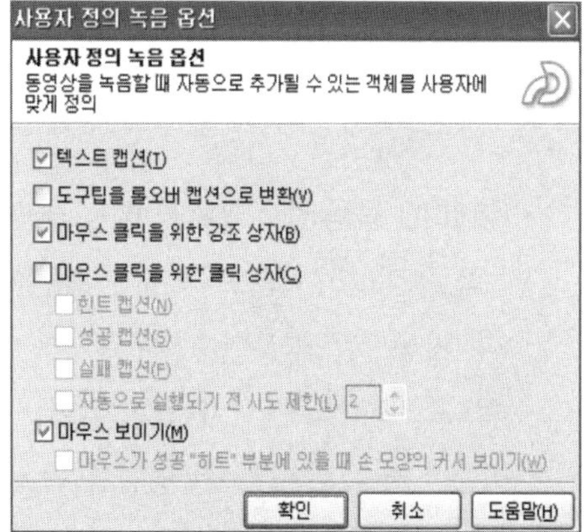

사용자 정의의 기본 설정

④ **사용자 정의**: 자동녹화에 추가할 요소들을 결정할 수 있다. [설정 편집]을 클릭하면 [사용자 정의 녹화 옵션 대화상자]를 열 수 있는데, 필요한 옵션을 선택한 후 [확인]을 클릭한다.

6. 녹음 기본 설정(D)은 동영상 녹화를 위한 기본 화면을 설정하는 메뉴다. 기본으로 제공하는 색상의 형식이 30가지 정도이므로 다음 화면과 같이 원하는 디자인을 선택할 수 있다. 화면에서 [설정 편집]을 누르면 녹음 기본 설정 화면이 나타난다.

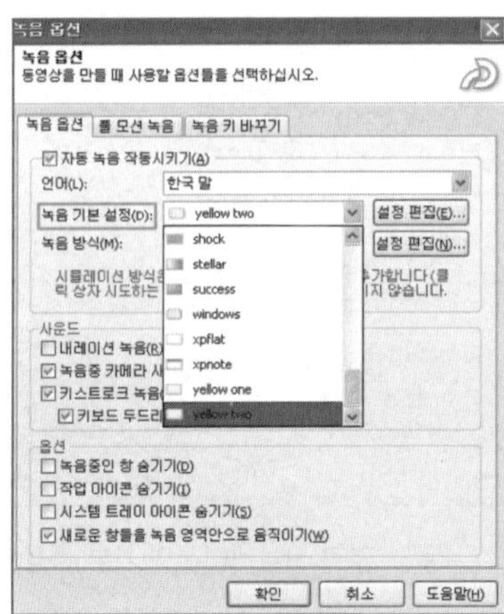

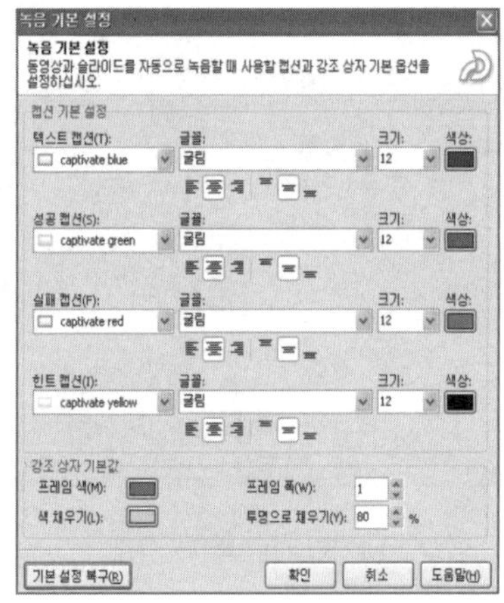

7. 다음은 녹음 옵션의 기타 설정에 대한 설명이다.

- 내레이션 녹음(R)　캡처를 하는 동안 사용되는 내레이션을 녹음한다.
- 녹음 중 카메라 사운드 듣기(C)　녹음이 시작될 때 카메라 셔터 소리를 들을 수 있다. 자동으로 녹음할 때 사용하면 매우 유용하다. 이 소리는 녹화과정이 시작되었다는 청각적 단서가 될 뿐이며, 녹화를 마친 결과물에서는 들리지 않는다.
- 키 스트로크 녹음(K)　동영상을 녹화할 때, 임의의를 키를 누르거나 텍스트를 입력할 수 있다.

- 녹음 중인 창 숨기기(D) 녹화 창의 빨간색 테두리 상자를 숨길 수 있고, 작업 상태바에서 캡티베이트 아이콘을 제거할 수 있다. 이것은 특별히 전체 화면을 녹화할 때나 작업 상태 바의 사용을 통합한 동영상을 위해 사용하면 유용하다.
- 작업 아이콘 숨기기(I) 작업 상태 줄에서 캡티베이트 아이콘을 제거할 수 있다.
- 시스템 트레이 아이콘 숨기기(S) 녹화 중 시스템 트레이를 감출 수 있다.
- 새로운 창들을 녹음 영역 안으로 움직이기(W) 녹화 중 열린 창을 자동적으로 녹화 영역 안으로 움직일 수 있다. 이것은 사용자가 약간의 창이나 대화상자를 봐야 할 필요성이 있는 응용 프로그램을 녹화할 때 유용하게 사용할 수 있다.

8. [풀 모션 녹음] 옵션의 설정에 대해 알아보자. [풀 모션 녹음]은 캡티베이트에서 자동으로 진행된다. [풀 모션 녹음]은 드래그 앤 드롭 동작을 부드럽게 캡처할 수 있도록 해 주고, 캡처할 영역 안에서 마우스의 이동을 캡처해 주며, 캡처할 비디오의 화질을 조절해 줄 수 있다. [풀 모션 녹음] 탭은 다음과 같은 옵션을 포함하고 있다.

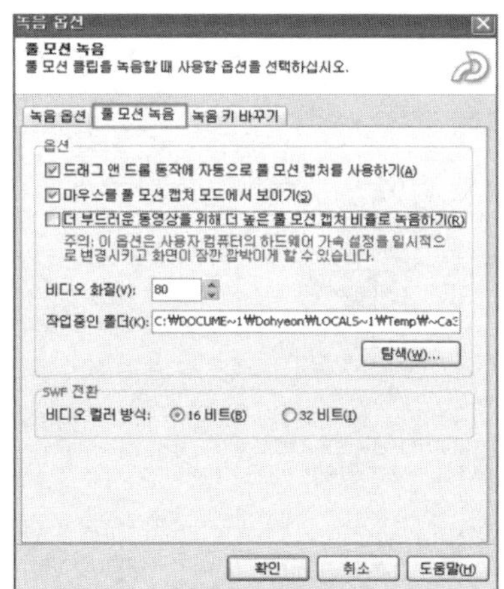

- 드래그 앤 드롭 동작에 자동으로 풀 모션 캡처를 사용하기(A) 한 영역이나 캡처 화면에서 다른 곳으로 객체를 드래그하는 것을 캡처할 수 있다.

- 마우스를 풀 모션 캡처 모드에서 보이기(S)　동영상 안에 마우스 동작을 포함시킬 수 있다.
- 더 부드러운 동영상을 위해 더 높은 캡처 비율로 녹음하기(R)　재생하는 동안 하드웨어를 가속할 수 없다. 이것의 목적은 재생의 속도를 높이는 것이 아니다. 오히려 이것은 실제로 불안정한 캡처나 재생 시 화면상의 움직임들의 떨림을 때때로 일으키는 시스템 자원들을 완화시켜 준다. 이 옵션을 선택하면 하드웨어 가속을 해제하고 다시 환원하면서 녹화를 시작하고 마칠 때 일시적인 화면 떨림 현상이 일어날 수 있다.
- 비디오 화질(V)　재생 시 부드러움을 결정할 수 있는 값을 입력할 수 있다. 모든 디지털 매체가 전형적인 것이라면, 화면의 화질의 좋을수록 화면의 크기는 점점 더 커진다.
- 작업 중인 폴더(K)　위의 화면에서 [탐색]을 클릭하면 [폴더 찾아보기] 대화 상자를 열 수 있다. 동영상의 저장 장소로 사용될 폴더를 찾은 다음 [확인]을 클릭한다.

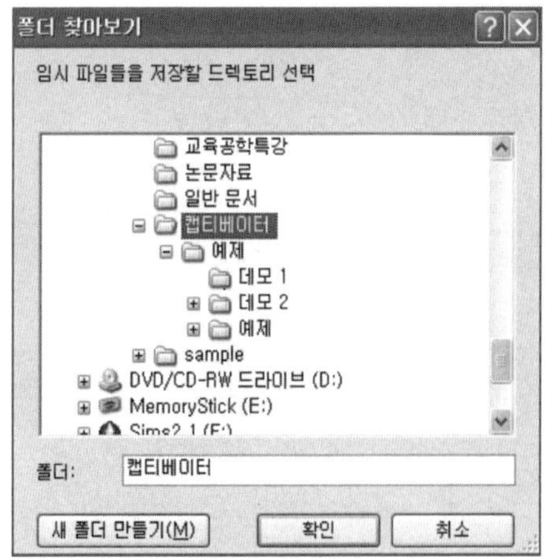

- SWF 전환　SWF 파일의 색상의 심도를 선택한다. 16비트 컬러를 선택하면 칼러 색상을 감소시키고 파일 크기를 더욱 작게 만들어 준다. 32비트 컬러를 선택하면 컬러 색상을 상당히 증가시키고, 또한 파일 크기를 더욱 크게 만들어 준다.

9. [녹음 키 바꾸기]의 옵션 설정에 대해 알아보자.

- 녹음을 중단하려면 다음 버튼을 누르시오(T)　기본값은 End다. 만약 바꾸고자 한다면, 새로운 키를 선택하고 새로운 키나 조합 키를 누른다.
- 수동으로 스크린 샷을 캡처하려면 다음 버튼을 누르시오(O)　기본값은 Print Screen이다.
- 풀 모션 녹음을 시작하려면 다음 버튼을 누르시오(S)　녹화를 시작한 후에 〈F9〉 키를 누르면 풀모션 녹음을 시작한다.
- 풀 모션 녹음을 중단하려면 다음 버튼을 누르시오(U)　〈F10〉 키를 누르면 풀 모션 녹화가 중단된다.

활동 4　캡처 영역을 수동으로 설정하기

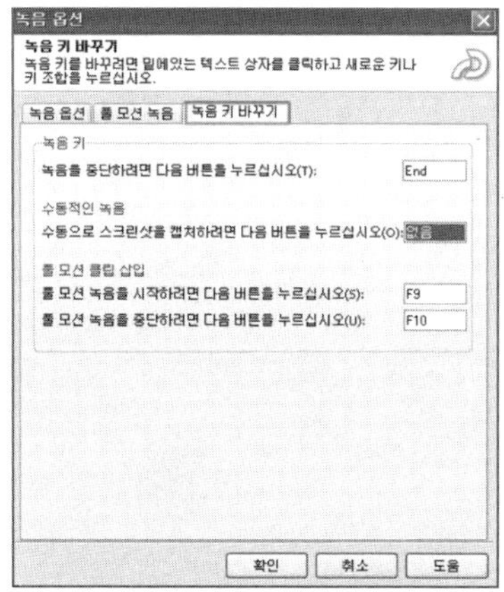

1. 녹화 과정을 시작할 때 빨간색 캡처 상자로 지정된 영역은 고정된 것이 아니다. 녹화 영역의 크기는 다음과 같은 방법으로 변경할 수 있다. 만약 이전에 녹화된 동영상을 가지고 작업 중이었다면 [파일]–[새 동영상 녹음 또는 만들기]를 선택한다. 또는 시작 페이지에서 [새로운 동영상 녹음 또는 만들기]를 클릭한다. 그러면 [새로운 동영상 옵션] 대화 상자가 열린다.

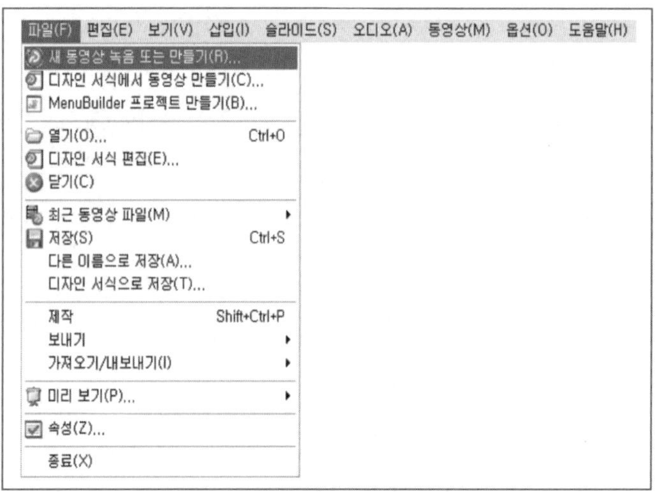

2. [새로운 동영상 옵션] 대화 상자에서 응용 프로그램을 선택하고 [확인]을 클릭하면 다음과 같은 녹화 창이 열린다.

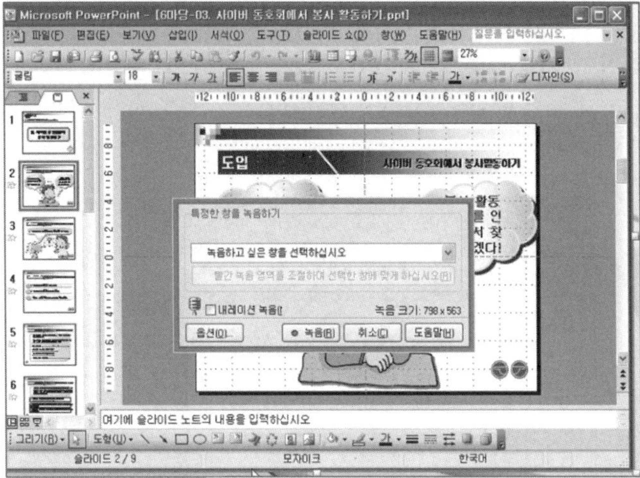

3. [특정한 창을 녹음하기]의 팝다운 목록에서 녹화할 응용 프로그램을 선택한다. 녹화할 응용 프로그램은 녹화를 시작하기 전에 반드시 열려 있어야 한다.

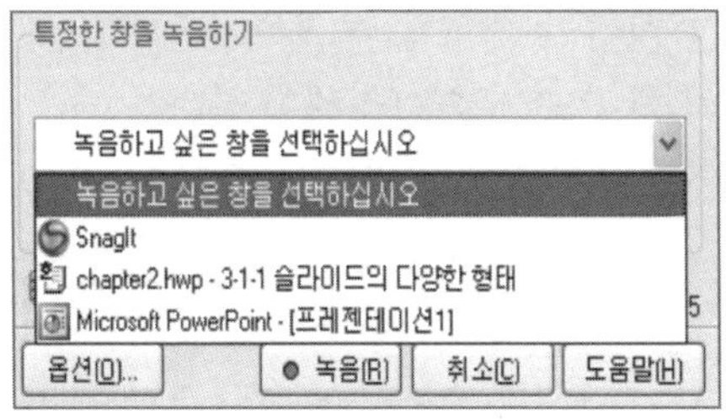

4. 열린 응용 프로그램을 선택하고, 녹화할 응용 프로그램 창의 크기에 맞게 조절한다. 빨간색 캡처 사각형의 가장자리에 있는 8개의 조절점(작은 사각형)을 안쪽으로 드래그하면 사각형 경계선이 줄어들고, 밖으로 드래그하면 사각형 경계선이 커진다. [빨간 녹음 영역을 조절하여 선택한 창에 맞게 하십시오(R)] 버튼을 클릭하면 녹화 창의 크기를 열린 응용 프로그램의 창 크기에 자동으로 맞추어 준다.

5. 조절점을 클릭하지 않고 빨간 선을 클릭하여 드래그하면 경계선 사각형을 다른 스크린의 위치로 이동할 수 있다. 잘못하였다면 캡티베이트 인터페이스로 돌아와서 녹화 컨트롤의 [취소]를 클릭한다.

6. 제작할 동영상이 웹에서의 재생을 목적으로 한다면 효과적인 재생을 위하여 다음에 제시한 캡처 화면 크기를 고려해야 한다.

인터넷 환경	캡처 화면 크기
28.8 kbps 모뎀	640×480
33.6 kbps 모뎀	800×600
56 kbps 모뎀	800×600
DSL, cable, T1	1,024×768

활동 5 캡처한 동영상 미리 보기

1. [스토리보드 보기]나 [편집 보기] 창을 연다.

2. 다음 그림과 같이 [주요 툴바]에서 [미리 보기]를 클릭하면 팝 다운 메뉴에 옵션들이 나타난다.

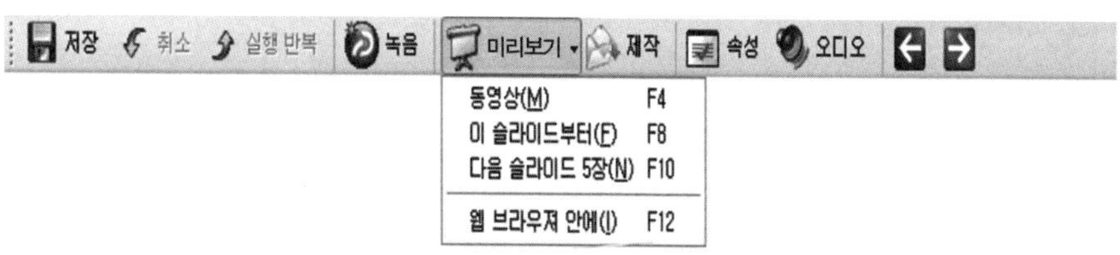

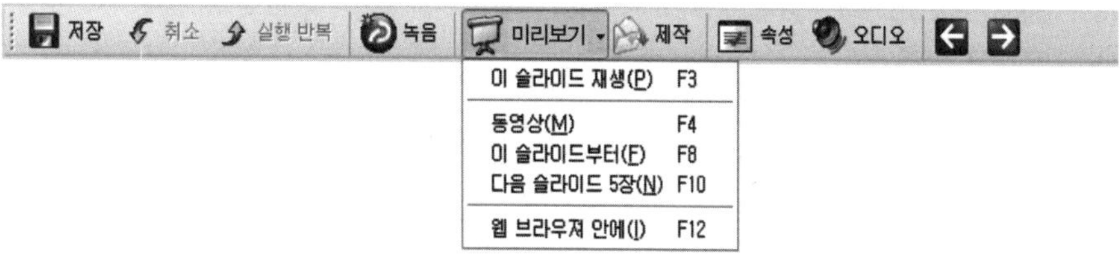

- 동영상(M) 전체 동영상을 미리 볼 수 있다.
- 이 슬라이드부터(F) 선택된 슬라이드부터 동영상의 끝까지 동영상을 볼 수 있다.
- 다음 슬라이드 5장(N) 동영상의 6개의 슬라이드를 볼 수 있다.
- 웹 브라우저 안에(I) 동영상을 컴파일하여 웹 브라우저로 재생시켜 볼 수 있다.

3. 선택을 하면 [제작중] 대화 상자가 열리면서 자동으로 진행된다.

4. 동영상이 변환되고 나면 미리보기 창이 열리고 동영상 보기가 시작된다. [스토리보드 보기] 창이나 [편집 보기] 창으로 돌아가려면 [닫기]를 누르거나 [편집]을 클릭한다.

한 걸음 더

캡티베이트 프로젝트 디자인 서식 만들기 및 사용하기

동영상을 디자인 서식으로 저장할 수 있다. 디자인 서식의 장점은 제작 시간을 단축시키고, 디자인 기준에 따라 디자인 결과물에 일관성을 유지할 수 있고 다시 사용할 수 있다는 점이다. 페이지 레이아웃이나 멀티미디어 응용 프로그램 등과 같이, 디자인 서식은 로고와 같은 아이템들이 공통적으로 포함되어 있다. 캡티베이트에서는 이러한 아이템들이 동일성, 공통의 시작과 프레임의 종료, 그리고 공통적인 동영상의 크기 등을 포함하고 있다.

1. 캡티베이트 동영상을 녹화하고 저장한다.

2. [파일]-[디자인 서식으로 저장]을 선택하면 [다른 이름으로 저장] 대화 상자가 열린다.

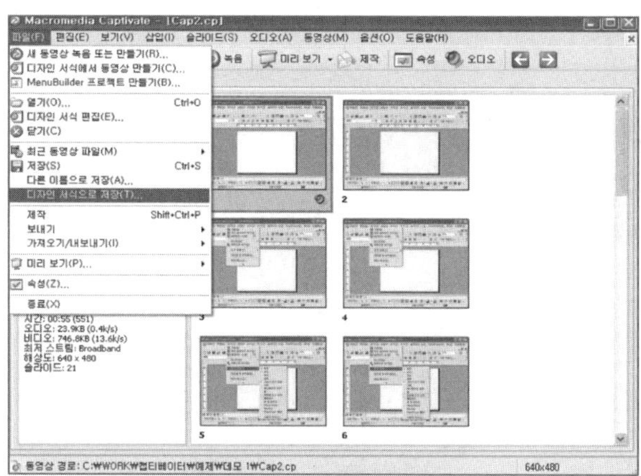

3. [다른 이름으로 저장하기] 화면에서 프로젝트 디자인 서식의 이름을 입력하고 [저장]을 클릭한다. 디자인 서식 파일의 확장자는 cptl이고 모든 디자인 서식 파일은 캡티베이터 폴더 안의 Templates 폴더에 저장된다.

4. 프로젝트 디자인 서식을 편집하려면 [파일]-[디자인 서식 편집]을 선택한다.

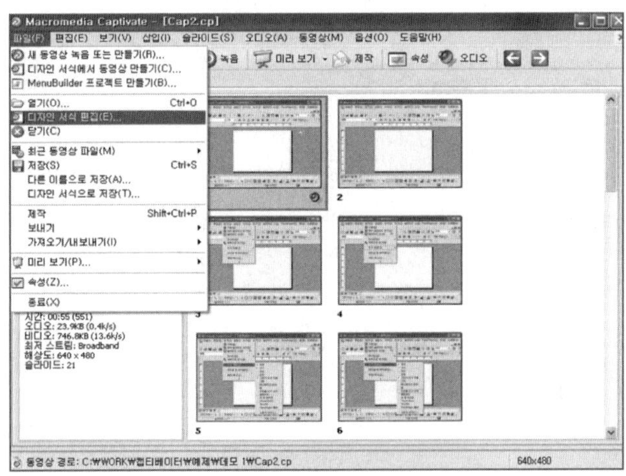

5. [열기] 창을 열고 Templates 폴더 안에 있는 디자인 서식(템플릿)을 살펴본다.

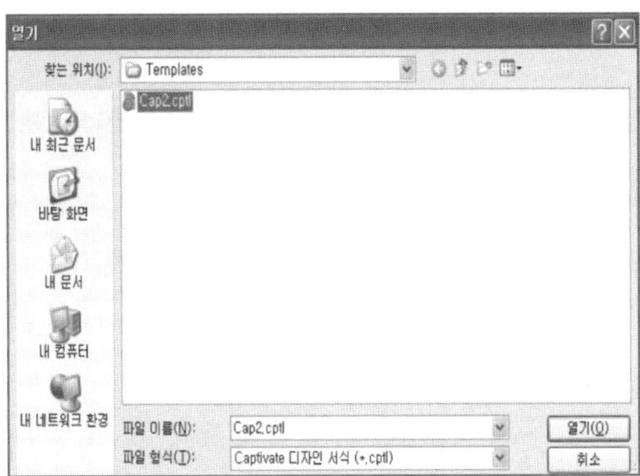

6. 원하는 디자인 서식을 더블 클릭하면 파일이 열리면서 [프로젝트 로딩 중] 대화 상자가 나타난다.

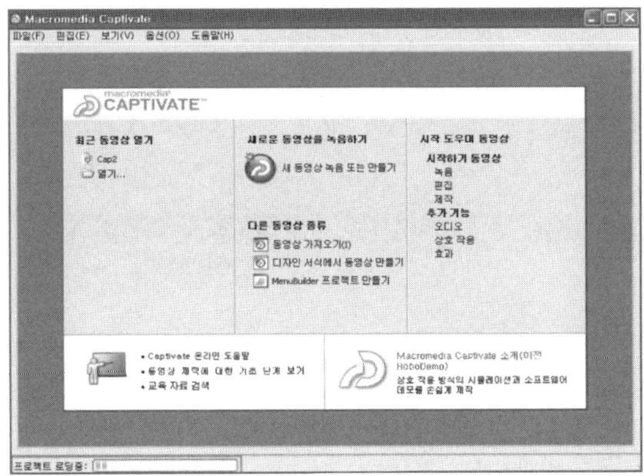

7. 디자인 서식을 변경하고 작업이 끝났으면 [파일]–[저장]을 선택한다.

8. 파일이 저장되었으면 [파일]–[닫기]를 선택한다.

9. 새로운 동영상 제작에 디자인 서식을 이용하는 방법을 알아보자. 캡티베이트 프로그램을 열고 시작 화면의 다른 종류의 동영상 영역에서 [디자인 서식에서 동영상 만들기]를 클릭한다.

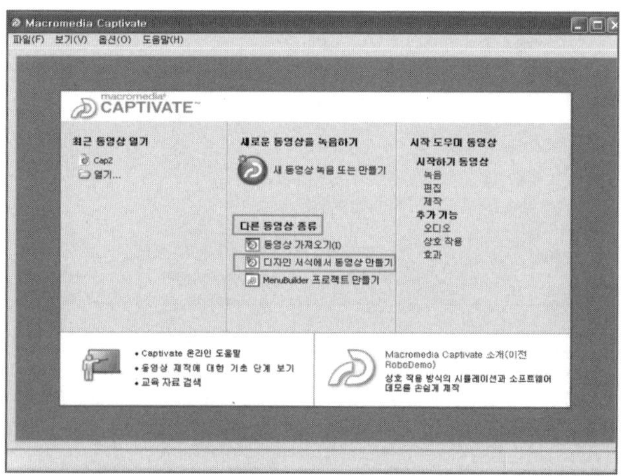

10. [열기] 대화 상자가 나타나면 컴퓨터의 하드 드라이브의 캡티베이트 폴더에서 디자인 서식 리스트가 표시된다.

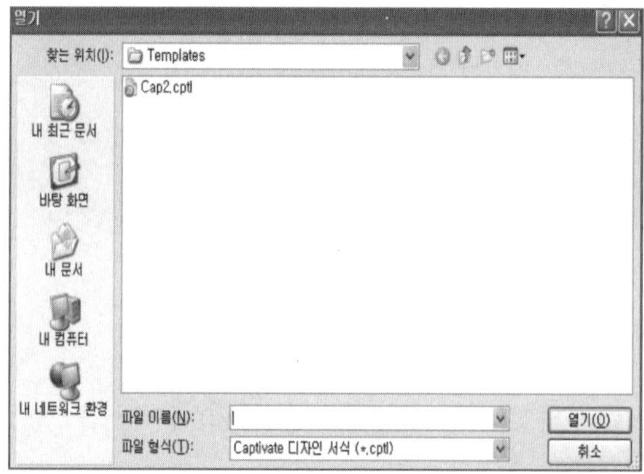

11. 적용하고 싶은 디자인 서식 파일을 선택하고 [열기]를 클릭하면 [디자인 서식 옵션] 대화 상자가 열린다.

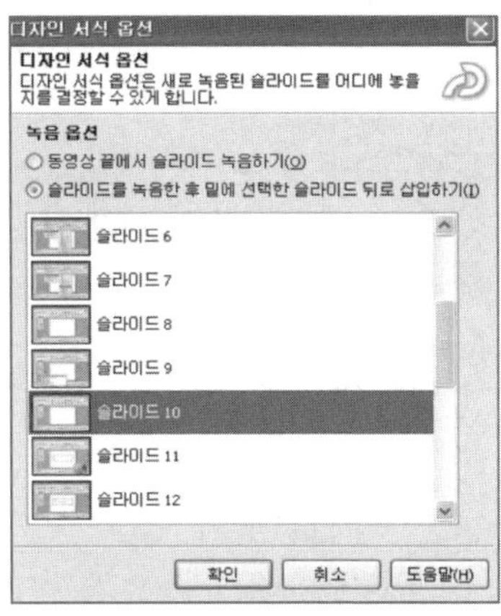

- 동영상 끝에서 슬라이드 녹음하기(O) 디자인 서식은 항상 앞에 보여 주었던 슬라이드를 포함한다. 새로 추가된 슬라이드는 뒤에 추가된다.
- 슬라이드를 녹음한 후 밑에 선택한 슬라이드 뒤로 삽입하기(I) 슬라이드는 디자인 서식에 처음부터 끝까지 추가된다. 만약 썸네일 목록 중에서 하나의 슬라이드를 선택하면, 캡처는 선택된 슬라이드와 그것 바로 아래 있는 슬라이드 사이에 위치하게 될 것이다.

12. [확인]을 클릭하여 [디자인 서식] 대화 상자를 닫는다. [디자인 서식] 대화 상자가 닫히면, 다음과 같은 녹화 창이 열린다.

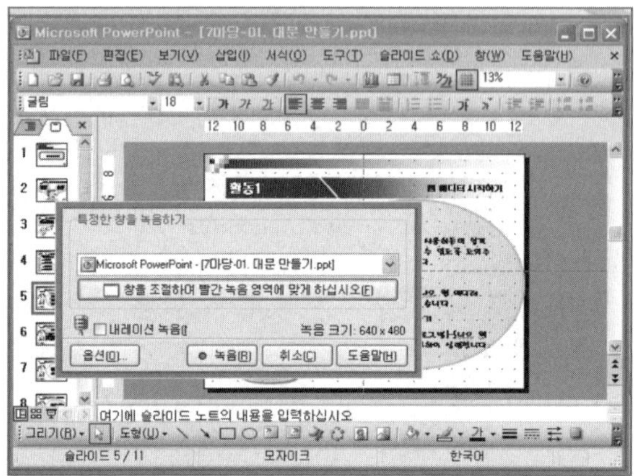

13. [특정한 창을 녹음하기] 대화 상자에서 [녹음]을 클릭하면 동영상 녹화가 시작된다.
14. 키보드에서 〈End〉 키를 누르면 녹화가 중단된다. 그리고 [스토리보드] 창에는 새로운 프레임들이 지정한 위치에 나타난다.

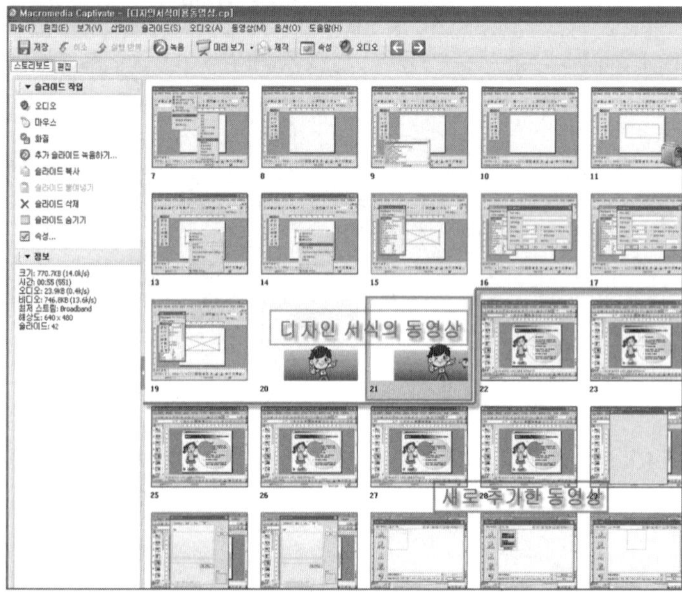

수업활용 아이디어

온라인 평가는 오프라인 평가의 여러 단점을 보완하여 학생들로 하여금 즐기면서 평가를 받게 하고 그 결과를 스스로 활용할 수 있도록 하여, 평가 자체에 대한 거부감을 줄일 수 있게 되었다. 캡티베이트를 활용한 온라인 평가는 웹상에서 실시간으로 문제를 풀면 바로 자동 채점되고 틀린 문항에 대한 해설을 볼 수 있어 자기주도적 학습에 대한 효과가 높다. 또한 교과목이나 단원별 성적에 대한 통계를 볼 수 있어 자신의 성적을 직접 확인하고 관리할 수 있다.

단원명	〈중등국어 3-1〉 2. 비판하며 읽기		학습 주제	글을 읽으며 신뢰성 및 타당성 판단하기
학습 목표	글을 읽으며 신뢰성과 타당성 판단할 수 있다.			
수업 모형	웹 기반 모형		교실 환경	1인 1pc 환경
활용 아이디어	주장에 대한 근거나 이유의 타당성을 들어 비판한다. 단원 학습을 마친 후 온라인 상의 평가를 통해 학업성취도를 스스로 판단해 볼 수 있다.			
학습 흐름	단 계	주요 활동		주요 매체 활용
	전시학습 동기유발	• 작시 현상을 이용한 그림 제시 • 학습목표 제시		
	전개	• 문제 파악하기: 본문을 비판하며 읽기, 글쓴이의 주장에 대한 타당성 있는 근거 찾기 • 문제 탐색 및 해결하기 • 적용 발전하기: 비판을 하며 읽을 때는 주장에 대한 신뢰성과 타당성을 판단해야 한다.		정보 검색
	정리/평가	• 학습 내용 정리 • 차시 예고		캡티베이트 콘텐츠 활용

제6장

동영상 수업 자료 만들기-편집

수업 내용 미리 보기

요즘 학생들은 가시적인 영상 매체에 익숙해져 있다. 따라서 수업 주제와 관련된 영화와 드라마, 광고 등을 활용하면 학생들의 동기부여와 적극적인 수업 참여를 기대할 수 있다.

여기서는 동영상 자료에서 필요한 부분만 잘라 내거나 새로운 내용을 붙이는 동영상 편집 프로그램에 대해 알아보겠다.

활동 주제

적용 학습 영역	학습 주제	학습 활동
〈초등사회 5-2〉 • 첨단 기술과 산업의 발달	우리가 만드는 미래의 산업	생명공학의 이로운 면과 나쁜 측을 이와 관련한 영화 속 상황에 들어가 토론 학습하기

자료 만들기

활동 1 버추얼 덥으로 불필요한 부분 잘라 내기

1. 동영상 편집 프로그램 중 무료로 사용할 수 있는 프로그램은 그리 많지 않은데, 그중에 버추얼 덥(Virtual Dub)은 많은 사용자들로부터 사랑받는 프리웨어 프로그램이다. DivX 코덱으로 DVD 영화를 인코딩할 때부터 본격적으로 쓰이기 시작한 버추얼 덥은 avi 파일을 자르고 붙이고 압축하는 기능을 자랑한다.

2. [File]−[Open video file……]을 눌러 편집할 영상을 가져온다.

3. 잘라 낼 영상의 첫 부분으로 슬라이드 바를 옮긴 다음, [mark in]을 누른다.

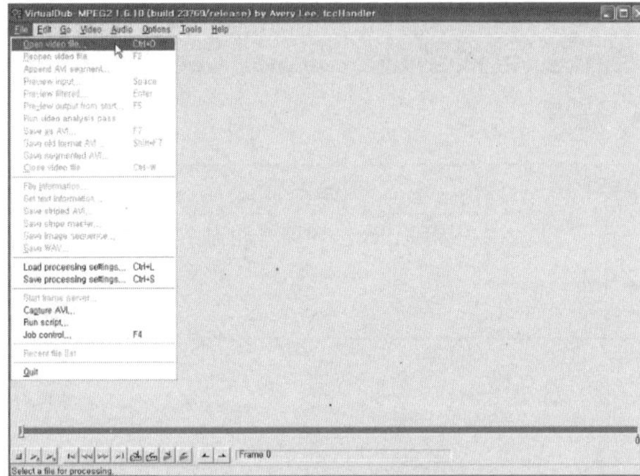

4. 잘라 낸 마지막 지점으로 슬라이드 바를 옮긴 뒤 [mark out]을 누른다.
   4← 6→ 키를 누르면 각각 1프레임씩, Alt 키와 동시에 누르면 50프레임씩 옮겨진다.

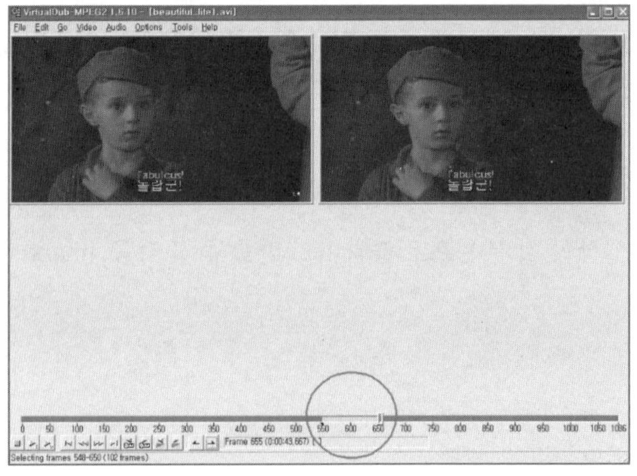

5. 선택한 부분이 파란색으로 바뀌면 [Edit]−[Cut]을 눌러 파란색 부분을 잘라 낸다.

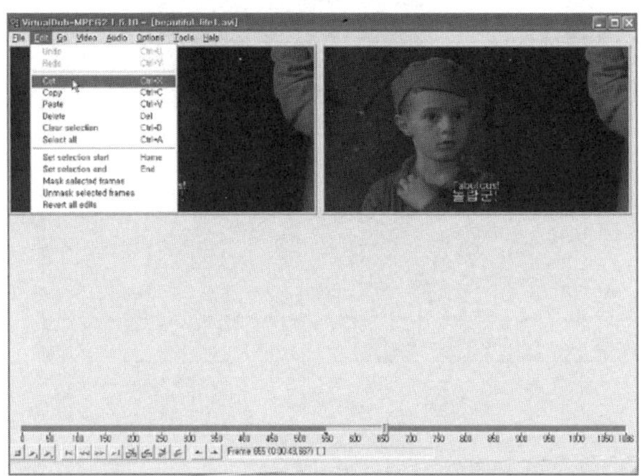

6. 불필요한 부분을 잘라 낸 파일을 저장하려면 [Video]−[Direct stream copy]와 [Audio]−[Direct Stream copy]를 체크한다. [Direct Stream copy]는 파일을 압축하지 않고 그대로 저장한다는 뜻이다.

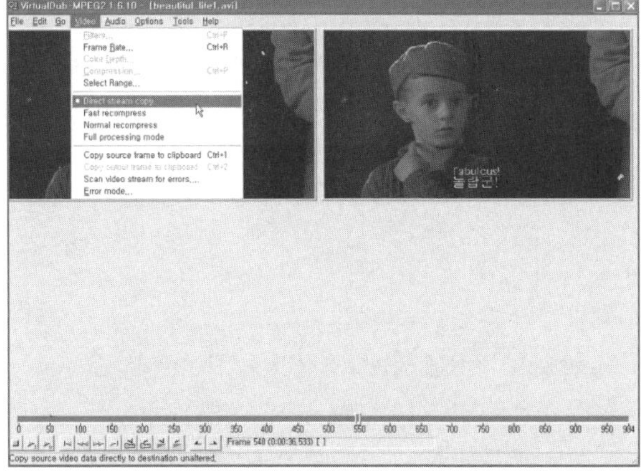

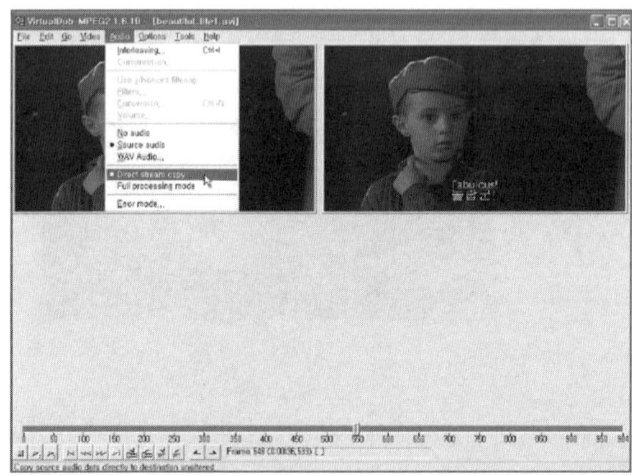

7. 마지막으로 메뉴에서 [File]-[Save as AVI]로 저장하기를 눌러 저장한다. 불필요한 부분이 삭제되었는지 동영상의 마지막 프레임을 확인한다.

Tip

버추얼 덥의 편집 기능 더 보기

버추얼 덥의 가장 기본적인 기능은 동영상의 일부분을 잘라 내거나 2개 DEL상의 동영상을 이어 붙이는 등 결과물을 재인코딩하는 것이다. 이런 편집 작업은 대부분 버추얼 덥 하단에 있는 편집 아이콘을 통해 진행되기 때문에 편집 아이콘의 역할을 숙지하면 편리하다.

① ② ③ ④ ⑤ ⑥ ⑦ ⑧ ⑨ ⑩ ⑪ ⑫ ⑬

① Stop 재생 중인 영상을 정지시킨다.
② Input Playback 왼쪽에 있는 소스 영상을 재생한다.
③ Output Playback 오른쪽에 있는 편집 결과물과 소스 영상을 동시에 재생한다.
④ Start 트랙 바를 동영상의 맨 앞으로 이동시킨다.
⑤ Backward 동영상을 빠른 속도로 거꾸로 재생해 트랙 바의 위치를 이동시킨다.

⑥ Forward 동영상을 빠른 속도로 앞으로 재생해 트랙 바의 위치를 이동시킨다.
⑦ End 트랙 바를 동영상의 가장 마지막 지점으로 이동시킨다.
⑧ Key Previous 트랙 바를 바로 전 키프레임으로 이동시킨다.
⑨ Key Next 트랙 바를 바로 후 키프레임으로 이동시킨다.
⑩ Scene Reverse 이전 장면(영상의 내용이 크게 변화한 지점, 이전 장면)으로 되감기한다.
⑪ Scene Forward 다음 장면이 나오는 순간까지 재생하다가 트랙 바를 정지시킨다.
⑫ Mark In 편집할 부분의 시작 지점을 지정한다.
⑬ Mark Out 편집이 끝나는 지점을 지정한다.

활동 2 버추얼 덥으로 여러 개의 파일 합치기

1. [File]-[Open video file……]을 눌러 첫 번째 파일을 불러온다.

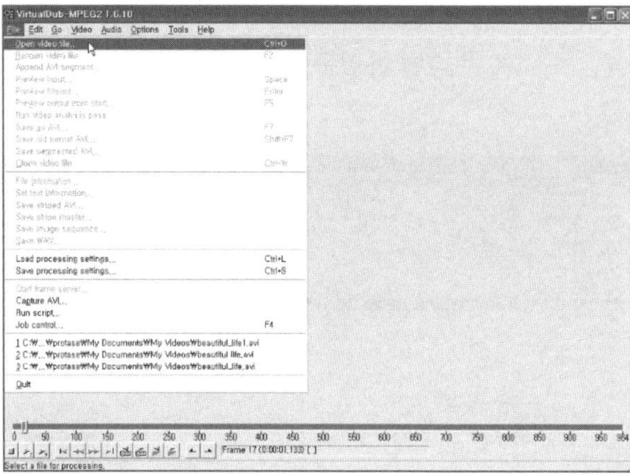

2. [File]-[Save segmented AVI……]로 두 번째, 세 번째 파일을 불러온다.

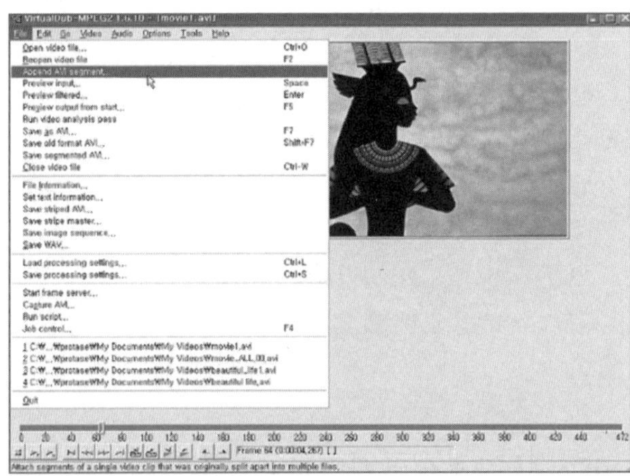

3. 메뉴의 [Vedio]와 [Audio]의 [Direct stream copy]를 각각 체크한 다음 [File]-[Save segmented AVI……]를 누르면 파일들이 순서대로 이어진다.

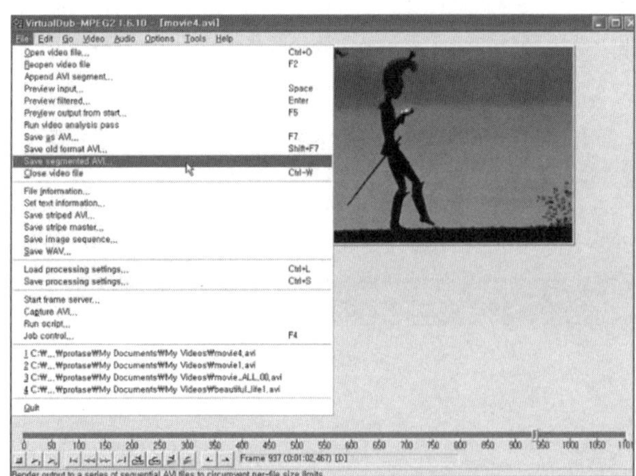

4. 여러 개로 나뉜 파일을 합칠 때는 각 파일의 속성이 모두 같아야 한다. 한 개의 파일이 640×480이고 다른 것은 320×240이라면 화면 크기가 서로 다르기 때문에 제대로 이어지지 않는다. 마찬가지로 프레임 수가 달라도 이어지지 않는다. 이 문제를 해결하려면 활동 3과 같이 화면 크기를 조절해야 한다.

활동 3 버추얼 덥으로 화면 크기 조절하기

1. [File]−[Open video file……]을 눌러 파일을 불러온다.

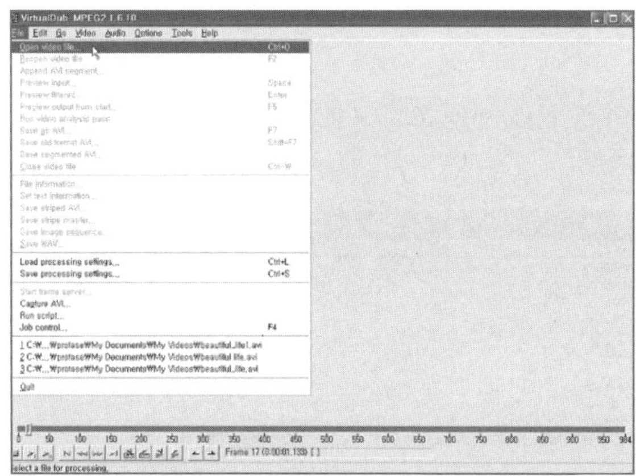

2. [Video]−[Filters]를 눌러 필터 창을 띄운 다음, 오른쪽의 [Add]를 눌러 필터 목록들이 있는 곳으로 이동한다.

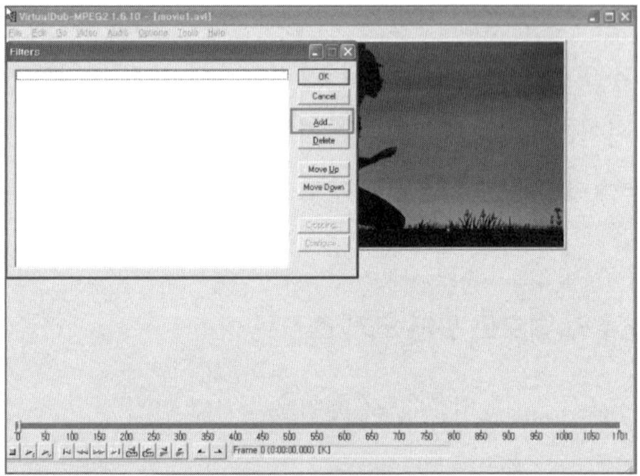

3. 여러 개의 필터 중 [resize]를 고르고 [OK]를 누른다.

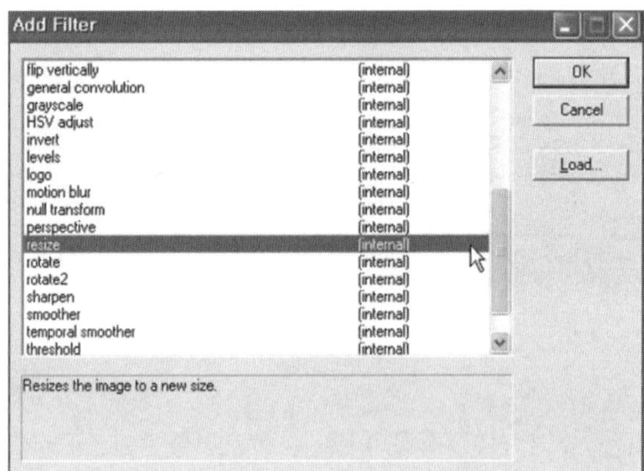

4. 그러면 필터를 세부적으로 정하는 [Filter: resize] 창이 뜬다. 넓이와 높이를 각각 320, 240으로 하고 필터 모드에서는 'Bilinear'를 선택한다.

5. resize 필터를 적용했으면 다시 메인 화면으로 돌아와서 [Video]-[Full processing mode]를 체크한다. 비디오 모드를 [Full processing mode]로 해야 필터 작업이 편하다.

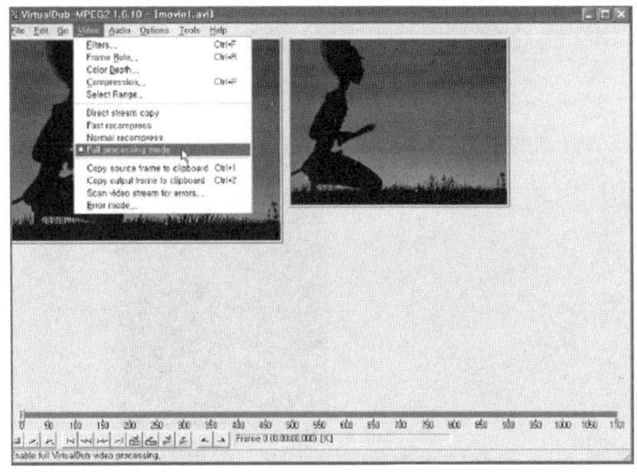

6. 마지막으로 [File]-[Save as AVI]를 눌러 저장한다.

활동 4 윈도우 무비 메이커로 동영상 편집하기

1. 윈도우 무비 메이커(Windows Movie Maker)는 윈도우 ME 이상 버전에서 기본

으로 제공하는 프로그램으로, 멀티미디어 소스들을 자르고, 붙이고, 음악을 넣는 등의 작업을 통해 동영상이나 동화상을 간편하게 만들 수 있다. 현재 윈도우 무비 메이커2.1 버전이 최신인데, 'Windows Update' 를 통해 설치할 수 있다.

2. 윈도우 무비 메이커를 실행하면 다음과 같은 프로그램이 실행된다.

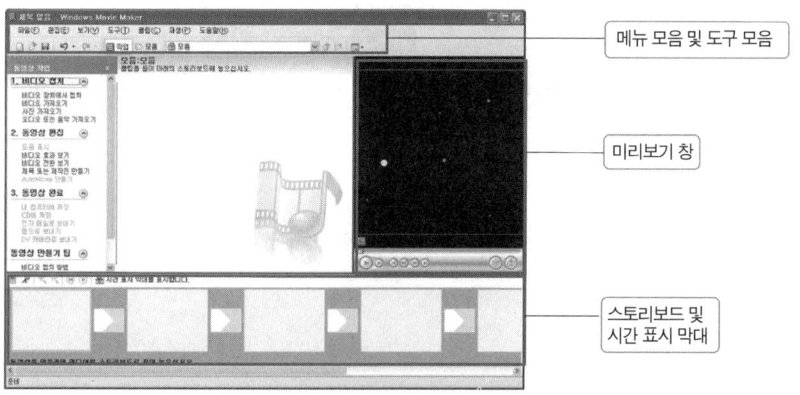

3. 프로그램 화면에 보이는 각 부분의 역할은 다음과 같다.

- 메뉴 모음 및 도구 모음　메뉴와 도구를 이용해 윈도우 무비 메이커 작업을 실행할 수 있다.

- **창** 프로젝트를 편집하고 동영상을 만들 때, 창에 보이는 미디어 모음을 사용하여 편집 작업을 실행할 수 있다.
- **스토리보드 및 시간 표시 막대** 이미지, 사진, 동영상 클립을 드래그하여 시간과 효과를 편집하는 장소다.
- **미리보기 창** 동영상, 동화상, 사진 이미지를 미리 재생해 볼 수 있다.

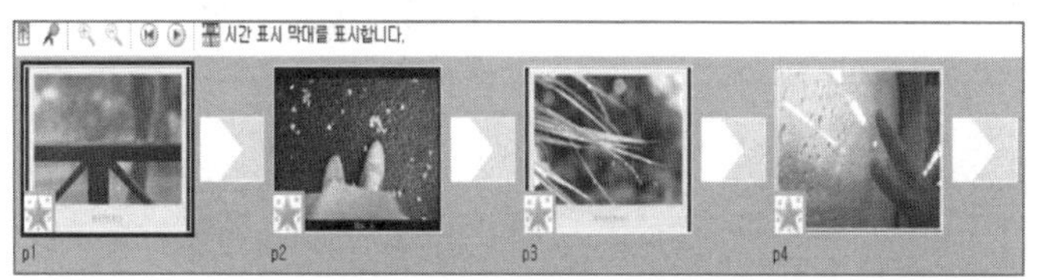

스토리보드

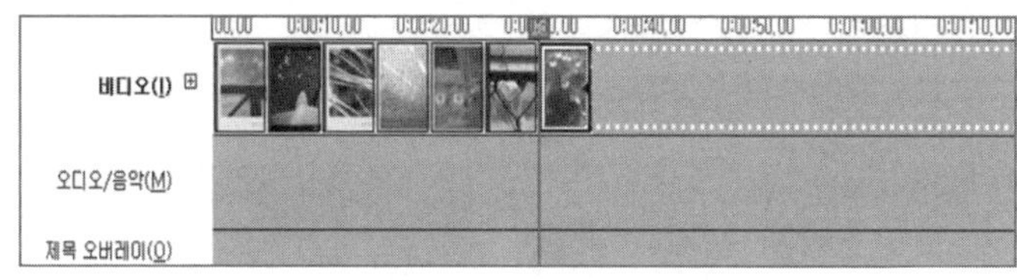

시간 표시 막대

4. 왼쪽에 표시된 메뉴를 통해 프로그램을 실행할 수 있다. [비디오 캡처]–[비디오 가져오기]를 눌러 편집하고자 하는 동영상 파일을 불러온다. avi, mpg, wav, jpg 등 거의 대부분의 멀티미디어 파일들을 불러올 수 있다. 모음 창에 불러온 파일들은 섬네일 모양으로 표시된다. 모듬 창의 파일들을 스토리보드의 비디오 창위로 가져온다. 원하는 순서대로 클립을 위치시키는데, 클립을 끌어 원하는 위치로 이동시킬 수 있으며, 연결된 화면은 미리보기 창에서 확인할 수 있다.
다음은 [비디오 가져오기]와 [사진 가져오기] 작업 후의 화면이다.

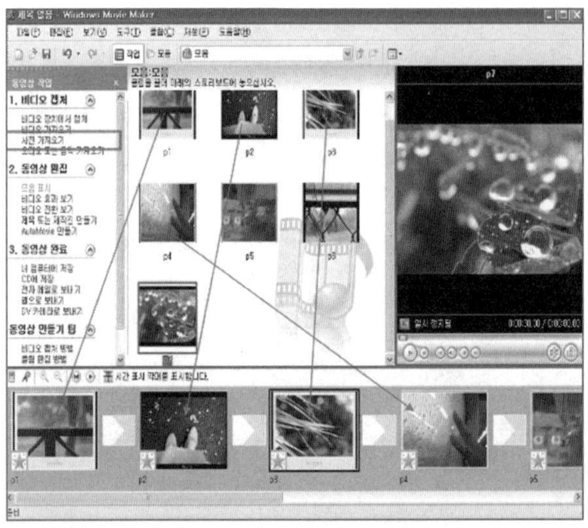

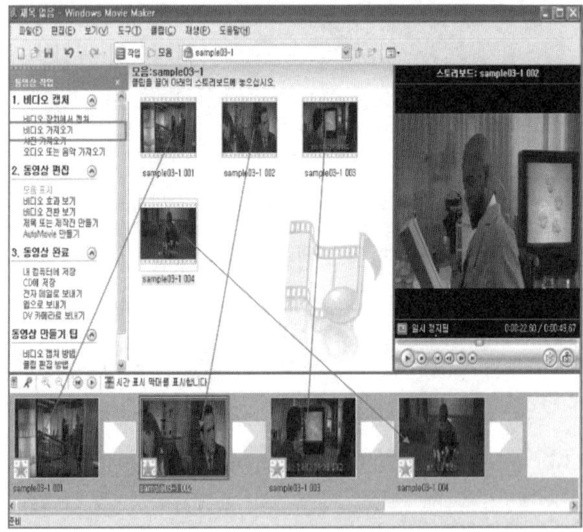

5. 동영상 파일의 경우 미리보기 창 우측 하단의 [분할] 버튼을 이용하여 잘라 낼 수 있고, 원하지 않는 클립은 마우스로 선택하여 삭제할 수 있다. 먼저 시간 표시 막대를 분할하고자 하는 동영상의 위치로 이동해 옮긴다.

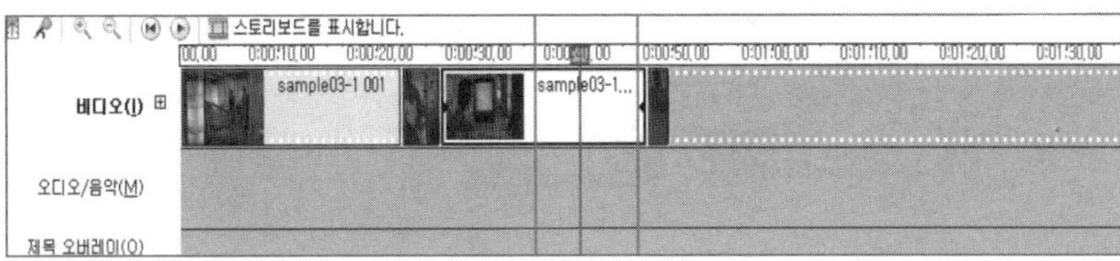

6. 미리보기 창 우측 하단의 [분할] 버튼을 클릭하면 다음과 같이 시간 표시 막대를 기준으로 동영상이 양쪽으로 분할된다.

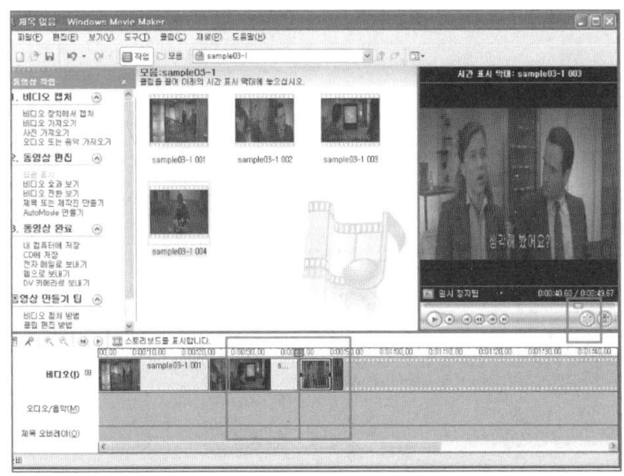

7. 분할된 동영상 중에서 삭제하고 싶은 부분을 선택해 마우스 오른쪽 버튼을 눌러 삭제하면 된다.

8. [사진찍기] 버튼은 미리보기 창에 보이는 동영상을 이미지 파일로 캡처하여 미디어 모음에 저장하고자 할 때 사용한다.

9. 파일을 자르고, 붙이고, 원하는 형태의 동영상 파일이 완성되었으면, [동영상 완료]–[내 컴퓨터에 저장]을 선택한다. 동영상 저장 마법사가 실행되면 파일 이름과 저장 위치 및 품질을 설정하고 [마침] 버튼을 누른다.

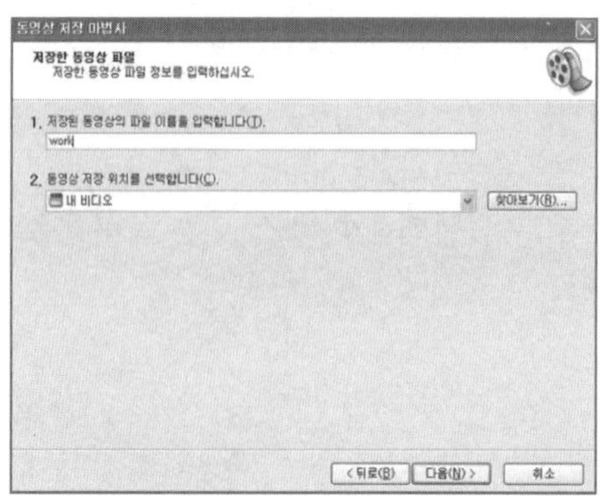

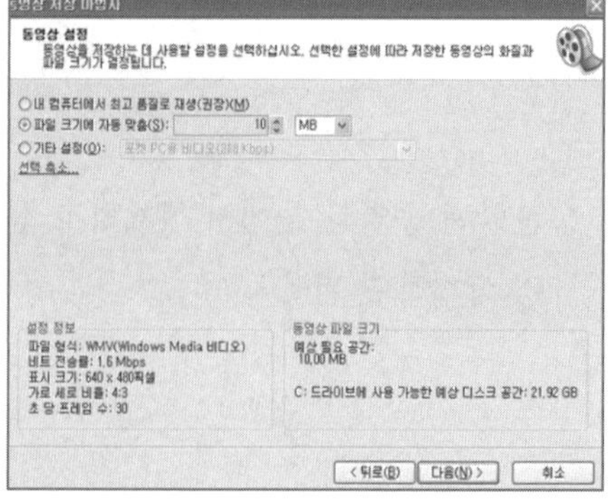

10. 동영상 저장 화면과 함께 wmv 파일 포맷으로 저장된다. wmv 파일로 저장되었으므로 다른 별도의 작업 없이 바로 인터넷에 올려 사용할 수 있다.

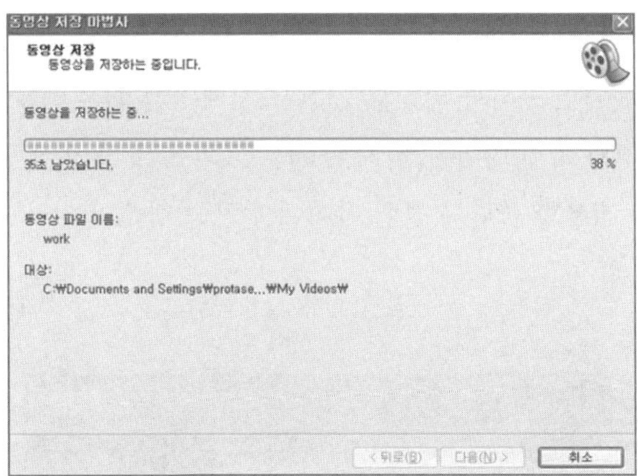

Tip

한 번에 끝나지 않는 작업: 프로젝트 저장 이용하기

간단한 동영상 편집 작업을 할 때는 상관없지만 장시간 작업이 필요한 큰 데이터로 작업을 할 때는 다음과 같이 [프로젝트 저장]을 하는 것이 좋다. 프로젝트로 저장해 놓으면 갑자기 컴퓨터 전원이 꺼지거나, 예전에 작업했던 파일들에 대한 수정사항이 있을 때 편리하다.

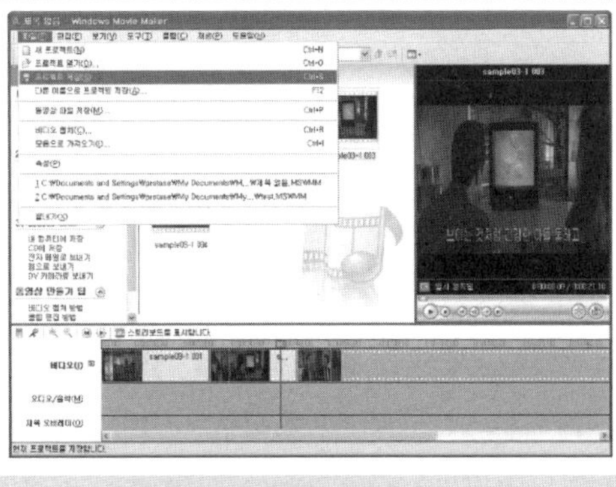

활동 5 윈도우 무비 메이커로 비디오 전환 및 효과 사용하기

1. 앞서 간단하게 만들어진 동영상 파일에 비디오 전환이나 타이틀, 비디오 효과 등을 추가하면 좀 더 세련되고 보기 좋은 영상을 완성할 수 있다. 먼저 비디오 전환은 [메뉴]-[도구]에서 비디오 전환을 선택(혹은 왼쪽 메뉴의 [비디오 전환 보기]를 직접 선택) 하면 다양한 비디오 전환 효과들이 창 위에 표시된다. 비디오 전환 효과를 적용할 클립과 클립 사이에 원하는 형태의 전화 효과를 선택해 드래그한다.

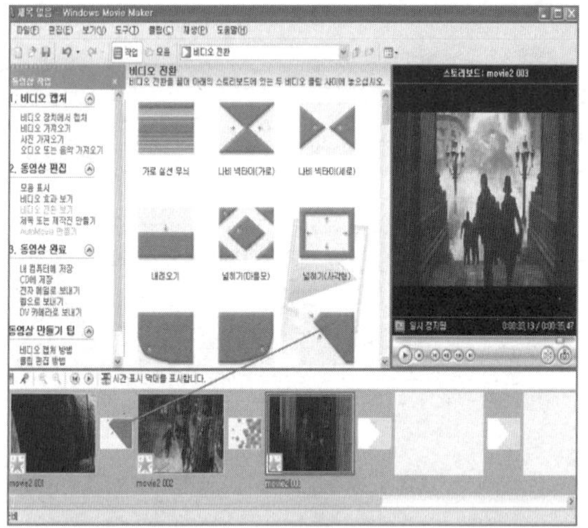

단, 전환 효과는 화면에 재미를 주고 자연스러운 연결을 도와주지만, 과도하게 사용할 경우 화면이 산만해지고 연결이 어색해질 수 있으므로 적정 위치를 찾아 흐름상 꼭 필요한 곳에만 사용한다.

2. 윈도우 무비 메이커는 비디오 전환 외에 다양한 비디오 효과를 지원하는데, 영상 회전이나, 페이드 인/아웃, 모자이크, 스피드 조절, 수채화, 세피아톤 등을 촬영된 영상에 적용할 수 있다. [도구]-[비디오 효과]를 선택(혹은 왼쪽 메뉴

의 [비디오 효과 보기]를 직접 선택)하면 다양한 비디오 효과를 볼 수 있다. 스토리보드 파일 위에서 마우스 오른쪽 버튼을 누르고 [비디오 효과]를 선택해도 된다.

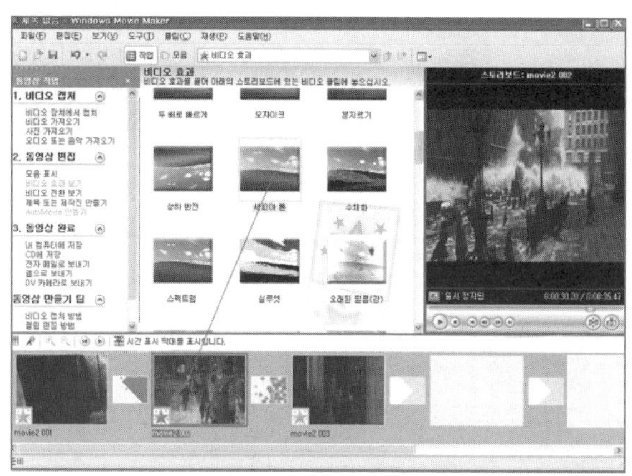

3. 원하는 효과를 선택해 스토리보드 위의 파일에 드래그하면 효과가 반영되고, 이미 적용된 효과도 마우스 오른쪽 버튼을 누른 후 [비디오 효과]-[제거]를 눌러 취소할 수 있다. [페이드 인]과 [페이드 아웃]은 동영상 시작과 끝 부분에 넣어 주면 좋고, 화면을 두 배로 빠르게 하거나 느리게 할 수 있다. 또 필요한 경우 모자이크 효과를 넣을 수 있고, 오래된 필름 효과나 실루엣, 세피아, 흑백 효과 등 다양한 효과를 적용할 수 있다.

활동 6 윈도우 무비 메이커로 타이틀 및 제작진 추가하기

1. 화면 시작 부분에 타이틀을, 화면 마지막에 제작진(크레딧)을 추가해 보자. 우선 동영상에 문자를 입력하려면 동영상 편집 옵션에서 [제목 또는 제작진 만들기]를 클릭한다. 그러면 어디에 제목을 추가할 것인지를 묻는 옵션이 표시된다.

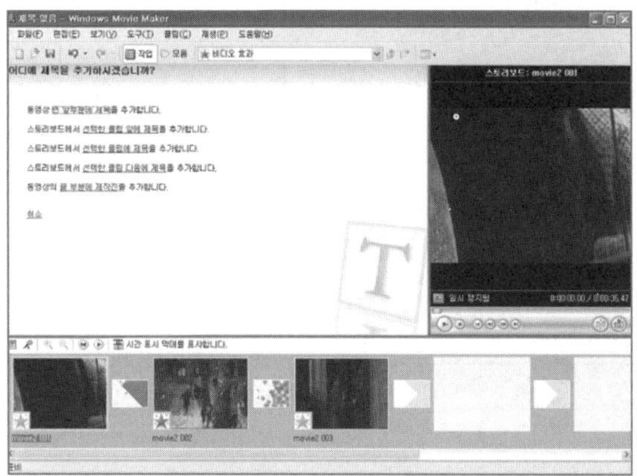

2. 타이틀 입력을 원하는 위치를 선택하고 텍스트 입력 창에 내용을 입력한다. 기타 옵션에서 글꼴, 크기, 색상, 제목이 표시될 애니메이션을 선택한다. 제목을 편집하려면 메뉴에서 제목 편집을 클릭한다. 제작진도 타이틀 생성과 동일한 방법으로 삽입할 수 있다.

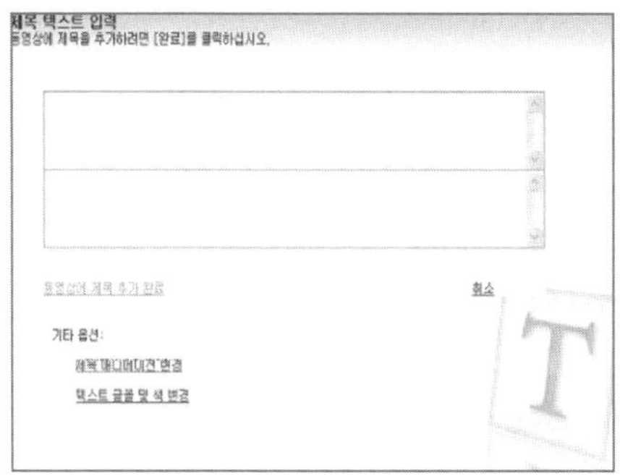

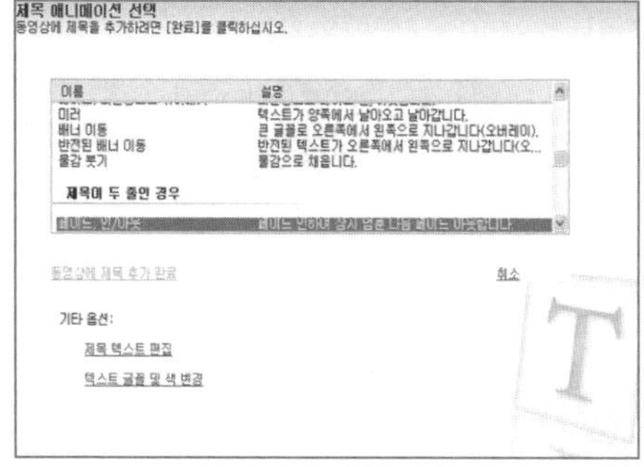

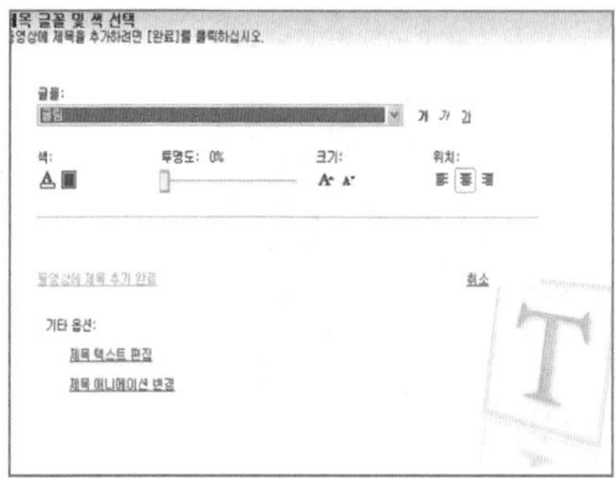

3. 다음 그림은 타이틀과 제작진을 입력한 동영상 결과물의 예다.

한 걸음 더

오토 무비 만들기

윈도우 무비 메이커의 오토 무비(AutoMovie) 기능은 여러 개의 동영상 클립이나 서로 다른 영상을 하나의 동영상으로 만들어 주는 기능이다.

1. 윈도우 무비 메이커를 실행한 다음 미디어 파일을 불러온다.

2. 하나의 동영상으로 만들기 위해 동영상 편집 옵션에서 [오토 무비 만들기]를 클릭한다. 그러면 오토 무비 편집 스타일 선택 옵션이 표시되는데 [뮤직 비디오]를 선택한다.

3. 동영상 제목을 입력한 후 오디오 또는 배경음악을 선택하여 삽입한다. [동영상 편집 완료]를 클릭하면 오토 무비 동영상이 만들어진다.

수업활용 아이디어

여름에 반복적으로 발생하는 열대성 저기압인 태풍의 발생 원인과 그에 따른 발생하는 피해를 동영상으로 제시하여 태풍에 의한 피해를 확인시키고, 그 피해를 줄일 수 있는 대책을 제시할 수 있도록 하는 데 목표를 둔다.

<table>
<tr><th>단원명</th><td colspan="2">〈고등사회 1-1〉
• 자연환경과 인간생활</td><th>학습 주제</th><td>태풍의 발생 원인 및 피해</td></tr>
<tr><th>학습 목표</th><td colspan="4">태풍에 의한 피해를 줄일 수 있는 대책을 제시할 수 있다.</td></tr>
<tr><th>수업 모형</th><td colspan="2">탐구 학습 모형</td><th>교실 환경</th><td>멀티미디어실</td></tr>
<tr><th>활용 아이디어</th><td colspan="4">동영상 콘텐츠는 역동적인 화면과 사실적인 정보를 학생들에게 제공할 수 있기 때문에 정지 화상보다 문제 상황을 제시하고 해결책을 유도하는 데 장점이 있다.</td></tr>
<tr><th rowspan="4">학습 흐름</th><th>단 계</th><th colspan="2">주요 활동</th><th>주요 매체 활용</th></tr>
<tr><td>도입</td><td colspan="2">• 전시 학습내용 질의/응답
• 학습목표 제시</td><td></td></tr>
<tr><td>전개</td><td colspan="2">• 탐구 문제 확인
• 가설 설정
• 자료 탐색
• 증거 제시
• 일반화</td><td>• 태풍 피해 관련 뉴스나 영화 동영상
• 워드프로세서 학습지</td></tr>
<tr><td>정리</td><td colspan="2">• 정리 및 다음 차시 예고</td><td></td></tr>
</table>

제7장

애니메이션 수업 자료 만들기-기본

수업 내용 미리 보기

어떻게 하면 학생들이 좋아하는 수업을 할 수 있을까? 이러한 물음은 교사들이 풀어 나가야 할 평생의 과제일 것이다. 교사들은 다양한 교수 · 학습 방법을 통해 여러 가지 수업 자료를 만들고 사용하고 보완 · 수정하며, 어떻게 하면 학생들이 재미있고 신나는 수업을 할 수 있을까를 고민한다.

여기서는 이러한 고민의 한 가지 해결 방법으로 플래시 프로그램을 활용하여 재미있는 애니메이션 수업 자료 만들기를 알아보도록 하겠다. 학습 진행은 플래시 프로그램의 메뉴와 기본 기능을 익혀보고, 프로그램을 이용하여 각종 도형과 물체 그리기 실습을 해 보도록 하겠다. 또한 이미 만들어진 플래시 애니메이션을 캡처하는 방법에 대해서도 알아보도록 하겠다.

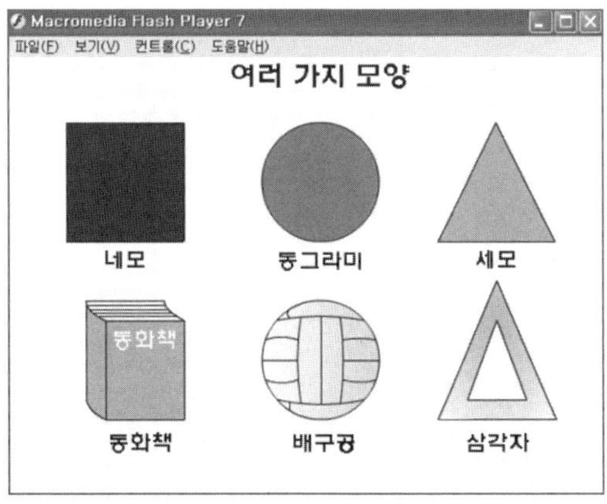

개 요

1 관련 소프트웨어 알아보기

플래시는 매크로미디어(Macromedia) 사에서 제작한 것으로, 벡터 방식의 애니메이션이나 동영상을 만들 수 있는 프로그램이다. 지금은 어도비(Adobe) 사로 인수되어 어도비 플래시라 부른다. 파일 크기가 일반 동영상의 1/16에 불과하여 전송 속도가 빠르고 확대해도 이미지가 깨지지 않는다는 장점이 있다. 초기에는 엽기토끼로 유명한 마시마로와 졸라맨 등이 인기를 끌었으며, 액션 스크립트(ActionScript)의 진화를 통해 다양한 응용 프로그램과의 상호 연동을 통해 그 사용 범위가 계속 확장되고 있다. 플래시 저작 프로그램은 매크로미디어 플래시 버전 1에서 프로페셔널 8까지 출시되었으며, 최근 어도비 사로 인수되면서 어도비 플래시 CS3 프로페셔널이 출시되었다. 매크로미디어 플래시 플레이어는 버전 1에서 출발하여 최근 어도비 플래시 플레이어 버전 10까지 출시되어 활용되고 있다.

2 관련 파일 알아보기

- fla　플래시 저작을 위한 소스 파일이다. 즉, 프로그램을 위한 소스를 포함하며 플래시 저작 프로그램은 fla 파일을 편집하고 swf 파일로 컴파일할 수 있도록 한다.
- swf　fla 파일이 완전하게 컴파일되어 인터넷 등에 공개된 파일이며, 어도비 플래시로는 편집할 수 없다.

- as 액션 스크립트 소스 코드를 포함한다. 액션 스크립트는 플래시 스크립트 언어로서, 무비와 응용 프로그램의 액션, 연산자, 객체, 클래스 및 기타 요소를 제어하는 데 사용된다. fla 파일은 액션 스크립트 코드를 직접 포함하기도 하지만 외부 as 파일로부터 액션 스크립트 코드를 불러와 사용하기도 한다.
- asc 외부 액션 스크립트 통신 파일이다. 서버측 액션 스크립트를 사용하여 효율적이고 융통성 있는 클라이언트/서버 매크로미디어 플래시 커뮤니케이션 응용 프로그램들을 개발하는 데 쓰인다.
- 기타 플래시 영상파일인 flv 파일, 구성 요소들의 배포에 쓰이는 swc 파일, 자바스크립트 코드를 포함한 jsfl 파일, 플래시 템플릿에 쓰이는 swt 등이 있다.

활동 주제

적용 학습 영역	학습 주제	학습 활동
〈초등수학 1-나〉 2. 여러 가지 모양	여러 가지 모양 알아보기	도형의 기본 개념의 이해와 여러 가지 물건을 같은 모양끼리 분류하기

자료 만들기

활동 1 Flash MX 2004 메뉴 알아보기

1. Flash MX 2004 전체 화면 구성에 대해 알아보자.

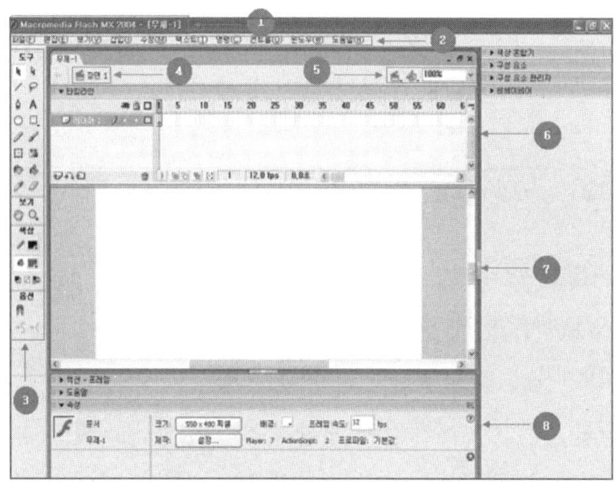

- 제목 표시줄 현재 열려 있는 파일의 제목을 표시한다.
- 메뉴 표시줄 플래시의 기능을 사용하는 데 편리하도록 비슷한 명령들을 묶어 풀다운 메뉴 형태로 제공한다.
- 툴 박스(도구상자) 각종 드로잉 툴 및 옵션 등을 포함하여 플래시 안에서 직접 그림을 그리는 데 사용한다.
- 현재 작업 위치 여러 장면 중에서 현재 작업을 하는 위치를 나타낸다.
- 장면 선택 여러 개의 장면이 있을 때 장면 선택 버튼을 이용해서 다른 장면으로 이동할 수 있다.
- 심볼 선택 심볼을 편집할 때 사용하며, 편집하고자 하는 심볼을 선택하면

선택한 심볼 편집 화면으로 이동한다.

- 줌 컨트롤 스테이지 크기를 확대하거나 축소할 때 사용한다.
- 타임라인 플래시에서 가장 중요하고 핵심적인 역할을 수행하는 곳으로 플래시 무비의 재생을 컨트롤하는 공간이다.
- 스테이지 플래시 무비를 작업하는 공간이다.
- 패널 [액션-프레임], [도움말], [속성] 등을 패널이라 부르며 각각의 패널들은 독특한 기능을 가지고 있어 작업에 편리함을 제공한다.

2. 다음의 메뉴 표시줄에 대해 좀 더 자세하게 알아보자.

파일(F) 편집(E) 보기(V) 삽입(I) 수정(M) 텍스트(T) 명령(C) 컨트롤(O) 윈도우(W) 도움말(H)

- 파일(F) 파일을 관리하는 명령을 사용할 수 있다.
- 편집(E) 오브젝트를 편집하는 기본 명령을 제공한다.
- 보기(V) 화면 구성을 설정하는 기능들이 있다.
- 삽입(I) 심볼, 레이어, 프레임에 대한 조정 기능을 제공한다.
- 수정(M) 프레임, 레이어, 무비 등의 정보와 세부 옵션을 설정한다.
- 텍스트(T) 문자의 속성과 특성을 설정한다.
- 명령(C) 복잡한 작업을 미리 저장하여 간단하게 작업을 처리하도록 미리 명령을 저장해 놓는 기능을 제공한다.
- 컨트롤(C) 메인 무비 창에서 무비 재생과 관련된 설정을 한다.
- 윈도우(W) 작업 중에 사용되는 각종 패널과 도구 상자를 표시하는 데 사용한다.
- 도움말(H) 플래시와 관련하여 궁금한 내용을 찾아 볼 수 있는 메뉴다.

3. 도구상자(툴 박스)에 대해 좀 더 자세하게 알아보자.

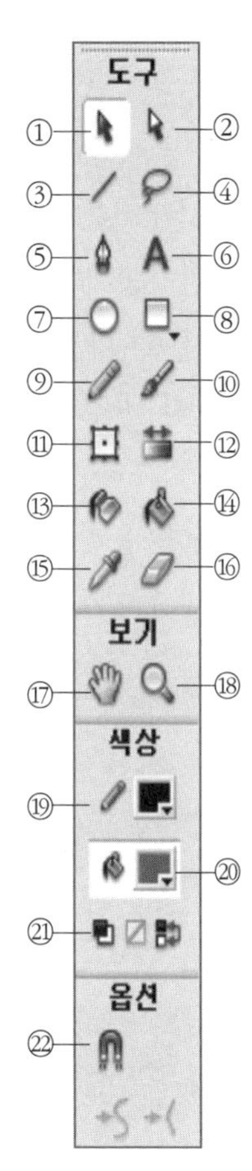

① 선택 툴 개체를 선택하는 데 사용한다.
② 부분 선택 툴 개체 선택 및 변형하는 데 사용한다.
③ 직선 툴 직선을 그리는 데 사용한다.
④ 올가미 툴 영역을 그려 개체를 자유롭게 선택한다.
⑤ 펜 툴 직선과 곡선을 자유롭게 그리는 데 사용한다.
⑥ 텍스트 툴 글자를 쓰는 데 사용한다.
⑦ 원형 툴 원이나 타원을 그리는 데 사용한다.
⑧ 사각형 툴 사각형을 그리는 데 사용한다.
⑨ 연필 툴 선을 자유롭게 그리는 데 사용한다.
⑩ 브러시 툴 붓으로 그리는 효과를 내는 데 사용한다.
⑪ 자유변형 툴 개체의 크기를 조절한다.
⑫ 색상변형 툴 그래디언트의 방향과 크기를 조절한다.
⑬ 잉크병 툴 선의 색상을 수정하는 데 사용한다.
⑭ 페인트통 툴 면의 색상을 수정하는 데 사용한다.
⑮ 스포이드 툴 글꼴, 선이나 면의 색상 정보를 추출한다.
⑯ 지우개 툴 개체의 일부분이나 전체를 지울 수 있다.
⑰ 손 툴 스테이지를 이동시킬 때 사용한다.
⑱ 돋보기 툴 스테이지의 원하는 부분을 확대, 축소한다.
⑲ 선 색상 툴 선의 색상을 지정한다.
⑳ 면 색상 툴 면의 색상을 지정한다.
㉑ 기본 색상 툴, 색상 비우기 툴, 색상 전환 툴 면과 선의 색상을 변경한다.
㉒ 옵션 선택된 툴에 따라 세부 항목을 설정한다.

 활동 2 Flash MX 2004 기본 기능 익히기

Flash MX 2004의 기본적인 기능을 도구상자의 툴 사용법 중심으로 알아보자.

1. 직선 툴을 이용하여 선을 그려 보자.

① 도구상자에 직선 툴을 클릭한다.

② 속성 패널에서 [선 색상] 버튼을 클릭하여 팔레트에서 원하는 색상을 선택한다. 직선의 종류를 바꿀 때는 직선의 굵기, 종류를 변경할 수 있다.

③ 스테이지 위에 마우스를 올려놓고, 원하는 위치까지 드래그하면 직선이 그려진다.

Tip **45° 빗금 그리기**

- Shift + 클릭 드래그-45°를 유지하며 바른 직선을 그릴 수 있다.

2. 원형 툴을 이용하여 원을 그려 보자.

① 도구상자에서 원형 툴을 클릭한다.

② 속성 패널에서 [선 색상]과 [면 색상] 버튼을 클릭하여 팔레트에서 원하는 색상을 선택한다.

③ 스테이지 위에 마우스를 올려놓고, 원하는 위치까지 드래그하면 원이 그려진다.

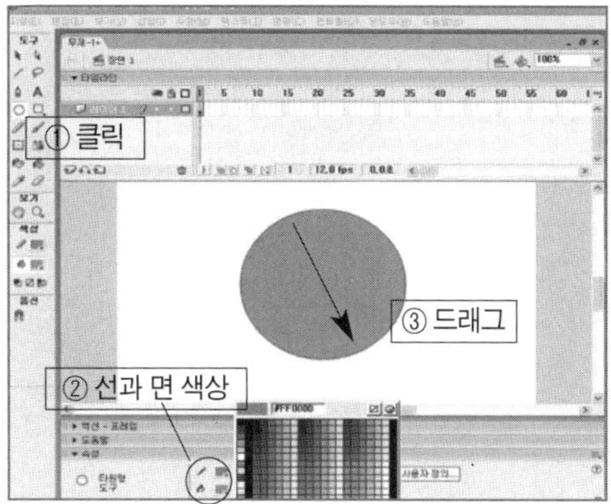

Tip **정원(正圓)그리기**

원형 툴은 타원을 그리는 툴이지만, Shift를 누르고 드래그하면 완전히 동그란 원을 그릴 수 있다.

3. 사각형 툴을 이용하여 사각형을 그려 보자.
   ① 도구상자에서 사각형 툴을 클릭한다.
   ② 속성 패널에서 [선 색상]과 [면 색상]을 클릭하여 팔레트에서 원하는 색상을 선택한다.
   ③ 스테이지 위에 마우스를 올려 놓고, 원하는 위치까지 드래그하면 사각형이 그려진다.

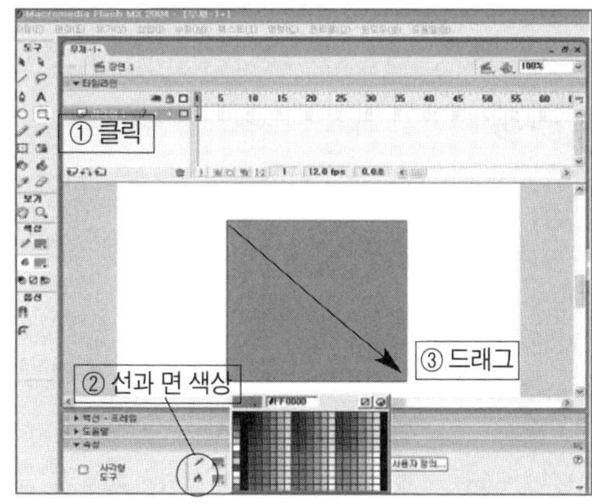

> **Tip** **정사각형과 모서리가 둥근 사각형 그리기**
>
> • Shift + 클릭 드래그- 정사각형을 그릴 수 있다.
>
> • 모서리가 둥근 사각형을 그리려면 드래그한 상태에서 마우스 커서를 놓지 말고 키보드의 ↑, ↓키를 누르면서 조정하여 그릴 수 있다.

4. 개체를 선택하여 보자.

① 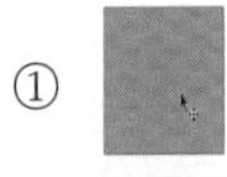

① 선택 툴　면을 클릭할 경우 면만 선택된다. 더블클릭하면 선과 면이 동시에 선택된다.

②

② 부분 선택 툴　외곽선을 클릭하면 조절점이 생기며, 개체 선택 및 변형을 하는 데 사용된다.

③ 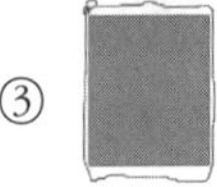

③ 올가미 툴　개체를 선택한다는 점에서 선택 툴과 비슷하지만 보다 자유로운 선택을 하는 데 사용된다.

5. 펜 툴로 직선과 곡선을 그려 보자.

① 직선을 그려 보자.

- 도구상자에서 펜 툴을 클릭한다.
- 속성 패널에서 [선 색상]을 클릭하여 팔레트에서 원하는 색상을 선택하고 두께를 지정한다.
- 스테이지 위에 마우스를 올려놓고 시작 점을 클릭하고 다음 점을 클릭하면 직선이 그려진다. 작업을 마치려면 〈Esc〉 키를 누르거나 〈Ctrl〉 키를 누른 상태에서 임의의 화면을 클릭한다.

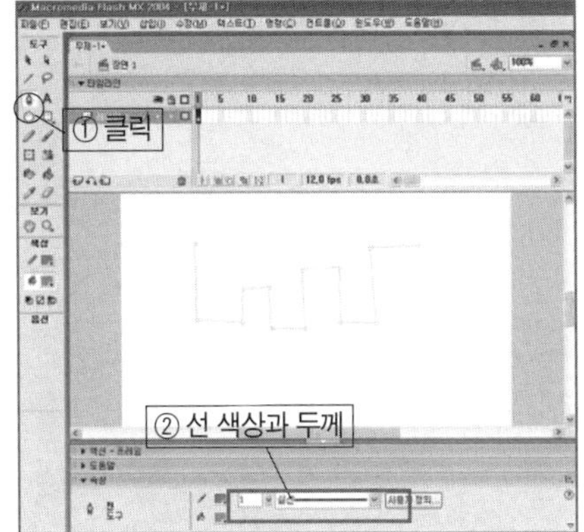

② 곡선을 그려 보자.

- 도구상자에서 펜 툴을 클릭한다.
- 속성 패널에서 [선 색상]을 클릭하여 팔레트에서 원하는 색상을 선택하고 두께를 지정한다.
- 스테이지 위에 마우스를 올려놓고 시작점을 클릭하고 다음 위치를 클릭한 상태에서 드래그하면 핸들러가 생기면서 곡선이 그려진다.

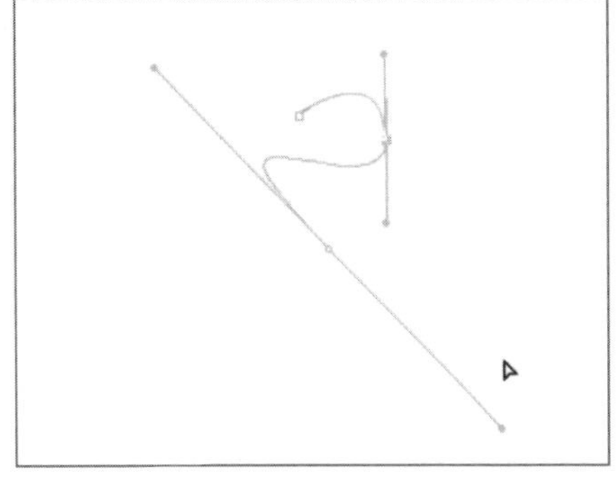

6. 글자를 입력하여 보자.

① 도구상자에서 텍스트 툴을 클릭한다.

② 속성 패널에서 [폰트 및 글자 색상]을 선택한다.

③ 스테이지 위에 마우스를 올려놓고 클릭하면 텍스트를 입력할 수 있다.

7. 연필 툴로 곡선을 그려 보자.
   ① 도구상자에서 연필 툴을 클릭한다.
   ② 속성 패널에서 [선 색상과 굵기]를 선택한다.
   ③ 스테이지 위에 마우스를 올려놓고, 마우스의 왼쪽 버튼을 누른 채 드래그하여 곡선을 그린다.

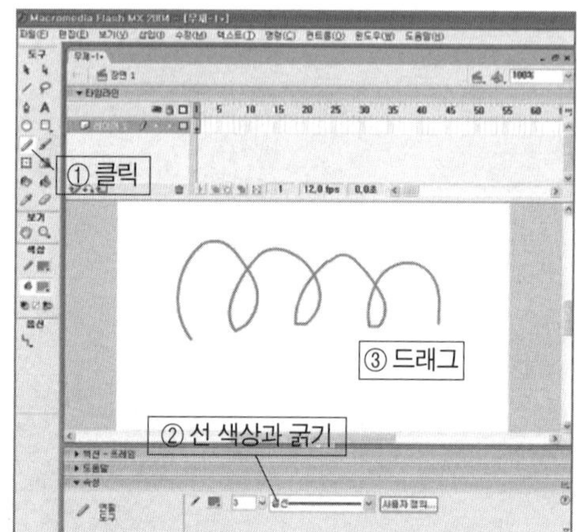

Tip **연필 툴의 옵션**

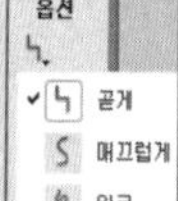

- 곧게: 곡선을 직선화하는 기능
- 매끄럽게: 그린 곡선을 좀 더 부드럽게 만드는 기능
- 잉크: 그린 그대로 화면에 나타내는 기능

8. 브러시 툴의 사용법에 대해 알아보자.
   ① 도구상자에서 브러시 툴을 클릭한다.
   ② 속성 패널에서 [색상과 매끄러움]을 선택한다.
   ③ 화면 위에 마우스를 올려놓고, 마우스의 왼쪽 버튼을 누른 채 드래그하여 개체를 그리거나 내부 색상을 칠한다.

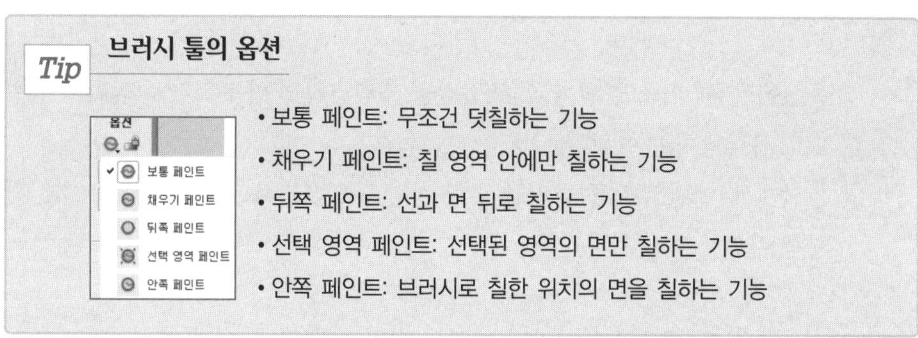

Tip **브러시 툴의 옵션**

- 보통 페인트: 무조건 덧칠하는 기능
- 채우기 페인트: 칠 영역 안에만 칠하는 기능
- 뒤쪽 페인트: 선과 면 뒤로 칠하는 기능
- 선택 영역 페인트: 선택된 영역의 면만 칠하는 기능
- 안쪽 페인트: 브러시로 칠한 위치의 면을 칠하는 기능

9. 사각형을 변형시켜 보자.

① 스테이지에 사각형을 그린다.

② 도구상자에서 자유변형 툴을 클릭하면 사각형 테두리에 조절점이 나타나며 사각형을 자유롭게 변형시킬 수 있다.

③ 마우스를 클릭하여 원하는 방향으로 드래그하면 사각형이 회전한다.

④ 마우스를 클릭하여 안쪽이나, 바깥쪽으로 드래그하면 사각형을 축소, 확대할 수 있다.

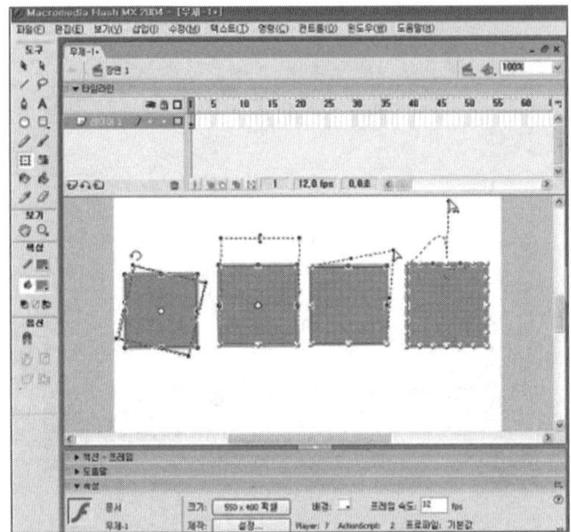

⑤ 옵션에서 [왜곡]을 클릭한 후 조절점을 드래그하면 마우스가 움직이는 방향으로 사각형이 변형된다.

⑥ 옵션에서 [엔벨로프]를 클릭한 후 조절점을 드래그하면 보다 자유롭게 사각형을 변형시킬 수 있다.

10. 페인트통 툴을 이용하여 사각형 내부를 색칠해 보자.

① 도구상자에서 페인트통 툴을 클릭한다.

② 속성 패널에서 [면 색상] 버튼을 클릭하여 색상을 선택한다.

③ 마우스 커서를 사각형 내부에 올려놓고 왼쪽 버튼을 클릭하면 내부색이 채워진다.

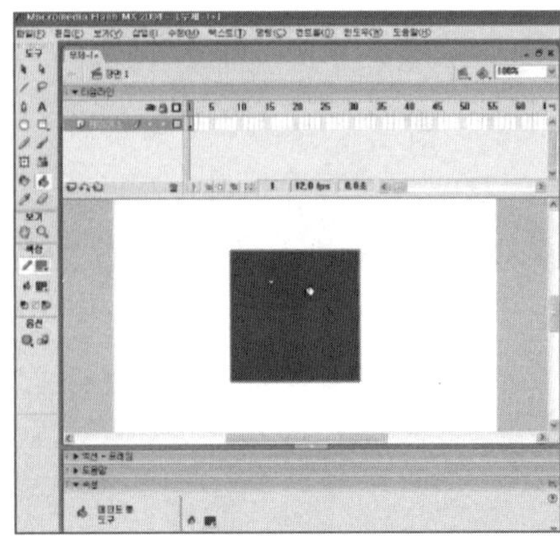

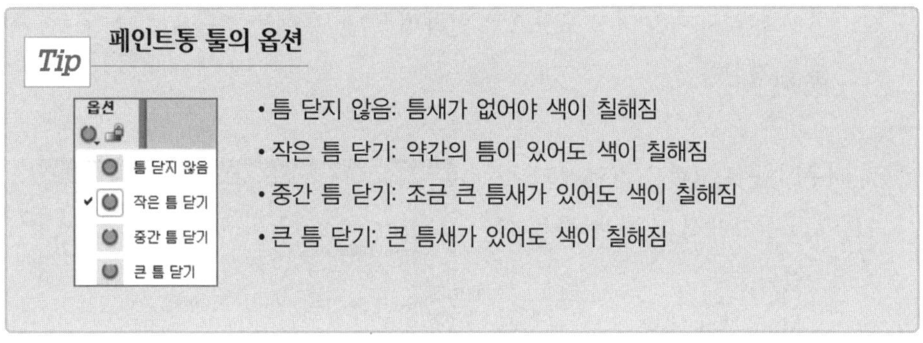

Tip 페인트통 툴의 옵션

- 틈 닫지 않음: 틈새가 없어야 색이 칠해짐
- 작은 틈 닫기: 약간의 틈이 있어도 색이 칠해짐
- 중간 틈 닫기: 조금 큰 틈새가 있어도 색이 칠해짐
- 큰 틈 닫기: 큰 틈새가 있어도 색이 칠해짐

11. 잉크병 툴로 사각형 테두리 색상을 바꿔 보자.

① 도구상자에서 잉크병 툴을 클릭한다.

② 속성 패널에서 [선 색상] 버튼을 클릭하여 색상을 선택한다.

③ 마우스 커서를 사각형 테두리에 올려놓고 왼쪽 버튼을 클릭하면 테두리색이 변경된다.

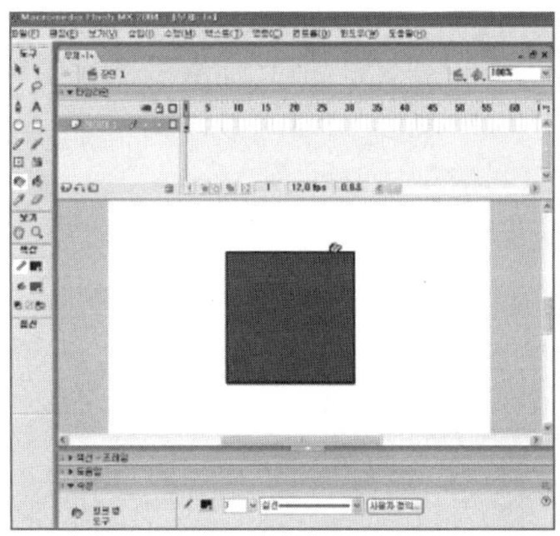

12. 스포이트 툴로 선과 면의 색상을 추출해 보자.

① 도구상자에서 스포이트 툴을 클릭한다.

② 개체의 선에 마우스를 가져가면 마우스 커서가 연필 모양으로 변하며, 클릭 후에는 자동으로 잉크병 툴로 변경된다.

③ 개체의 면에 마우스를 가져가면

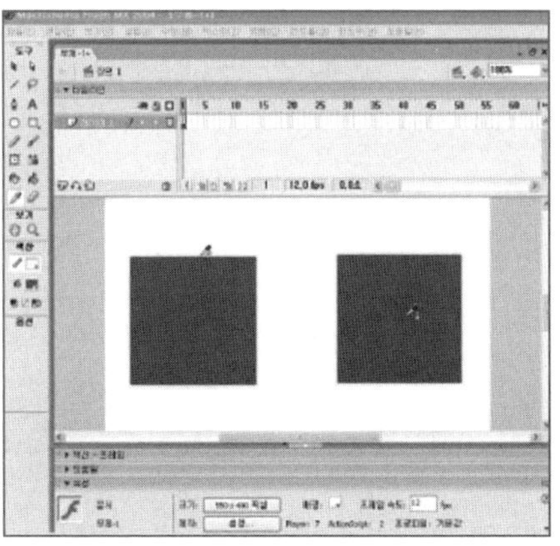

마우스 커서가 브러시 모양으로 변하며, 클릭 후에는 자동으로 페인트통 툴로 변경된다.

13. 지우개 툴로 그림을 지워 보자.
   ① 도구상자에서 지우개 툴을 클릭한다.
   ② 옵션 항목에서 원하는 모드를 선택한다.
   ③ 마우스 왼쪽 버튼을 눌러 지우고자 하는 부분을 드래그하면 옵션에 따라 해당 부분이 지워진다.

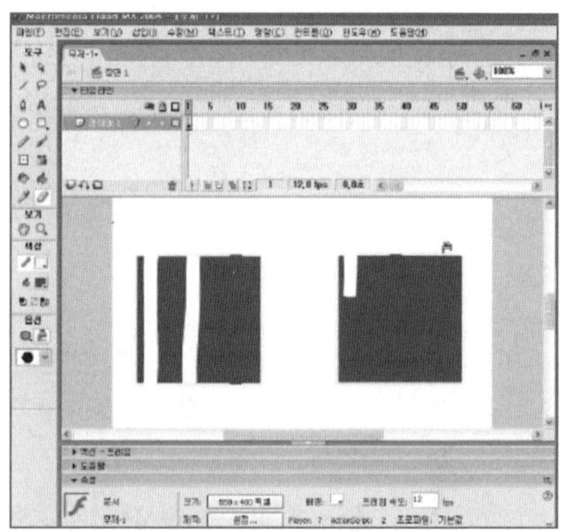

Tip 지우개 툴의 옵션

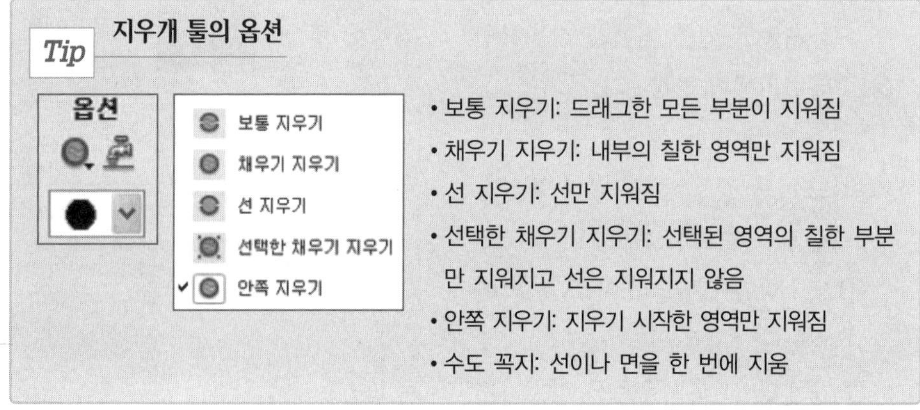

- 보통 지우기: 드래그한 모든 부분이 지워짐
- 채우기 지우기: 내부의 칠한 영역만 지워짐
- 선 지우기: 선만 지워짐
- 선택한 채우기 지우기: 선택된 영역의 칠한 부분만 지워지고 선은 지워지지 않음
- 안쪽 지우기: 지우기 시작한 영역만 지워짐
- 수도 꼭지: 선이나 면을 한 번에 지움

활동 3 Flash MX 2004로 각종 도형 그리기

Flash MX 2004를 활용하여 각종 도형을 그리는 방법에 대해 알아보자.

1. 삼각형을 그려 보자.

① 직각삼각형을 그려 보자.

- 도구상자에서 사각형 툴을 클릭하여 스테이지에 사각형을 그린다.
- 도구상자에서 부분 선택툴을 선택하여 사각형의 외곽선을 클릭하면 조절점이 보인다.
- 모서리의 한 조절점을 클릭하여 선택한 후 키보드의 〈Delete〉 키를 누르면 조절점 하나가 사라지면서 삼각형이 된다.

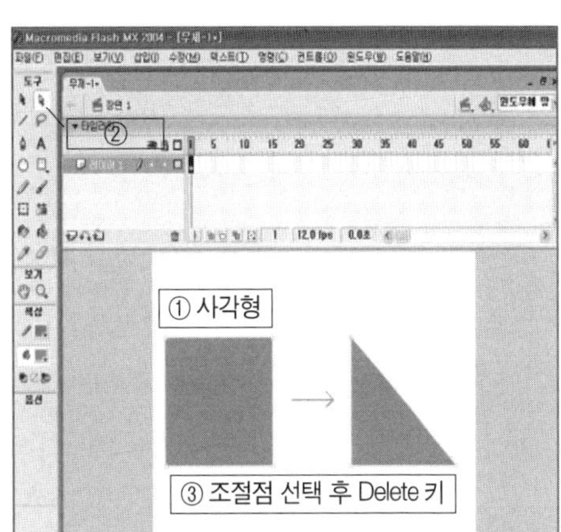

② 이등변삼각형을 그려 보자.

- 스테이지에 격자가 보이게 한 후 도구상자에서 사각형 툴을 클릭하여 화면에 사각형을 그린다.
- 부분 선택 툴을 선택한다.
- 사각형의 모서리 조절점을 드래그하여 가운데로 밀고 간다.
- 반대쪽도 같은 방법으로 하면 이등변삼각형이 완성된다.

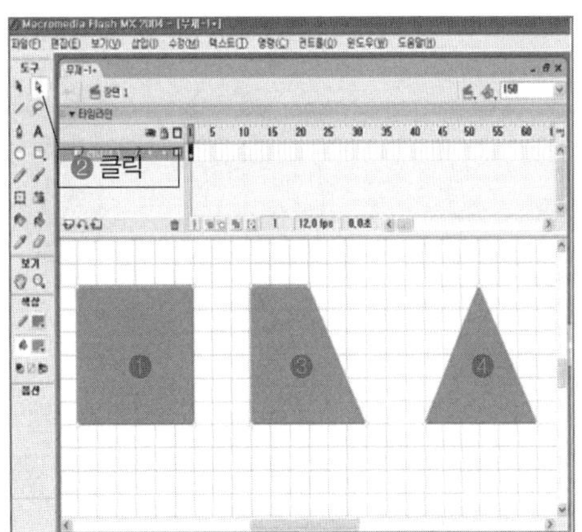

Tip **격자 이용하기**

- 격자 보이기: 메뉴의 [보기-격자-격자 표시]를 체크하면 스테이지에 격자가 나타남
- 격자 물리기: 메뉴의 [보기-물리기-격자에 물리기]를 체크하면 사각형이 격자에 물려 그려짐

2. 사각기둥을 그려 보자.
   ① 사각형 툴을 클릭하여 스테이지에 사각형을 그린다.
   ② 선 툴을 클릭하여 윗면을 그린다.
   ③ 밑면을 완성한 다음, 선 툴을 이용하여 옆면을 그린다.
   ④ 사각기둥이 완성되었으면 페인트통 툴을 클릭하여 원하는 색상으로 채운다.

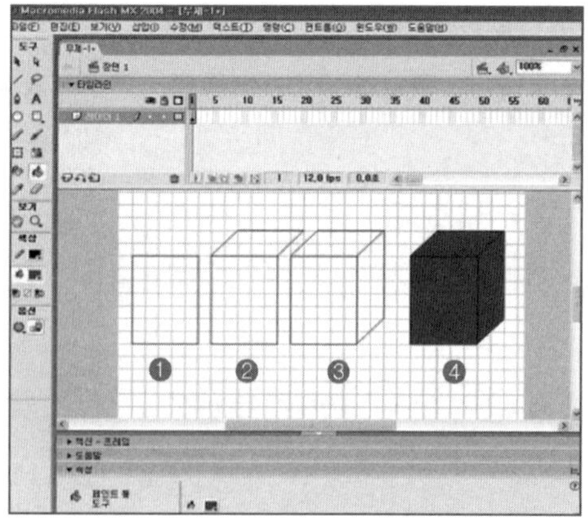

3. 원기둥을 그려 보자.
   ① 원형 툴을 클릭하여 스테이지에 타원을 그린다.

② 선 툴을 클릭하여 기둥이 되도록 수직으로 내려 그린다.

③ 타원을 복사하여 아래에 붙인다.

④ 아래 타원에서 안쪽에 그려진 곡선을 선택 툴을 클릭하여 선택한 후 〈Delete〉키로 삭제한다.

⑤ 원기둥이 완성되었으면 페인트통 툴을 클릭하여 원하는 색상으로 채운다.

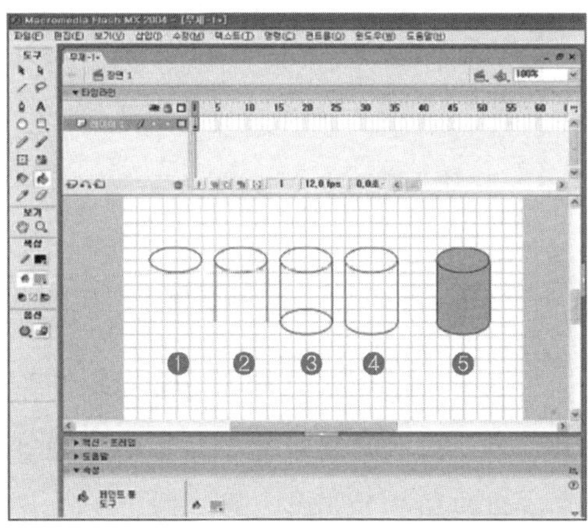

활동 4 Flash MX 2004로 물체 그리기

Flash MX 2004를 활용하여 물체를 그리는 방법에 대해 알아보자.

1. 배구공을 그려 보자.

① 원형 툴을 클릭하여 스테이지에 원을 그린다.

② 선 툴을 클릭하여 배구공의 줄무늬를 그린다.

③ 줄무늬를 선택 툴을 이용하여 곡선 모양으로 만든다.

④ 페인트통 툴을 클릭하여 원하는 색상으로 채운다.

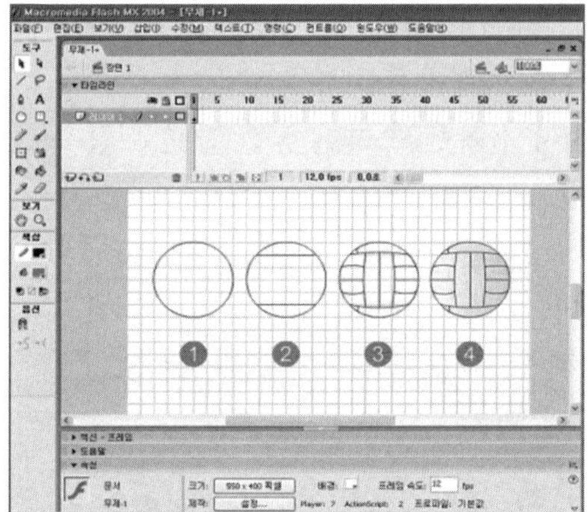

2. 동화책을 그려 보자.

① 사각형 툴과 직선 툴을 이용하여 스테이지에 직육면체를 그린다.

② 선택 툴을 이용하여 동화책의 모서리 부분을 곡선 모양으로 만든다.

③ 직선 툴을 이용하여 무늬를 그린다.

④ 페인트통 툴을 클릭하여 원하는 색상으로 채우고, 텍스트 툴을 이용하여 동화책의 제목을 쓴다.

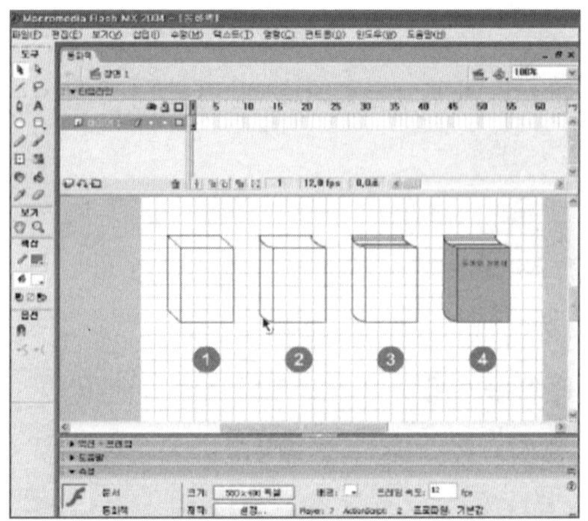

3. 삼각자를 그려 보자.

① 사각형 툴을 이용하여 스테이지에 사각형을 그린다.

② 부분 선택 툴을 이용하여 삼각형을 만들고 직선 툴을 이용하여 작은 삼각형을 그린다.

③ 페인트통 툴을 클릭하여 원하는 색상으로 채운다.

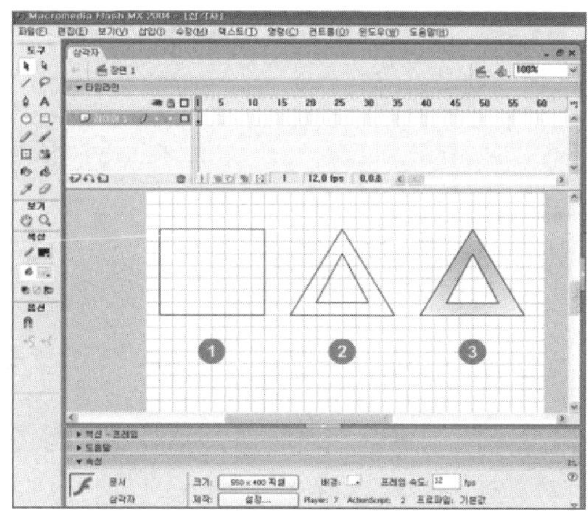

활동 5 플래시 애니메이션 캡처하기

플래시(Flash) 애니메이션 캡처 프로그램을 활용하여 플래시 애니메이션을 캡처하는 방법을 알아보자. 플래시 애니메이션 캡처 프로그램은 여러 가지가 있으나, 여기서는 'Flash capture' 라는 프로그램에 대해 알아보도록 하겠다.

1. Flash capture v1.5 설치하기

Flash capture v1.5 평가판을 다운받아 설치한 후 인터넷 익스플로러를 실행하면 오른쪽 상단에 디스켓 모양의 플래시 캡처 아이콘을 볼 수 있다.

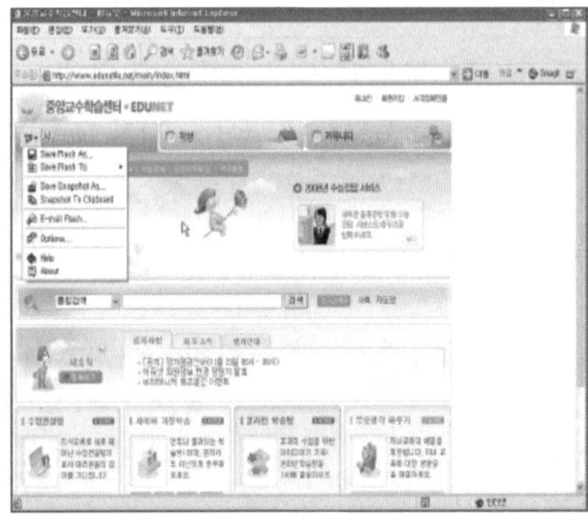

2. 플래시 애니메이션을 캡처해 보자.

① 인터넷 익스플로러에 있는 아이콘을 사용하는 경우에 대해 알아보자.

- 익스플로러 오른쪽 상단의 아이콘을 클릭하면 팝업 창이 뜨는데, 현재 접속 중인 사이트의 플래시 파일이 표시된다.
- 먼저 다운받고자 하는 폴더를 지정해 준다.
- 표시된 플래시 파일 중 받고자 하는 파일에 체크한다.

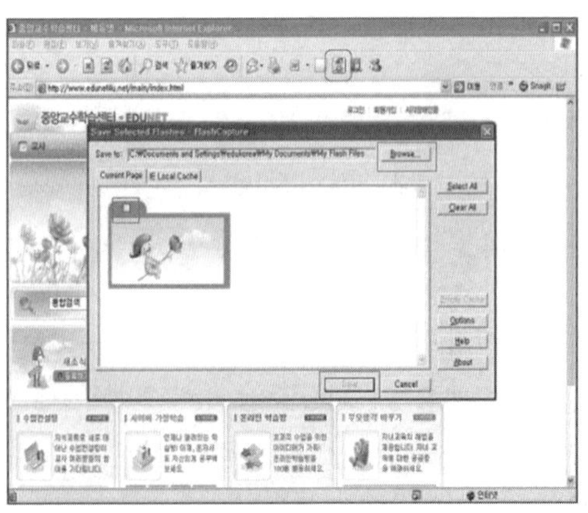

- 'Save' 를 누르면 플래시 파일이 저장된다.

② 마우스 오른쪽 버튼을 사용하는 경우에 대해 알아보자.

- 플래시 파일에서 마우스 오른쪽 버튼을 누르면 플래시 캡처 항목이 보인다.
- [저장하기] 버튼을 눌러 원하는 폴더 위치에 해당 플래시 파일을 저장한다.

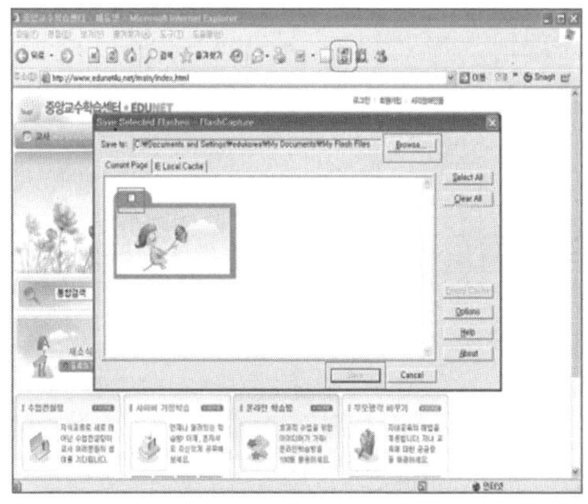

③ 플래시가 있는 경우 표시되는 아이콘을 사용하는 방법에 대해 알아보자.

- 웹 탐색을 하다 보면 플래시가 있는 경우 플래시에 마우스를 가져가면 플래시 캡처 아이콘이 만들어진다.
- 아이콘을 클릭하면 마우스 오른쪽 버튼 사용 시와 같은 하위 메뉴가 나오는데, 같은 방법으로 저장하면 된다.
- 이것은 인터넷 익스플로러에만 해당되는 방법이다.

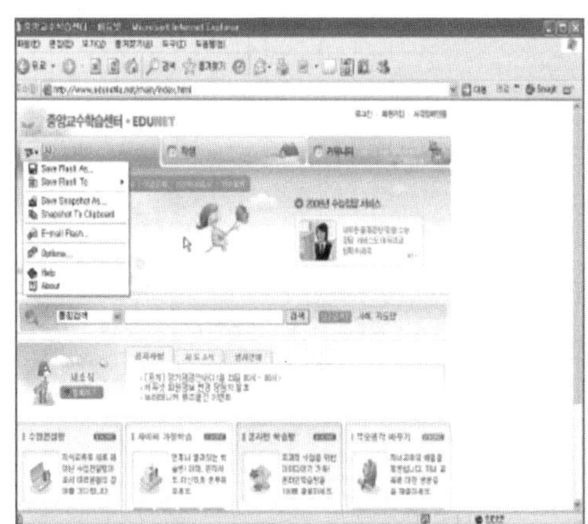

한 걸음 더

펜 툴을 활용하여 하트 만들기

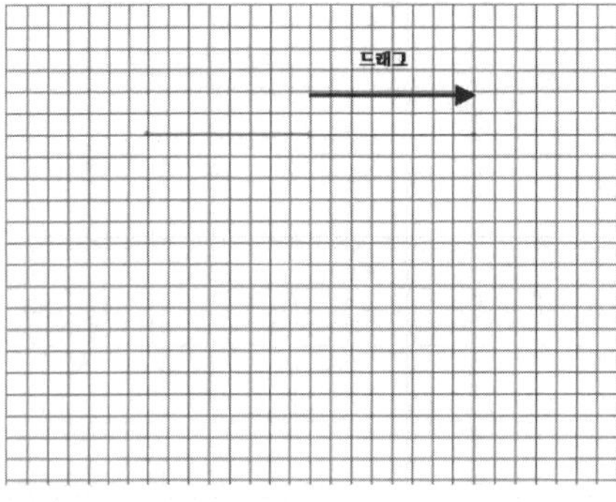

① 펜 툴을 선택하여 중앙에 점을 찍은 후, 화살표 방향으로 'Shift+드래그' 를 한다.

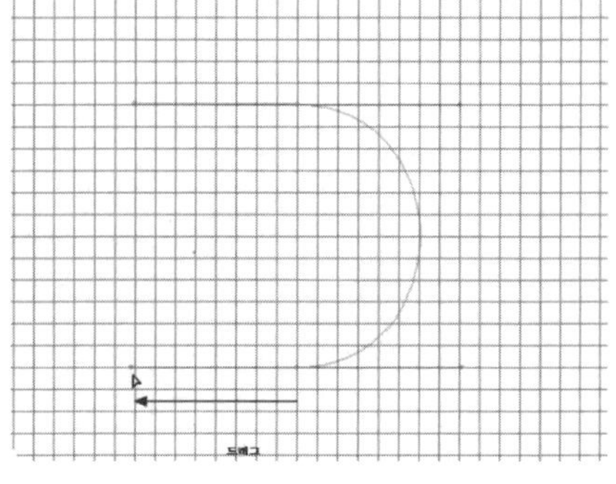

② 수직 중앙 하단에 점을 찍은 후, 화살표 방향으로 'Shift+드래그' 를 한다.

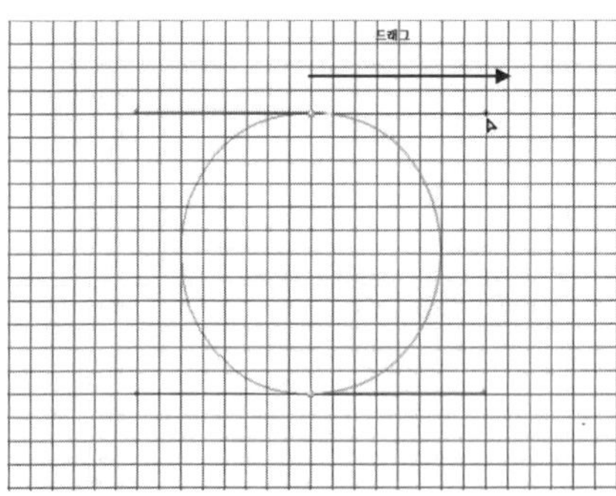

③ 펜 툴로 다시 처음에 찍었던 점을 찍은 후, 화살표 방향으로 'Shift+드래그' 를 한다.

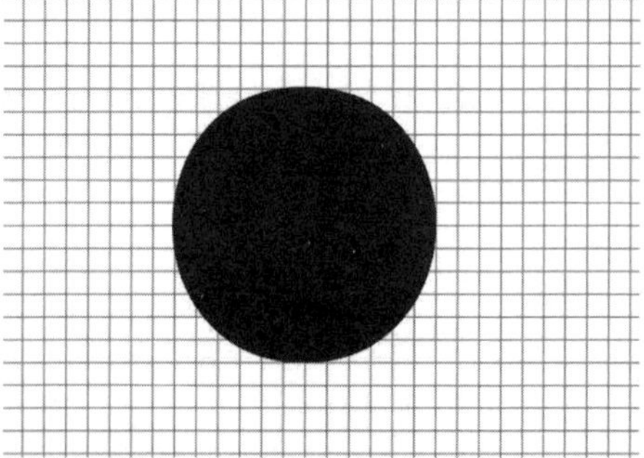

④ 원이 완성된다.

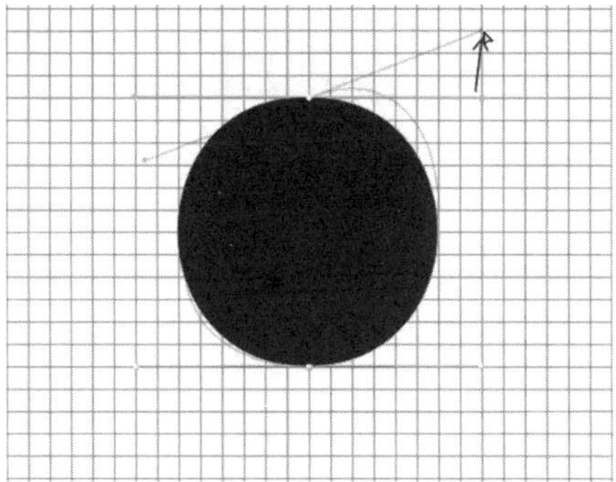

⑤ 세부 선택 도구로 처음 점을 찍었던 곳을 선택하면 패스가 표시되고 오른쪽 핸들점을 찍어 화살표 방향으로 마우스를 드래그한다.

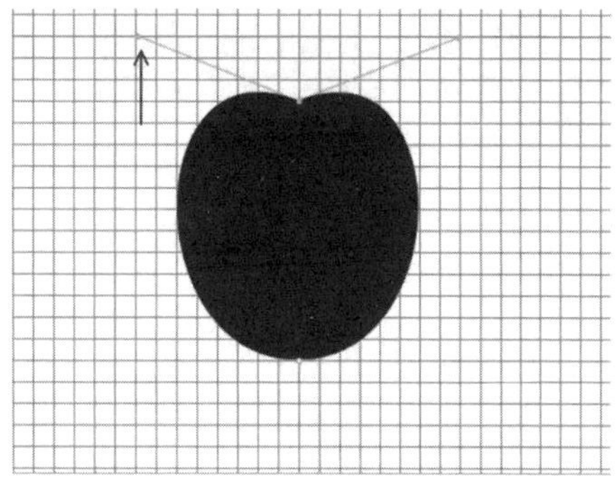

⑥ 패스의 왼쪽 핸들점을 화살표 방향으로 'Alt+드래그'를 한다.

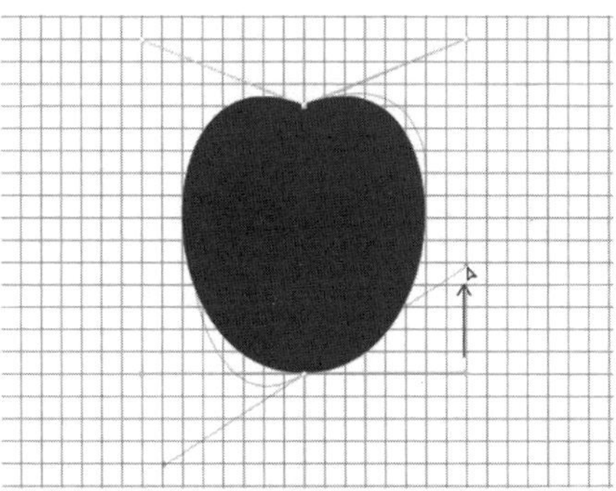

⑦ 위와 같은 방법으로 오른쪽 핸들점을 찍어 화살표 방향으로 마우스를 드래그한다.

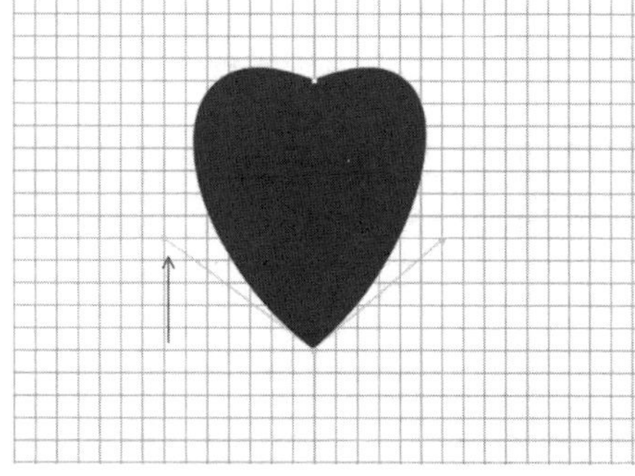

⑧ 패스의 왼쪽 핸들점을 화살표 방향으로 'Alt+드래그'를 한다.

⑨ 페인트통 툴로 그라데이션을 선택하여 내부 색상을 바꾸어 준다.

FAQ

Q 외부에서 그림을 불러와 편집을 하고 싶은데 잘되지 않습니다.

A 플래시에서는 벡터 그래픽 방식의 이미지를 사용하는데, 외부에서 불러온 gif, jpg와 같은 이미지들은 비트맵 방식의 이미지이기 때문에 선과 면을 구분할 수 없으므로, 선과 면을 따로 편집할 수 없습니다. 이러한 문제를 해결하기 위해서는 비트맵 방식의 이미지를 벡터 그래픽 형식으로 바꿔 주어야 하는데, [수정]-[비트맵]-[비트맵 추적] 메뉴를 선택하면 됩니다.

수업활용 아이디어

지금까지 플래시의 기본 기능 중에 드로잉을 중심으로 기능을 익혀 보았다. 익힌 드로잉 기능을 활용하여 여러 가지 모양의 도형들을 그릴 수 있으며 저학년 교수 · 학습 활동에 효과적으로 사용될 수 있다.

<table>
<tr><td>단원명</td><td colspan="2">〈초등수학 1-나〉
2. 여러 가지 모양</td><td>학습 주제</td><td colspan="2">여러 가지 모양
알아보기</td></tr>
<tr><td>학습 목표</td><td colspan="5">여러 가지 모양을 알아 볼 수 있다.</td></tr>
<tr><td>수업 모형</td><td colspan="2">ICT 활용 문제 해결 모형</td><td>교실 환경</td><td colspan="2">교단 선진화 교실</td></tr>
<tr><td>활용 아이디어</td><td colspan="5">제시되는 여러 가지 모양을 보고 모양의 이름을 말하고, 모양이 같은 물건을 찾아보는 활동에 활용하며, 물건의 모양을 그려보는 플래시 학습 자료를 만든다.</td></tr>
<tr><td rowspan="4">학습 흐름</td><td>단계</td><td colspan="3">주요 활동</td><td>주요 매체 활용</td></tr>
<tr><td>도입</td><td colspan="3">맞는 모양 찾아보기</td><td></td></tr>
<tr><td>전개</td><td colspan="3">• 같은 모양의 물건끼리 모으기
• 그림 보고 모양 말해 보기
• 모양이 같은 물건 알아보기
• 종이 위에 물건의 모양 그리기</td><td>플래시</td></tr>
<tr><td>정리</td><td colspan="3">모양의 이름 말하기</td><td></td></tr>
</table>

제8장

애니메이션 수업 자료 만들기-제작

수업 내용 미리 보기

제7장에서는 좀 더 재미있는 수업을 위한 한 가지 해결방법으로 플래시 프로그램을 활용하여 재미있는 애니메이션 수업 자료 만들기에 대해 알아보았다.

여기서는 플래시의 기본 기능을 바탕으로, 플래시에서 그린 도형을 가지고 간단한 애니메이션 심볼을 만드는 방법에 대해 알아보도록 하겠다. 또한 액션 스크립트의 역할과 예를 보고 액션 스크립트를 적용한 애니메이션을 만들어 보는 방법에 대해서도 알아보도록 하겠다.

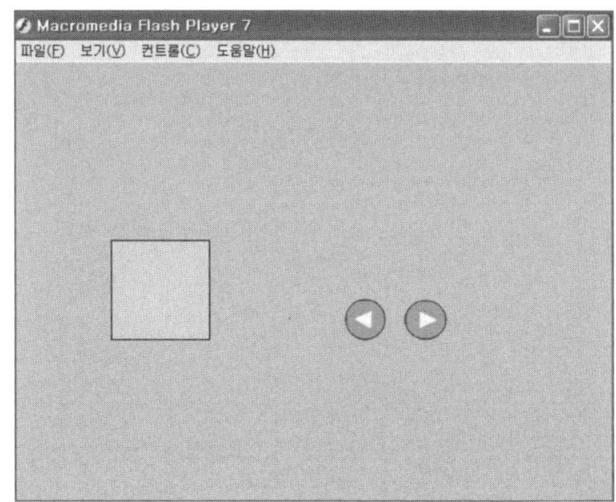

활동 주제

적용 학습 영역	학습 주제	학습 활동
〈초등수학 1-나〉 • 여러 가지 모양	여러 가지 모양 알아보기	도형의 기본 개념의 이해와 여러 가지 모양의 이름을 알아맞히기

자료 만들기

 활동 1 Flash MX 2004로 그린 도형으로 심볼 만들기

1. 사각형 툴을 이용하여 사각형을 그려 보자.

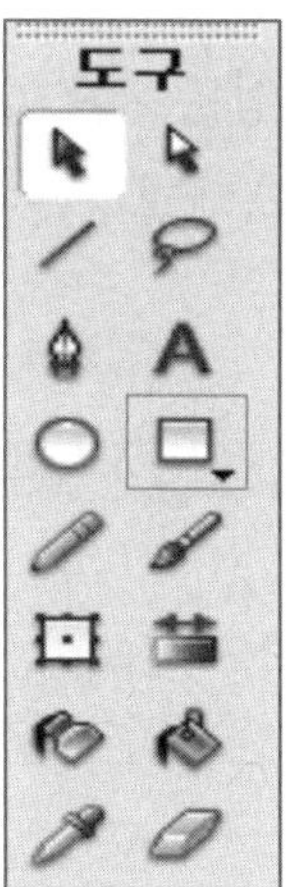

2. 그려진 사각형을 심볼로 만들어 보자.

① 그려진 사각형을 선택 툴을 더블클릭하여 선과 면을 포함하여 선택한다.

② [수정]–[심볼로 변환]을 클릭한다.

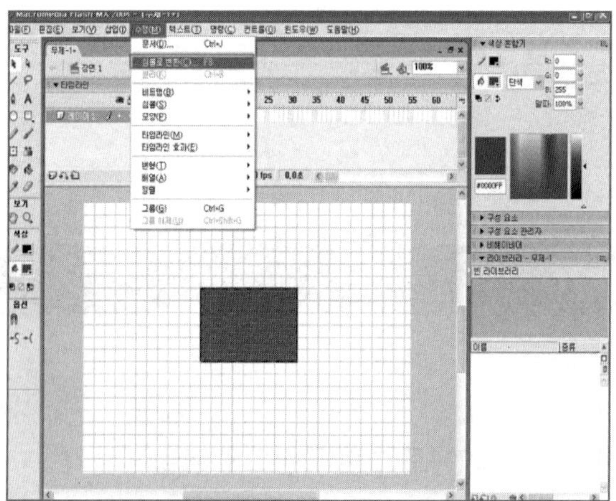

③ [심볼로 변환] 대화 상자에서 심볼 이름 입력란에 '사각형' 이라고 입력하고, 비헤이비어는 '그래픽' 을 선택하고 등록에서 심볼의 중심을 중앙으로 등록한다.

④ 라이브러리에서 만들어진 심볼을 확인할 수 있다.

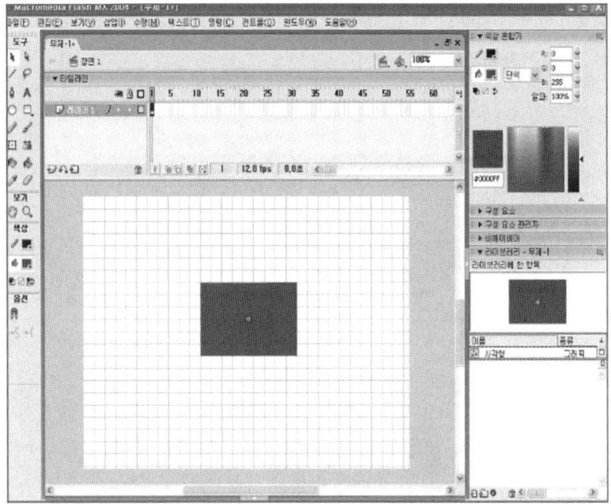

활동 2 새로운 심볼 만들기

처음부터 새로운 심볼을 만드는 방법에 대해 알아보자.

1. [보기]-[새 심볼]을 선택한다.

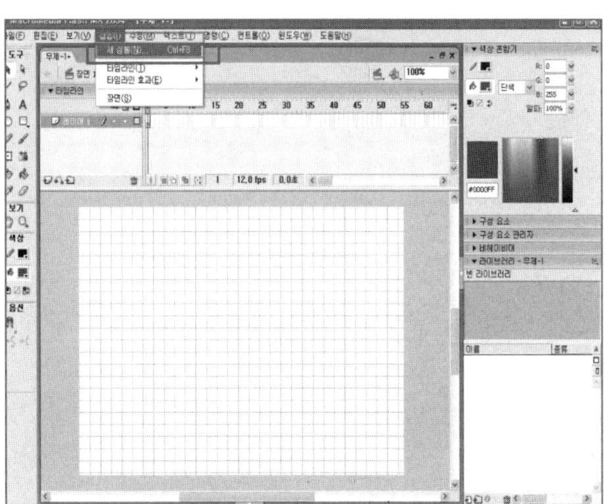

2. [새 심볼 생성] 대화 상자에서 이름 입력란에 '원' 이라고 입력하고 비헤이비어는 '그래픽' 을 선택한다.

3. 심볼 편집 상태로 전환되는데, 심볼 편집 화면에서 원툴로 중앙의 중심점을 맞추어 원을 그려 준다.

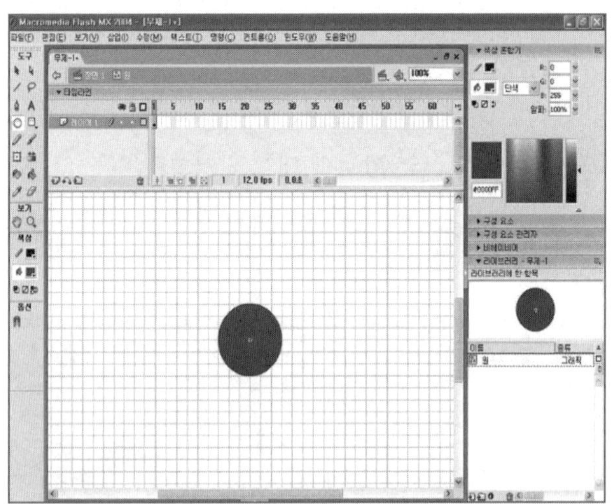

Tip

심볼의 중심점

심볼의 중심점은 회전의 축에 해당된다. 따라서 [새 심볼] 명령으로 새로운 심볼을 만들 경우에는 개체의 중심을 심볼의 중심점에 맞추어 그려야 한다.

활동 3 Flash MX 2004로 간단한 애니메이션 만들기 1

Flash MX 2004를 활용하여 간단한 애니메이션을 만드는 방법에 대해 알아보자.

Flash의 모션트윈 기법을 활용하여 간단한 애니메이션을 만들기에 대해 알아보도록 하겠다.

1. 사각형 툴을 이용하여 사각형을 그리고 심볼로 변환시킨다.

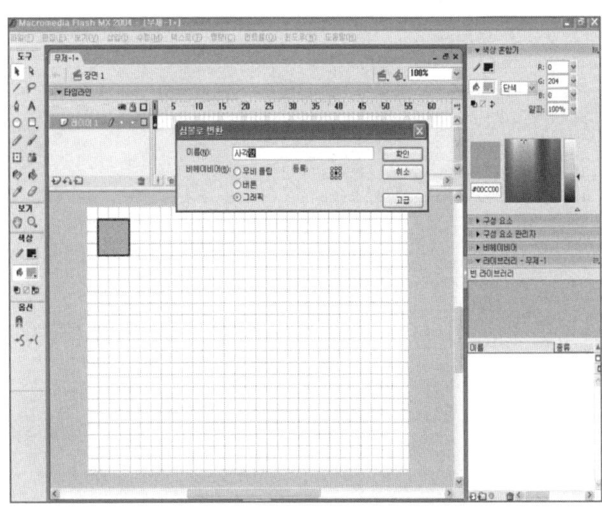

2. 키프레임을 삽입하여 보자.

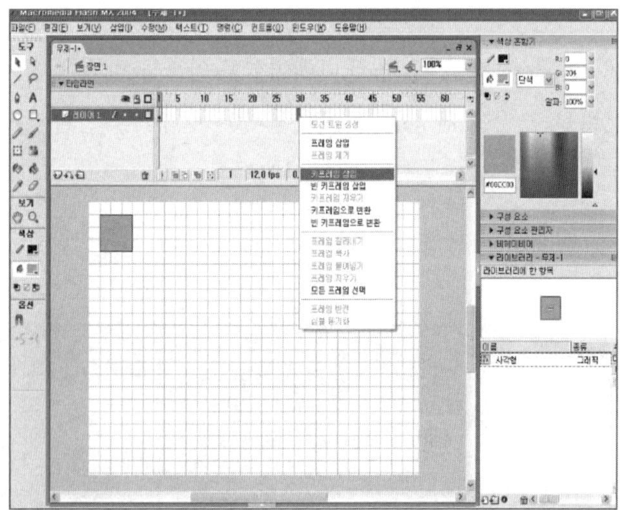

3. 사각형의 위치를 이동시켜 보자. 화살표 방향으로 드래그하여 사각형을 이동시킨다.

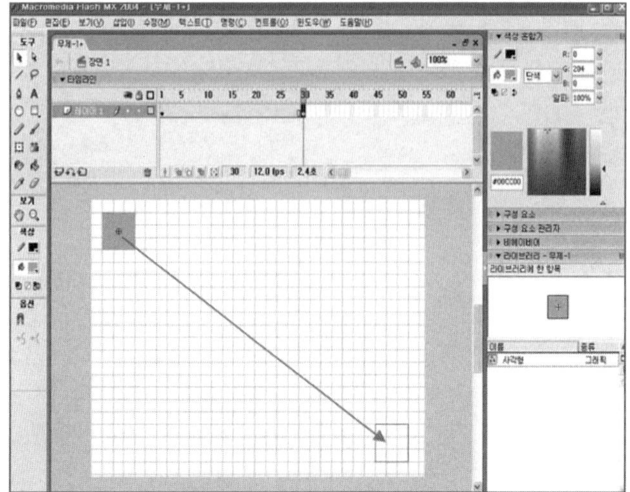

4. 이동시킨 사각형의 크기를 조절한다. 자유 변형 툴을 클릭하면 사각형에 조절점이 생긴다. 조절점을 드래그해서 사각형 심볼의 크기를 축소시킨다.

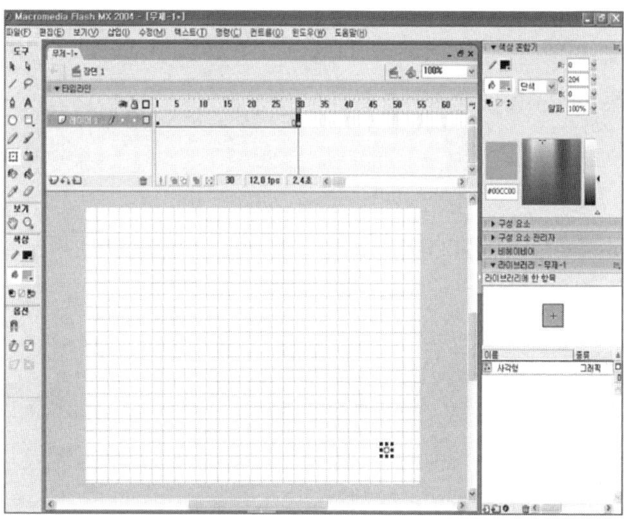

5. 모션트윈을 시킨다.

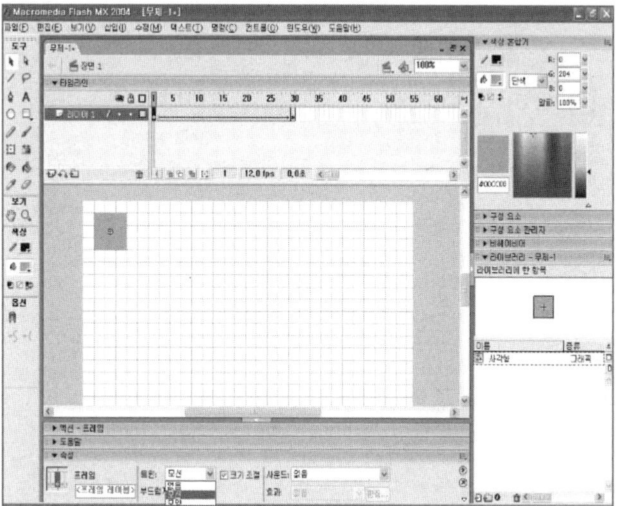

① 1~30번 프레임 중 임의의 프레임을 선택한 후 속성 패널의 [트윈] 목록에서 '모션' 을 선택한다.

② 1~30번 프레임에 화살표가 한 개 생긴다. 이것은 모션트윈이 이루어졌다는 것을 의미한다.

③ [컨트롤]-[무비테스트]를 선택하여 실행시켜 애니메이션을 확인한다.

활동 4 Flash MX 2004로 간단한 애니메이션 만들기 2

Flash MX 2004를 활용하여 간단한 애니메이션을 만드는 방법에 대해 알아보자.

Flash의 쉐이프트윈 기법을 활용하여 간단한 애니메이션을 만들기에 대해 알아보도록 하겠다.

1. 사각형 툴로 화면의 왼쪽에 사각형을 그린다.
2. 타임라인의 20번 프레임에서 오른쪽 마우스를 클릭하여 프레임 단축 메뉴를 열어 [빈 키프레임 삽입]을 클릭한 다음, 원형 툴로 화면 오른쪽에 원을 그린다.
3. 타임라인의 1번 프레임과 20번 프레임 사이를 선택한 후 프레임 속성 패널에서 트윈을 '모양' 으로 선택한다.
4. 〈Enter〉 키를 눌러 작성한 쉐이프트윈을 실행한다.

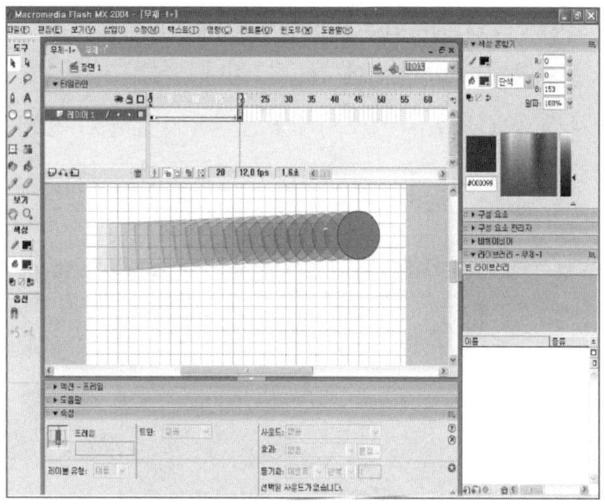

활동 5 플래시 액션 스크립트를 적용한 애니메이션 만들기

액션 스크립트의 개념과 역할에 대해 알아보고, 실행 예를 통하여 액션 스크립트를 적용한 애니메이션을 만드는 방법을 알아보자.

1. 액션 스크립트의 개념은 다음과 같다.
   - 스크립트 형식의 언어로 액션을 구현한다.
   - 컴파일러를 사용하지 않으며 실행 파일을 별도로 만들지 않는다.
   - 외부 플레이어로 명령을 한 줄씩 번역하여 실행한다.

2. 액션 스크립트의 역할은 다음과 같다.
   - 무비를 재생시키거나 멈출 수 있다.
   - 사운드를 제어할 수 있다.
   - 개체의 크기 및 투명도를 조절할 수 있다.
   - 이 외에도 무수한 결과물들을 액션 스크립트를 통해 구현해 낼 수 있다.

3. 버튼을 생성하여 액션 스크립트를 삽입하여 보자.

① 원형 툴을 이용하여 화면 위에 원을 그린다.

② 선택 툴로 원을 선택한 후 〈F8〉 키를 클릭하여 심볼로 변환시킨다.

③ 이때 이름은 '버튼01', 비헤이비어는 '버튼' 을 선택한다.

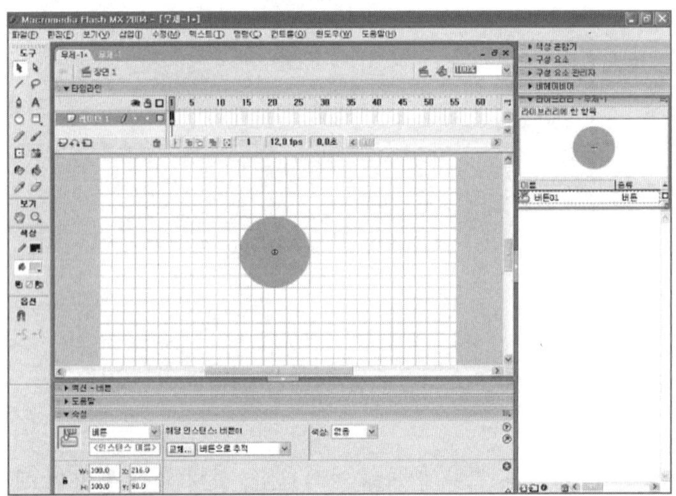

4. 버튼을 편집하여 보자.

① 버튼을 더블클릭하면 편집창이 열린다.

② 오버, 다운, 히트 프레임 각각에 키프레임을 삽입한다.

③ 오버 프레임과 다운 프레임을 각각 클릭하여 원의 색상을 바꾸어 준다.

④ 히트 프레임을 클릭한 후 원형 툴을 이용하여 똑같은 크기의 원을 덮어 그린다.

⑤ [컨트롤]–[무비테스트]를 클릭하면 편집된 버튼을 확인할 수 있다.

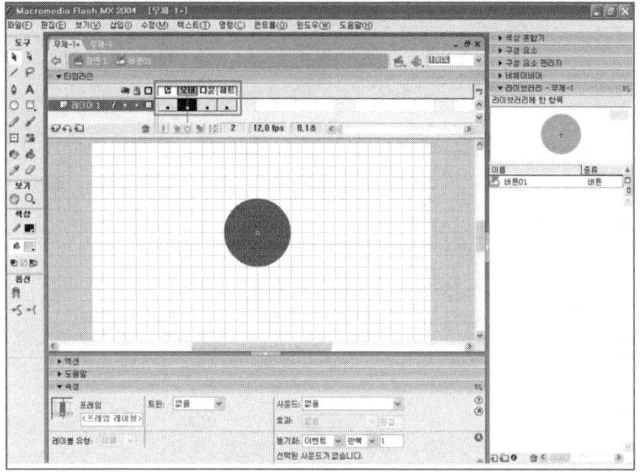

Tip 버튼 메뉴 기능

- 업: 버튼이 스테이지 위에 올라가 있을 때 보이는 상태
- 오버: 마우스가 버튼 위에 올라가 있을 때 보이는 상태
- 다운: 마우스로 버튼을 클릭했을 때 보이는 상태
- 히트: 마우스가 반응하는 영역을 의미

5. 버튼 이벤트 핸들러에 대해 알아보자.

① 네모, 세모, 동그라미 심볼을 만든다.

② 왼쪽, 오른쪽 버튼을 만든다.

③ '도형, 라벨, 액션, 버튼' 레이어를 각각 만든다.

④ 각 버튼에 액션을 부여한다.

예 on (release){gotoAndPlay("동그라미");}

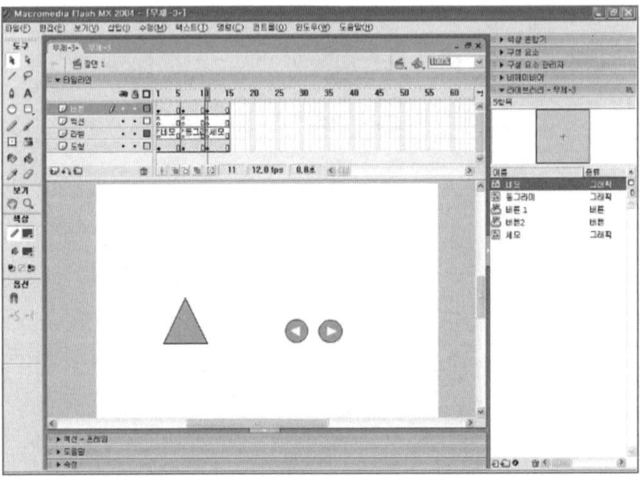

> **Tip**
>
> **액션 스크립트 이벤트 핸들러 기능**
>
> - press: 마우스를 누를 때
> - release: 마우스를 눌렀다가 뗄 때
> - releaseOutside: 마우스를 눌렀다가 영역 바깥쪽에서 뗄 때
> - keyPress: 특정 키를 지정하여 지정된 키를 눌렀을 때
> - rollOver: 마우스가 버튼 위에 올라갔을 때
> - rollOut: 마우스가 버튼 위에 올라갔다가 바깥으로 벗어날 때
> - dragOver: 드래그하여 버튼 위로 올라갈 때
> - dragOut: 버튼 위에서 드래그하여 바깥으로 나갈 때

6. 무비클립을 액션 스크립트를 사용하여 제어하여 보자. 다음은 무비클립 메서드다.
   - 재생 버튼: on (release){_root.color.play();}
   - 정지 버튼: on(release){_root.color.stop();}
   - 이전 버튼: on(release){_root.color.prev Frame();}
   - 다음 버튼: on(release){_root.color.next Frame();}

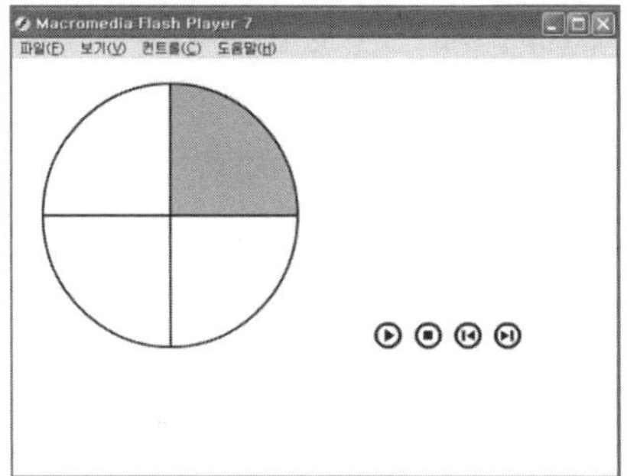

7. 색깔이 변하는 무비클립을 만들어 보자.

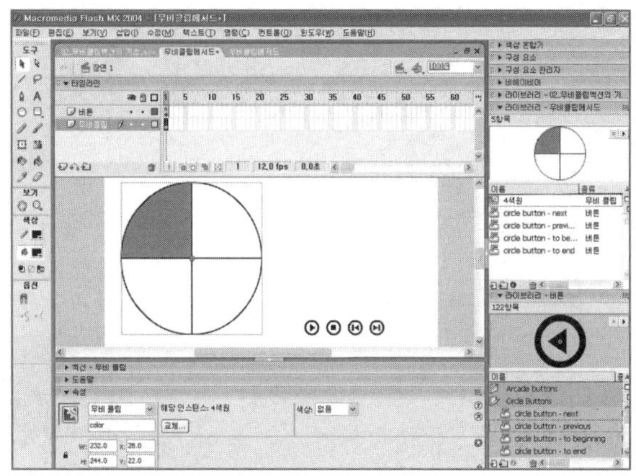

① 원형 툴을 이용하여 원을 그린 후, 직선 툴을 이용하여 원을 나누어 준다.

② [심볼로 변환]을 선택하여 무비클립으로 만들어 준다.

③ 무비클립을 더블클릭하면 편집창이 생성되며 두 번째, 세 번째, 네 번째 프레임에 각각 색상을 바꾸어 준다.

④ 버튼을 만들어 버튼 심볼로 변환시킨다(플래시의 공용 라이브러리를 활용하면 이미 만들어진 버튼을 사용할 수도 있다).

⑤ 무비클립에 인스턴트 이름을 'color'로 붙인다.

⑥ 각각의 버튼에 액션을 설정한 후, 무비테스트로 버튼으로 무비클립이 제어되는 것을 볼 수 있다.

한 걸음 더

규칙을 넣은 학습 자료 만들기

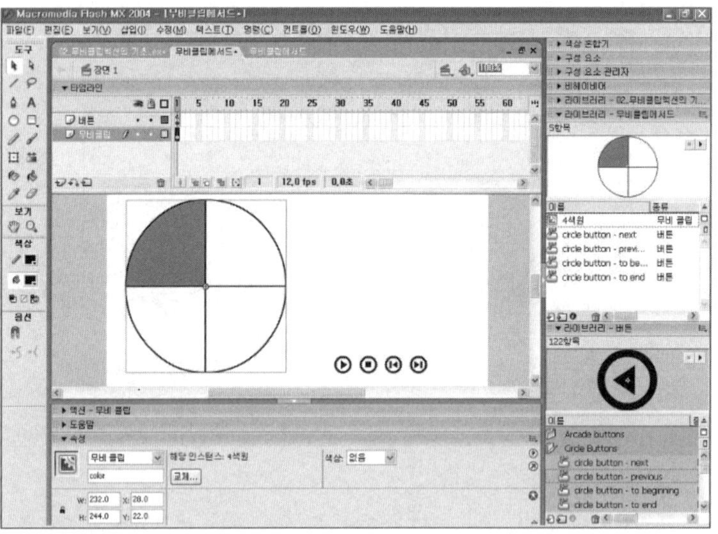

1. 팔레트를 만들어 보자.

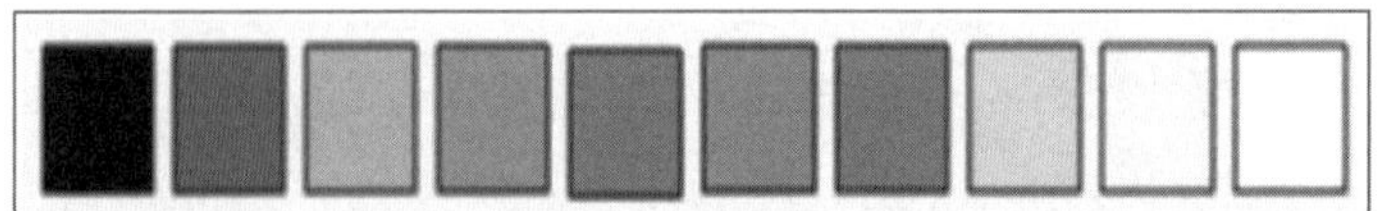

① 사각형 툴을 이용하여 여러 가지 색상의 사각형을 만든다.
② 각각을 버튼 심볼로 변환시킨다.
③ 각각의 버튼 심볼에 액션 스크립트를 삽입한다.

on (release) {red=0; green= 0; blue=0;}	on (release) {red=0; green= 0; blue=255;}	on (release) {red=0; green= 192; blue=255;}	on (release) {red=255; green =101; blue=0;}	on (release) {red=255; green =0; blue=0;}
on (release) {red=255; green =0; blue=255;}	on (release) {red=0; green= 144; blue=0;}	on (release) {red=0; green= 255; blue=0;}	on (release) {red=255; green 255; blue=255;}	on (release) {red=255; green =255; blue=0;}

2. 규칙판을 만든다. 사각형 툴과 직선 툴을 이용하여 규칙판을 만든다. 각각의 칸은 버튼을 담고 있는 무비클립으로 만들어 준다.

① 첫 번째 칸을 [심볼로 변환]을 선택하여 [무비클립]으로 만들어 준다.
② 무비클립을 더블클릭하여 편집창으로 들어가서 다시 [심볼로 변환]을 선택하여 [버튼]을 만들면 버튼을 담고 있는 무비클립이 완성된다.
③ 나머지 칸도 동일한 방법으로 하여 무비클립을 만든다.

3. 각각의 무비클립의 인스턴트 이름을 작성하고, 액션 스크립트를 작성한다.

on (release){_root.changecolor("rt1");}

4. 프레임에 액션 스크립트를 작성한다.

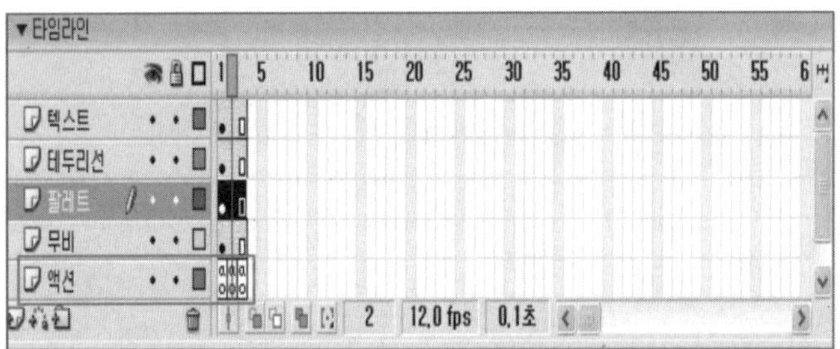

① 첫 번째 프레임의 액션 스크립트를 작성한다.

red = 255;

blue = 255;

green = 255;

for (i=1; i<=9; i++) {

myColor = new Color("rt" add i);

'인스턴트 이름' 삽입

myColorTransform = new Object;

myColorTransform= {ra: '0', rb: red, ga: '0', gb: green, ba: '0', bb: blue, aa: '100', ab: '100'};

mycolor.setTransform(myColorTransform);}

② 두 번째 프레임의 액션 스크립트를 작성한다.

```
myColor = new Color;
myColorTransform = new Object;
myColorTransform= {ra: '0', rb: red, ga: '0', gb: green, ba: '0', bb: blue,
aa: '100', ab: '100'};
mycolor.setTransform( myColorTransform );
function changecolor(filename) {
myColor = new Color(filename);
myColorTransform = new Object;
myColorTransform= {ra: '0', rb: red, ga: '0', gb: green, ba: '0', bb: blue,
aa: '100', ab: '100'};
mycolor.setTransform( myColorTransform );}
```

③ 세 번째 프레임의 액션 스크립트를 작성한다.

```
gotoAndPlay(2);
```

FAQ

Q 입력 텍스트 상자를 만들다 보면, 글이 많이 입력되었을 때 글이 상자 밖으로 나가거나 또는 줄바꿈이 안 될 때가 있습니다.

A 이러한 경우가 발생할 것을 대비해서 텍스트 상자의 형식을 여러 행(Multi line)으로 선택합니다.

수업활용 아이디어

지금까지 플래시에서 그린 도형을 가지고 심볼을 만들고, 액션 스크립트의 역할과 예에 대해서도 알아보았다.

특히 이러한 도형 단원에서는 그려진 도형을 심볼화하고 간단한 액션 스크립트를 활용하여 도형 이름 알아맞히기, 규칙 찾기와 규칙 만들기 등의 활동을 할 수 있는 유용한 학습 자료를 만들 수 있다.

<table>
<tr><th>단원명</th><td colspan="2">〈초등수학1-나〉
2. 여러 가지 모양</td><th>학습 주제</th><td>규칙 찾아보기</td></tr>
<tr><th>학습 목표</th><td colspan="4">그림을 보고 규칙을 찾을 수 있다.</td></tr>
<tr><th>수업 모형</th><td colspan="2">ICT 활용 문제 해결 모형</td><th>교실 환경</th><td>교단 선진화 교실</td></tr>
<tr><th>활용 아이디어</th><td colspan="4">제시되는 자료를 통해 규칙을 찾고, 더 나아가서 규칙을 만들어 보는 활동을 할 수 있는 플래시 학습 자료를 만들어 본다.</td></tr>
<tr><th rowspan="4">학습 흐름</th><th>단 계</th><th colspan="2">주요 활동</th><th>주요 매체 활용</th></tr>
<tr><td>도입</td><td colspan="2">네모 안의 얼굴 찾기</td><td rowspan="3">플래시</td></tr>
<tr><td>전개</td><td colspan="2">• 어떤 모양이 될'지 알아보기
• 규칙을 만들어 보기
• 규칙에 맞게 색칠하기</td></tr>
<tr><td>정리</td><td colspan="2">갖고 있는 물건의 규칙을 정해 놓기</td></tr>
</table>

제9장

수업용 프레젠테이션 만들기

수업 내용 미리 보기

교수 · 학습 자료를 만드는 데 많이 사용되는 프로그램 중 하나가 바로 파워포인트다. 특히 파워포인트는 프레젠테이션 형식으로 구성되어 있기 때문에 자료 제시형 수업 자료를 만드는 데 유용하다.

여기서는 파워포인트의 기능과 파워포인트에 많은 요소들을 삽입하고 편집하며 효과를 주는 전반적인 파워포인트의 사용법에 대해 알아보도록 하겠다.

개 요

1 관련 소프트웨어 알아보기

파워포인트는 Microsoft Office에 포함된 소프트웨어다. 파워포인트의 가장 큰 기능은 시각적 보조 자료로 활용할 수 있도록 프레젠테이션을 제작하는 것이다. 파워포인트는 새롭게 디자인된 사용자 인터페이스를 통해 다양한 그래픽 기능과 미디어 기능을 제공하므로 강력한 프레젠테이션을 만들어, 발표 및 공유를 할 수 있다. 간단하면서도 잘 정리된 작업 영역에 다양한 기능이 제공되므로 사용자가 손쉽게 사용할 수 있으며, 원하는 결과를 쉽고 빠르게 얻을 수 있다.

2 관련 파일 알아보기

문서 파일의 종류는 확장자에 따라 다르고 확장자는 파일의 속성을 결정하는 역할을 한다. 일반적으로 문서에 쓰이는 확장자는 다음과 같다.

- txt 가장 기본적인 텍스트 확장자로 순수한 문자로만 이루어져 있는 것으로, 어떤 운영체제에서든 읽을 수 있으나 문서를 꾸미거나 다른 문서와 연결하여 사용할 수는 없다.
- doc document의 약자로 Microsoft Office Word 93-2003에서 문서를 저장하는 형식이다. 한글, 훈민정음 등 대부분의 문서편집기에서 지원된다.
- docx Microsoft Office Word 2007의 기본 파일 저장 형식이다.

- dotx　Microsoft Office Word 2007의 서식 파일 저장 형식이다.
- ppt　Microsoft Office PowerPoint 93−2003 데이터의 기본 저장 파일 형식이다.
- pptx　Microsoft Office PowerPoint 2007에서 데이터를 저장하는 기본 형식이다.
- potx　Microsoft Office PowerPoint 2007 서식 파일 형식이다.
- hwp　한글에서 기본으로 사용하는 파일 저장 형식이다.
- hwt　한글에서 사용하는 서식 파일 저장 형식이다.
- pdf　Adobe 사에서 만든 파일 포맷이다. Acrobat Reader로 문서 내용을 볼 수 있다.
- xls　Microsoft Office Excel 93−2003에서 워크시트 파일을 저장하는 기본 형식이다.
- xlt　Microsoft Office Excel 93−2003의 템플릿 파일형식이다.
- xlc　Microsoft Office Excel 93−2003의 차트를 뜻하는 포맷이다.
- xlsx　Microsoft Office Excel 2007에서 데이터를 저장하는 워크시트의 기본형식이다.
- xltx　Microsoft Office Excel 2007에서 서식파일 형식이다.

활동 주제

적용 학습 영역	학습 주제	학습 활동
〈초등사회 5−1〉 • 우리나라의 자연환경과 생활	지형의 모습과 특징을 알고 분류하기	우리 나라의 여러 지형의 모습을 살펴보고 그 특징을 알아보고 분류해 보기

자료 만들기

활동 1 화면구성 알아보기

1. PowerPoint 2007의 화면구성에 대해 알아보도록 하겠다.

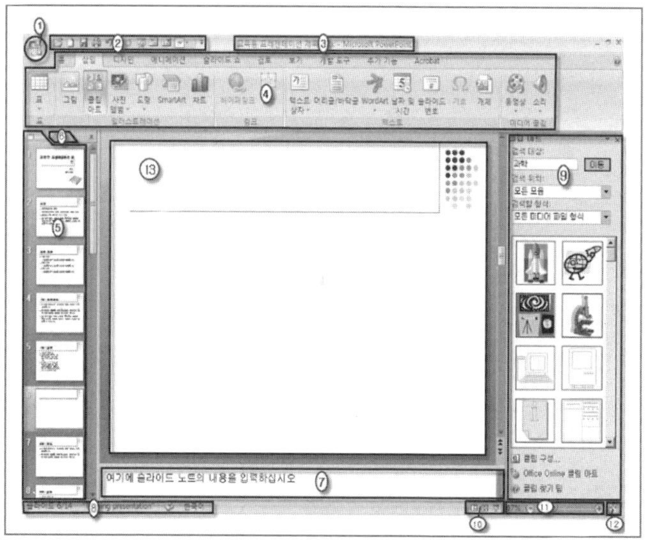

① Microsoft Office 단추 ② 빠른 실행 도구모음 ③ 제목표시줄 ④ 리본 메뉴 ⑤ 슬라이드 미리보기 창 ⑥ 개요 창 ⑦ 슬라이드 노트 창 ⑧ 상태표시줄 ⑨ 작업 창 ⑩ 슬라이드 보기 단추 ⑪ 슬라이드 확대/축소 ⑫ 슬라이드 창 크기 맞춤 ⑬ 슬라이드 창

2. 화면구성 중 ⑩의 슬라이드 보기 도구 모음에 대해 알아보자.

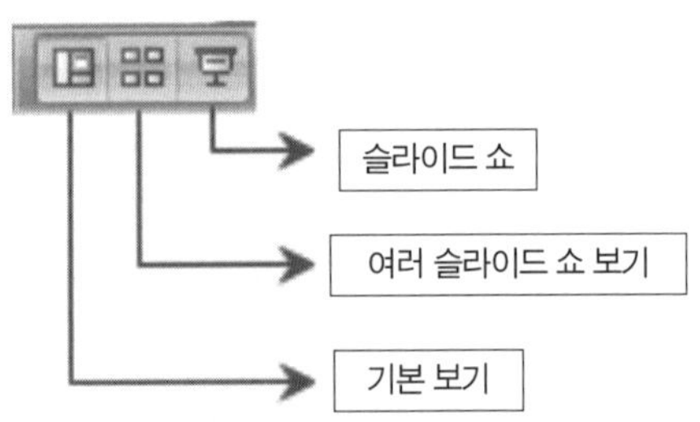

활동 2 슬라이드 만들기

1. 새 문서를 만들기 위해 바탕화면의 좌측 하단의 [시작]-[모든 프로그램]-[Microsoft Office]-[Microsoft Office PowerPoint 2007]을 클릭하여 파워포인트를 실행하면 [프레젠테이션 1] 창이 뜬다. [Office 단추] 를 클릭하여 [새로 만들기] 혹은 [열기] 혹은 [최근 문서]에서 이용할 프레젠테이션을 찾는다.

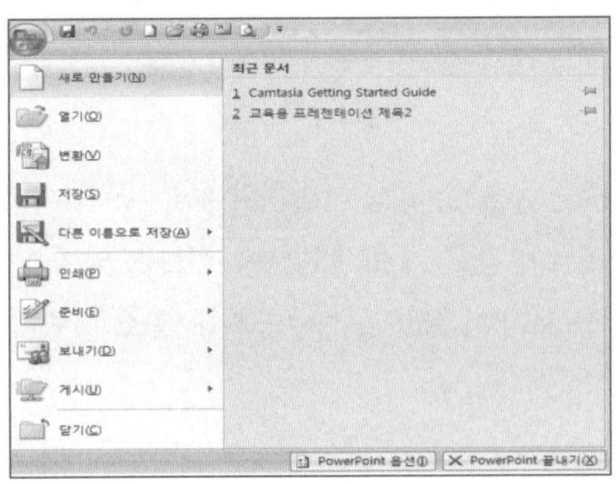

① [새로 만들기]를 클릭하고 [새 프레젠테이션] 창에서 원하는 프레젠테이션을 선택하고 시작한다.

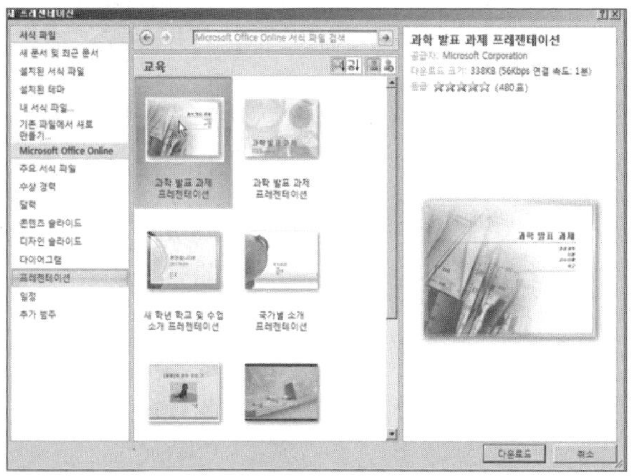

② [열기]를 클릭하여 [열기] 창에서 원하는 프레젠테이션을 선택한다.

③ 최근에 작성한 문서라면 [최근 문서] 아래서 쉽게 찾아 실행시킬 수 있다.

2. 테마를 통해 디자인이 화려한 배경으로 만들어진 프레젠테이션은 주의집중에 도움이 된다. 파워포인트는 온라인과 오프라인에서 풍부한 테마를 제공하며 원하는 테마를 직접 만들 수 있다.

① 메뉴 [디자인]-[테마] 그룹에서 [팝업] 을 클릭하여 배경으로 사용할 테마위에 마우스를 놓으면 슬라이드에서 바로 확인이 가능하여 원하는 테마를 쉽게 선택할 수 있다. 원하는 테마를 찾고 클릭하면 모든 슬라이드에 적용된다.

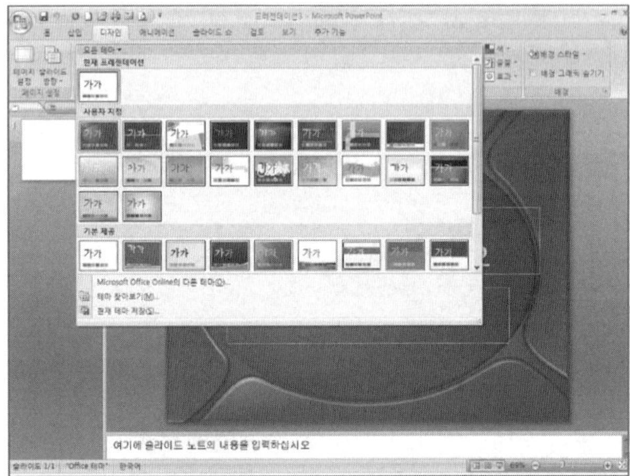

② 적용된 테마는 한 슬라이드에서만 수정이 가능하다. [슬라이드 미리보기 창]에서 슬라이드 2를 클릭하고 메뉴 [디자인]–[배경] 그룹에서 [배경 그래픽 숨기기]를 선택하면 테마의 그래픽이 사라진다.

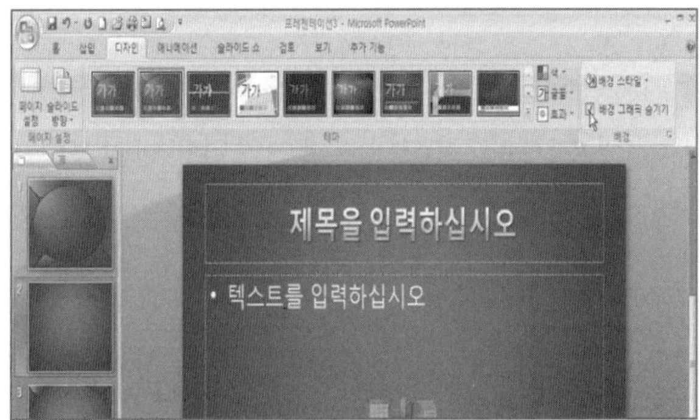

③ 스타일을 바꾸려면 메뉴 [디자인]–[배경] 그룹에서 [배경 스타일 ▾]을 클릭한다. 만약 기존에서 제공해 주는 12개 스타일 가운데서 한 가지를 선택하면 전체 슬라이드에 적용된다.

④ 선택한 슬라이드 하나만 수정하려면 [디자인]–[배경] 그룹에서 [배경 스타일 ▾]–[배경 서식], 혹은 [디자인]–[배경] 그룹에서 [팝업] 또는 [슬라이드 미리보기 창]–[마우스 오른쪽 버튼]–[배경 서식]을 클릭한다.

⑤ [배경 서식] 창에서 [그라데이션 채우기]를 선택하고, [기본 설정 색]에서 [해양]을 선택하고, [방향]에서 [모서리에서]를 선택하면 다음의 슬라이드처럼 된다.

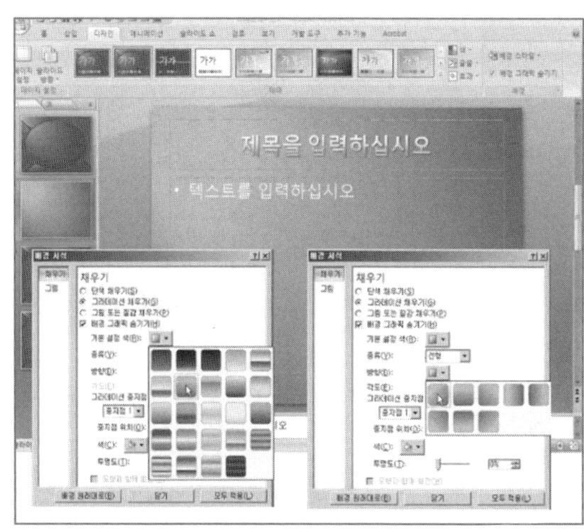

⑥ [배경 서식]-[채우기]에 있는 기능들을 사용하여 질감, 그림 파일, 클립아트 등을 삽입하고 편집할 수 있다.

> **Tip 테마**
>
> [테마] 그룹의 오른쪽 하단 [팝업] ▼을 클릭하여 기존에 저장한 테마, 혹은 Microsoft office 온라인에서 새로운 테마를 불러올 수 있다.

3. 프레젠테이션의 내용과 그 분포에 맞게 레이아웃을 선택하면 프레젠테이션을 쉽게 제작할 수 있다. 레이아웃 선택에는 두 가지 방법이 있다.

① [슬라이드 미리보기 창]-[마우스 오른쪽 버튼]-[레이아웃]에서 적합한 것을 선택한다.

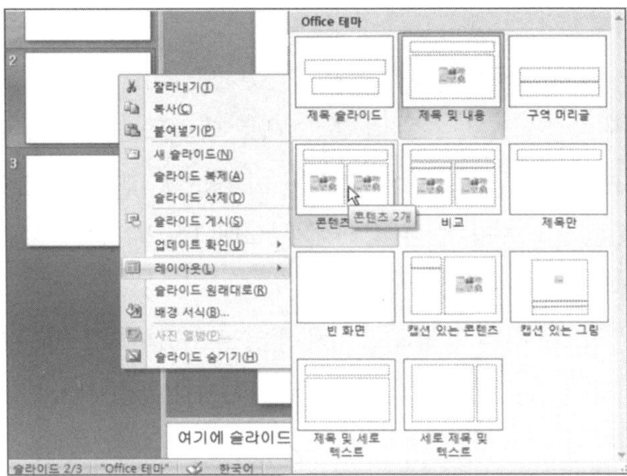

② [홈]–[슬라이드] 그룹에서–[레이아웃]을 클릭하여 적합한 레이아웃을 선택한다.

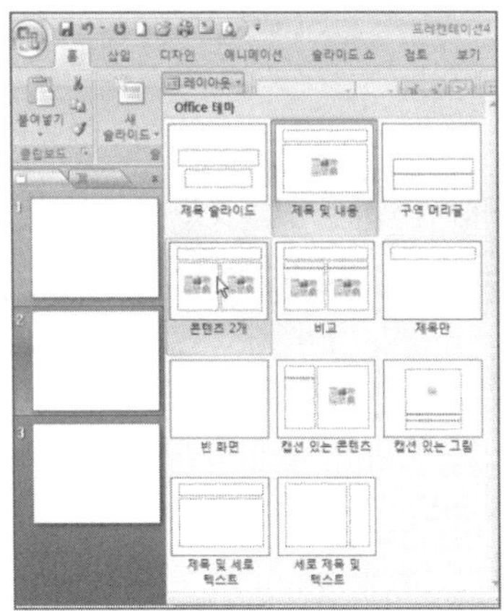

4. 테마와 레이아웃을 설정한 다음 텍스트를 입력한다.

① 슬라이드 레이아웃이 지정한 제목, 부제목, 텍스트 편집 영역을 클릭하고

직접 입력한다.

② 원하는 영역을 선택하여 입력할 수 있다. [삽입]-[텍스트] 그룹에서 [텍스트 상자]-[가로 텍스트 상자] 혹은 [세로 텍스트 상자]를 선택하고, 마우스를 슬라이드 창 위에 놓으면 커서가 [+]형으로 변한다. 입력할 곳에서 마우스 오른쪽 버튼을 누른 상태에서 드래그하면 점선으로 된 입력영역이 나타난다.
입력한 텍스트 외의 영역을 클릭하면 점선이 실선으로 변하고, 다시 텍스트를 클릭하면 점선으로 변한다. 실선일 때 키보드 〈Delete〉키로 텍스트입력 영역을 삭제할 수 있다.

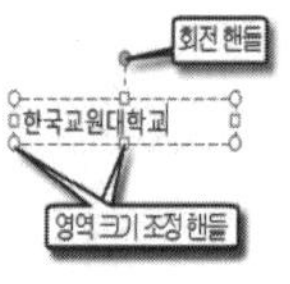

> **Tip** **빠른 실행 도구 모음**
>
> [가로 텍스트 상자]를 [빠른 실행 도구 모음]에 띄워 놓으면 텍스트를 입력하기 편리하다.

③ 입력한 텍스트를 [WordArt] 도구로 다양한 예술효과를 줄 수 있다. 메뉴 [삽입]-[텍스트] 그룹에서 [WordArt]를 선택한 후 원하는 것을 선택하면 리본 메뉴가 [그리기 도구 서식]으로 변하고 슬라이드에 입력 영역이 나타난다.

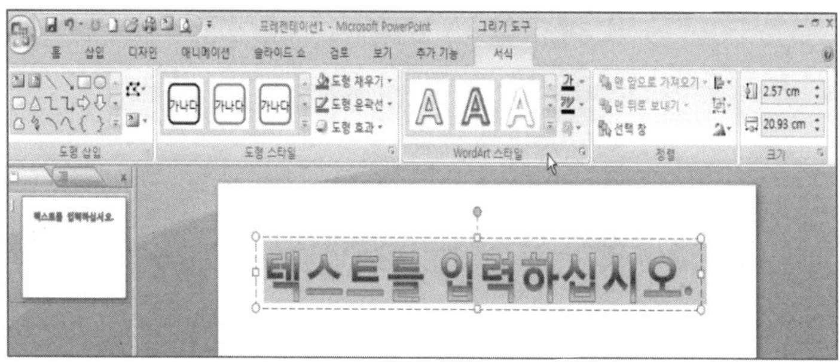

④ 입력한 텍스트는 [그리기 도구 서식] 리본 메뉴의 [WordArt] 그룹을 사용하여 스타일을 변경할 수 있고, [도형 스타일] 그룹을 사용하여 배경을 바꿀 수도 있고, [도형 삽입] 그룹을 사용하여 여러 가지 도형을 삽입할 수 있다.

5. 새 슬라이드를 추가하는 방법은 4가지가 있다. 먼저 슬라이드 미리보기 창에서 삽입하려는 곳 위의 슬라이드를 클릭하여 선택한다.

① 메뉴 [홈]–[슬라이드] 그룹에서 를 클릭하면 새 슬라이드가 아래에 추가된다.

② 슬라이드 미리보기 창에서 삽입하려는 위치의 위 슬라이드에 마우스 커서를 놓고 마우스 오른쪽 버튼을 클릭하여 [새 슬라이드]를 선택한다.

③ 키보드의 〈Enter〉 키를 클릭하면 아래에 새 슬라이드가 추가된다.

④ 메뉴 [홈]–[슬라이드] 그룹에서 [새 슬라이드]를 클릭하고 원하는 레이아웃을 선택하면 추가된다.

⑤ 슬라이드 복사, 붙이기, 삭제는 [슬라이드 미리보기] 창에서 마우스 오른쪽 버튼으로 작업할 수 있다. 선택한 슬라이드는 키보드의 〈Delete〉 키로도 삭제된다.

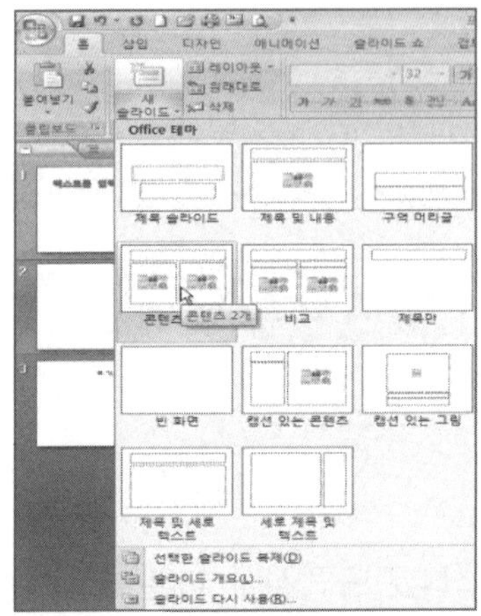

6. 문서 저장을 위해서 프레젠테이션 제작이 완료되면 파워포인트 왼쪽 상단의 [office 단추] –[저장] 혹은 [다른 이름으로 저장]을 선택한다. 파워포인트에서는 25가지 파일 저장 형식을 지원하고 있다.

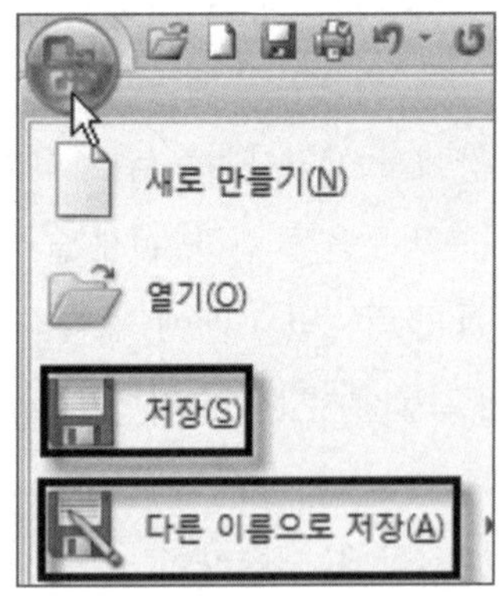

Tip

저장 파일 형식

- 파워포인트 프레젠테이션: PowerPoint 2007에서 문서를 저장하는 기본 형식으로 XML 사용 가능한 파일 형식(확장자명: pptx)

- PowerPoint 97-2003 프레젠테이션: PowerPoint 2007에서 편집한 프레젠테이션을 PowerPoint 97부터 PowerPoint 2003까지의 버전에서 실행할 수 있는 파일 형식(확장자명: ppt)
- PowerPoint 서식 파일: 테마, 글꼴, 레이아웃, 배경 등을 설정하고 저장하여 다음에 유사한 프레젠테이션을 제작할 때 사용할 수 있기에 많은 시간을 단축할 수 있음(확장자명: potx)
- PowerPoint XML 프레젠테이션: 파일을 자동으로 압축되고 보안이 강화되고 파일 일부가 손상된 경우에도 열 수 있으며, 내용을 다른 프로그램들과 쉽게 공유하고 다른 프로그램에서 열 수 있음. 그러나 저장 추가 기능을 설치해야 함(확장자명: xml)
- PowerPoint 쇼: 기본 보기로 열리지 않고 항상 슬라이드 쇼 보기로 열리는 파일 형식(확장자명: pps, ppsx)
- office 테마: 색 테마, 글꼴 테마, 효과 테마의 정의가 포함된 스타일시트를 저장하는 파일 형식(확장자명: thmx)

활동 3 요소 삽입하기

파워포인트는 도구들이 잘 분류되고 사용이 편리하며 다양한 도형, 클립아트, 차트 등 일관성 있는 기능들을 제공하기 때문에 제작자의 의사를 강력하게 표현할 수 있는 발표 자료를 만들 수 있다.

1. 그림을 삽입하고 목적에 맞게 편집할 수 있다.

   ① [삽입]-[일러스트레이션]-[그림]-[그림 삽입 창]에서 원하는 그림을 찾아서 더블클릭하면 그림이 삽입되고, 리본 메뉴가 [그리기 도구 서식]으로 변한다.

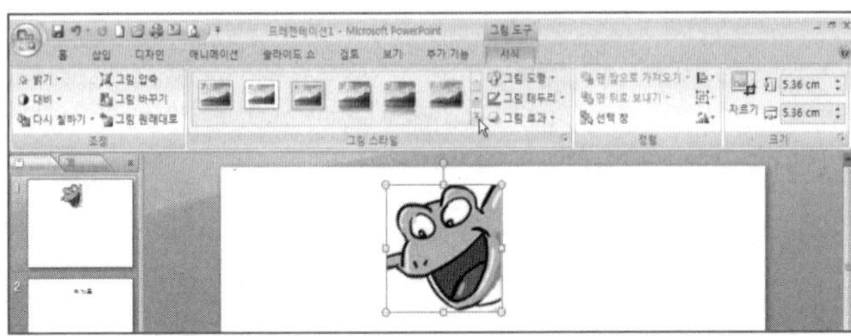

② 그림을 삽입한 후 [그림도구 서식]-[그림 스타일] 그룹에서 [그림 도형]-[별 및 현수막]-[이중 물결] 을 선택하고 [그림 테두리]-[다른 윤곽선 색]과 [두께]를 각각 선택하고 [그림 효과]-[반사]와 [3차원 회전]-[등각 아래쪽을 아래로]를 선택하여 다음과 같은 그림을 얻을 수 있다.

③ 색상이 있는 배경을 투명하게 하기 위해서 [그림도구 서식]-[조정] 그룹에서 [다시 칠하기]-[투명한 색 설정]을 클릭하고 마우스 커서 로 그림 배경색을 클릭하면 배경색이 투명하게 변한다.

2. 원하는 도형을 삽입하고 이동의 편리를 위해서 그룹을 묶어 준다.

① [홈]-[그리기] 그룹-[도형] 도구를 클릭하여 원하는 도형을 선택하여 삽입한다.

② 도형들을 두 가지 방법으로 선택할 수 있다. 키보드에서 〈Ctrl〉 키를 누른 상태에서 매개 도형을 마우스로 클릭한다. 다른 방법은 마우스를 도형들의 좌측 상단부터 우측 하단으로 도형들이 모두 포함되게 드래그한다.

③ 그룹을 묶기 위해 모든 도형을 선택한 다음 [홈]-[그리기] 그룹에서 [정열] 도구를 클릭, 혹은 선택된 도형들 위에서 [마우스 오른쪽 버튼]-[그룹(G)]을 클릭하면 도형들이 한 그룹으로 묶인다. 그룹 해제도 가능하다.

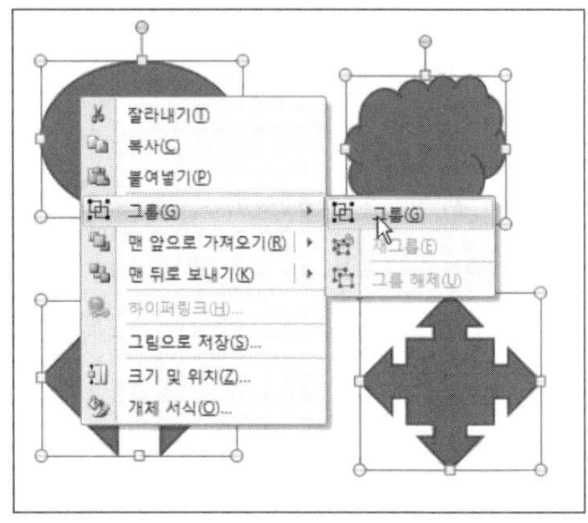

④ 도형의 선후 순서도 마찬가지로 [그리기] 그룹의 [정열] 도구 혹은 마우스 오른쪽 버튼을 클릭해서 순서를 지정할 수 있다.

3. 풍부한 클립아트에서 원하는 것을 삽입한 후 그림으로 변환하여 자유롭게 편집할 수 있다.

① [삽입]-[일러스트레이션]-[클립아트] 도구를 클릭하면 슬라이드 창 오른쪽에 [클립아트] 작업 창이 열린다. [검색 대상]에 '과학'을 입력하고 [이동]을 클릭한다. [우주비행선] 클립아트를 선택하여 좌측의 팝업을 클릭하고 [삽입]을 클릭하면 삽입되고, 리본 메뉴가 [그림도구 서식]으로 변환한다.

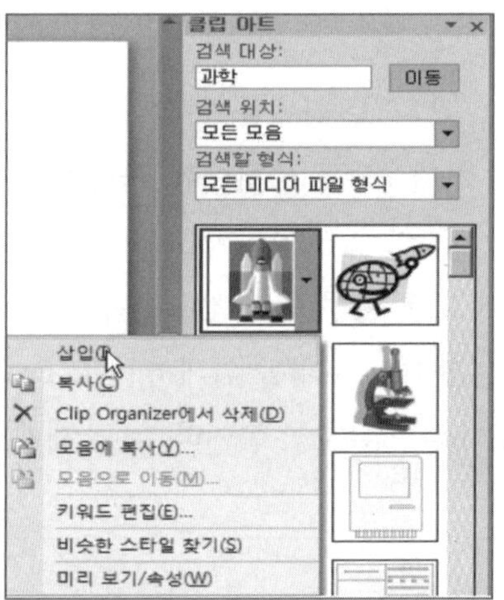

② 삽입한 클립아트를 그림으로 전환시켜 쉽게 편집할 수 있다. [클립아트]에서 [검색 대상]에 '과학'을 입력하고 [실험 장비: 현미경]을 선택하여 삽입한다. 슬라이드 창에서 현미경 위에 [마우스 오른쪽 버튼]-[그림 편집]을 선택하면 다음과 같이 표시되는 창에서 [예]를 클릭한다.

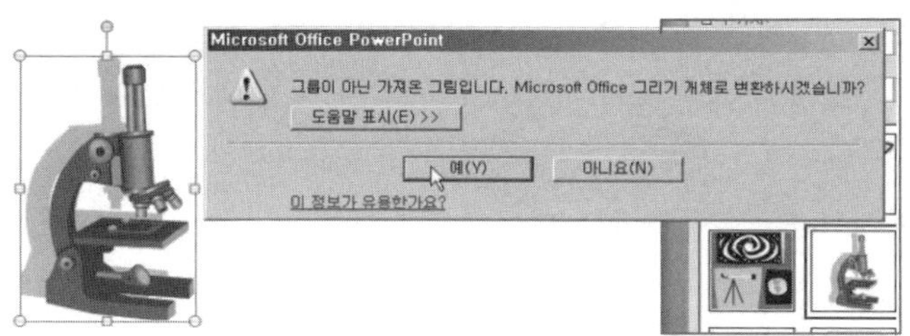

③ 현미경 위에서 [마우스 오른쪽 버튼]–[그룹]–[그룹 해제]를 클릭하면 다음의 왼쪽 그림과 같이 현미경은 수많은 개체들로 이루진 것을 알 수 있다. 이제부터는 그림처럼 삭제, 색상 변경, 스타일 등 편집이 가능하다. 현미경의 음영만 선택하여 삭제하면 오른쪽 현미경 그림을 얻을 수 있다.

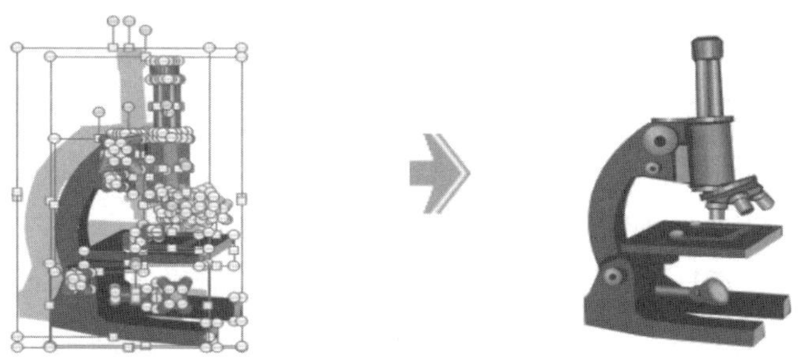

4. 어려운 통계도 다양한 차트로 알기 쉽게 표현할 수 있고 편집할 수 있다.

① 메뉴 [삽입]–[일러스테레이션] 그룹에서 [차트]–[차트 삽입] 창–[세로 막대형]–[3차원 묶은 세로 막대기형]을 선택하고 확인을 클릭하면, 다음 그림과 같이 파워포인트 차트 편집 창과 엑셀 창이 함께 표시된다. 엑셀 창에서 통계 수치들을 수정하면 슬라이드 창에서 차트가 바로 변화하는 것을 확인할 수 있다. 제목표시줄 우측에 있는 [차트 도구] 하단에 [디자인], [레이아웃], [서식] 리본 메뉴를 사용하여 차트의 스타일, 레이아웃, 배경 등을 편집할 수 있다.

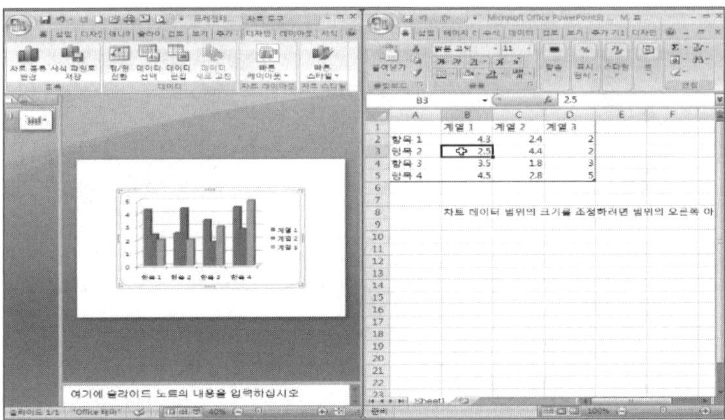

② 차트를 시각적으로 편집하기 위해서 [차트 도구]–[레이아웃]–[레이블]–[차트 제목]–[차트 위]를 선택하여 제목을 '남녀 XX 통계' 로 입력하고, [차트 도구]–[디자인]–[차트 레이아웃]–[레이아웃 3]을 선택한다. 차트에서 남자 색 기둥을 클릭하고 [차트 도구]–[서식]–[도형 스타일]–[도형 채우기]–[그림]을 클릭하여 [그림 삽입] 창에서 남자 이미지를 선택한다. 마찬가지로 여자도 이미지를 선택하여 삽입하고, [차트도구]–[서식]–[도형 스타일] 그룹을 사용하여 색상, 윤곽선, 두께 등을 수정한다.

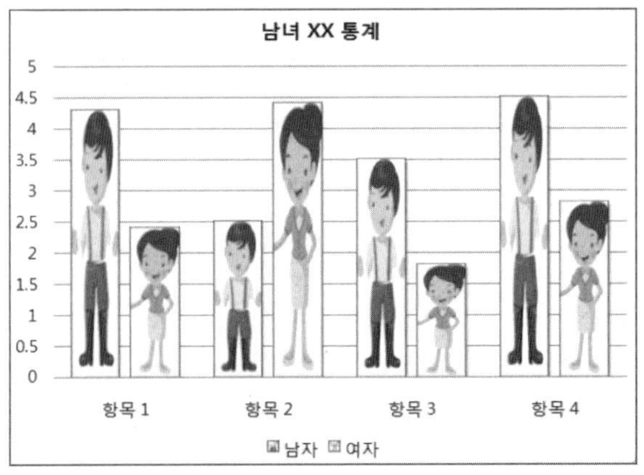

기둥 사이 거리 조정

기둥 사이의 거리는 기둥 하나를 클릭하고 [차트 도구]-[서식]-[현재 선택영역]-[선택영역 서식]-[데이트 계열 서식] 창에서 [계열 겹치기]와 [간격 너비]로 조정한다.

활동 4 SmartArt로 실제 도식 만들기

1. SmartArt 그래픽을 삽입하려는 슬라이드 창에서 [삽입]–[일러스트레이션] 그룹–[SmartArt]를 클릭하거나, 새로 추가된 슬라이드 창 가운데 있는 아이콘 을 클릭하면 [SmartArt 그래픽 선택] 창이 표시된다. 내용에 맞는 도형을 선택하고 확인을 클릭하면 원하는 SmartArt 그래픽이 삽입된다.

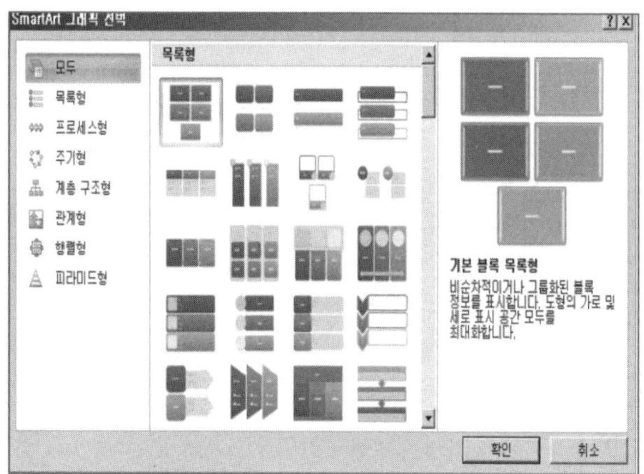

2. 보조자를 삽입하여 보자.

   ① 보조자를 삽입하려면 [SmartArt 그래픽 선택]–[계층 구조형]–[계층 구조형]을 선택하고 확인을 클릭한다. 보조자 2를 선택하고 [SmartArt 도구]–[디자인]–[그래픽 만들기] 그룹에서 [도형 추가]를 클릭하면 같은 층에 추가되지

만 보조자가 세 개이면 아래층에 추가된다.

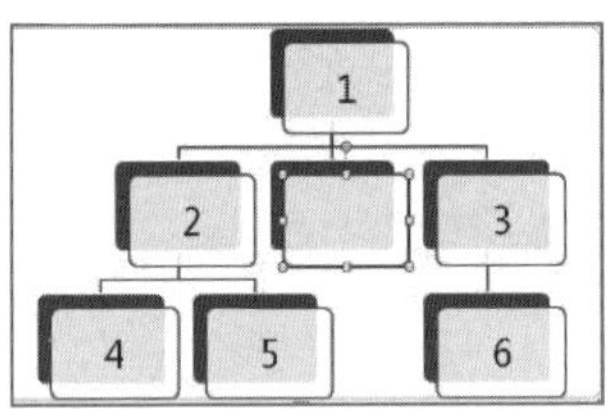

② 지정한 곳에 보조자를 추가하려면 [그래픽 만들기] 그룹, 혹은 보조자 위에서 [마우스 오른쪽 버튼]–[도형 추가]를 클릭하여 상하좌우에 보조자를 추가할 수 있다.

③ 보조자를 선택하고 키보드에서 〈Delete〉 키를 클릭하면 삭제된다.

> **Tip**
>
> **도형 모양 변경**
>
> 보조자 위에서 [마우스 오른쪽 버튼]–[도형 모양 변경]을 클릭한 후 원하는 도형을 선택하면 보조자 모형이 변한다.

3. 내용을 먼저 입력한 다음, 도식을 선택하는 것도 가능하다. 도식을 삽입하려는 슬라이드 창에서 텍스트를 선택하고, [홈]–[단락] 그룹에서 [SmartArt 그래픽으로 변환]을 클릭한다. 표시되는 창에서 [세로 블록 목록형]에 마우스를 놓으면 내용들이 도식으로 나타난다.

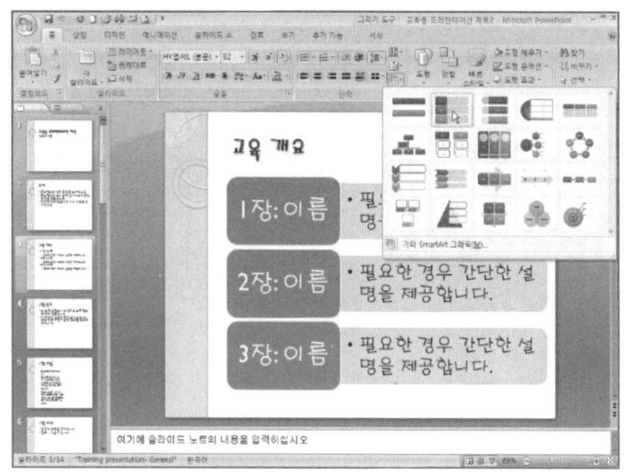

활동 5 애니메이션 설정하기

1. 슬라이드 창에서 애니메이션 효과를 지정할 개체를 선택한 다음 [애니메이션]–[애니메이션] 그룹에서 **애니메이션:** 을 클릭하여 한 가지를 선택한다.

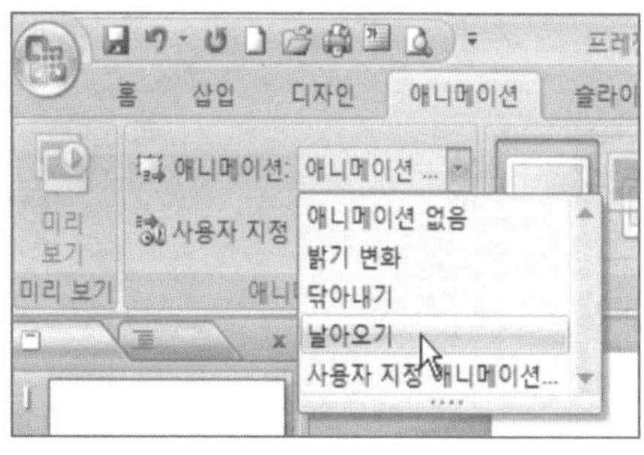

2. 파워포인트에서는 풍부한 사용자 지정 애니메이션을 제공한다. [애니메이션]–[애니메이션] 그룹에서 **사용자 지정 애니메이션** 을 클릭하면 화면 오른쪽에 애니메이션 작업 창이 표시된다. 슬라이드 창에서 개체를 선택하고 [효과 적용]을 클릭하여 적용할 효과를 선택한다.

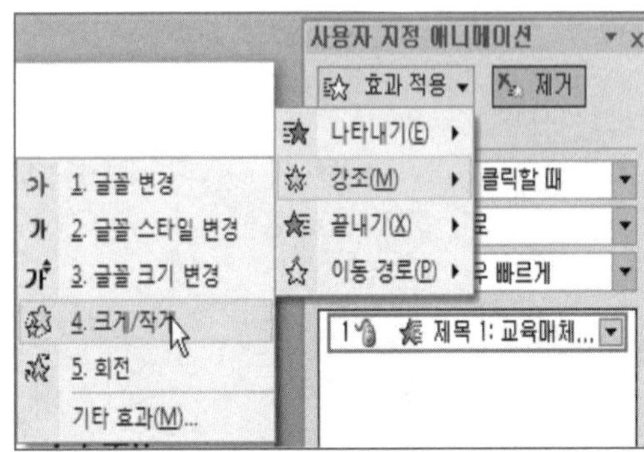

3. 한 슬라이드의 개체들에게 애니메이션 효과를 모두 적용하면 개체마다 실행순서 번호가 표시된다. [슬라이드 미리보기] 창에는 애니메이션 효과를 적용한 슬라이드 앞에 가 표시된다.
4. 애니메이션 효과를 제거하려면 개체를 [슬라이드] 창에서, 혹은 작업 창에서 선택하고, 제거 를 클릭한다.

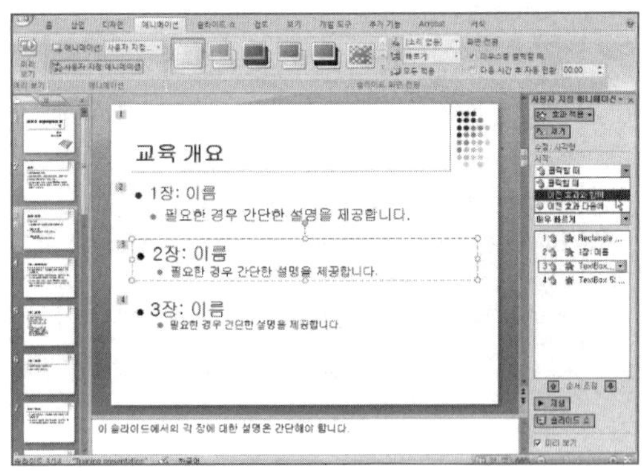

5. 한 개체의 애니메이션 효과를 수정하려면 작업 창에서 수정하려는 개체를 클릭하고, 오른쪽 팝업을 클릭하여 [효과 옵션]을 클릭한다. 표시된 창에서 사용하여 소리, 시간, 속도 등을 설정할 수 있다.

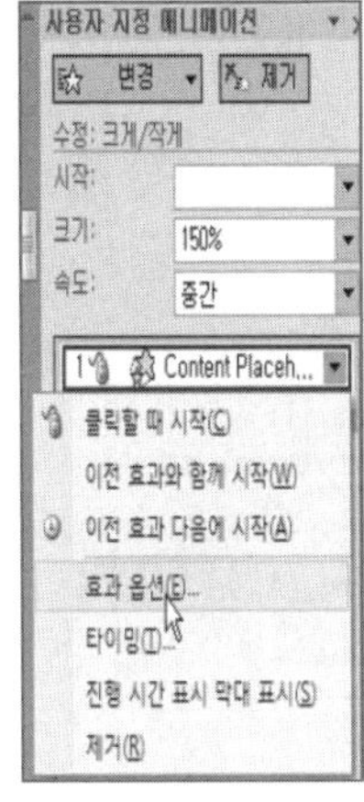

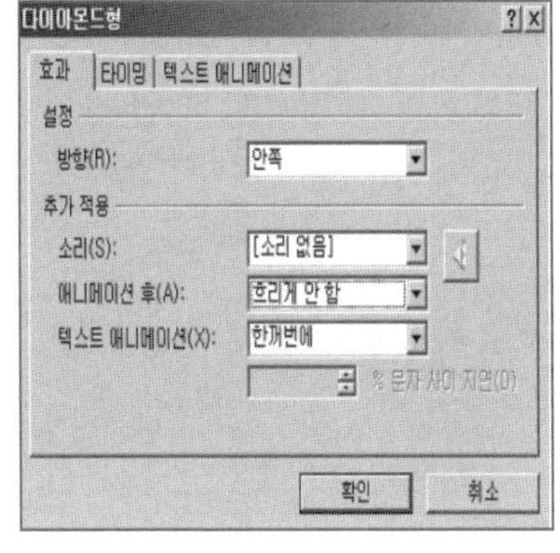

활동 6 미디어 삽입하기

1. [삽입]–[미디어 클립] 그룹에서 –[동영상 삽입] 창에서 원하는 동영상을 선택하고 [확인]을 클릭한다. 동영상이 삽입되는 동시에 [자동실행] 혹은 [클릭하여 실행]이라는 두 가지 실행 버튼이 제시되는데, 필요에 따라서 한 가지를 선택한다.

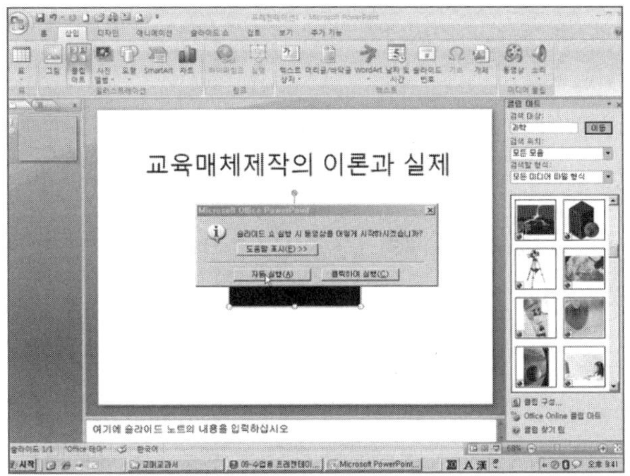

2. 메뉴 [삽입]-[미디어 클립] 그룹에서 [동영상]-[Clip Organizer 동영상]을 클릭하면 화면 오른쪽에 클립아트 작업 창이 나타나며 원하는 미디어 형식 클립아트를 선택하여 삽입한다.

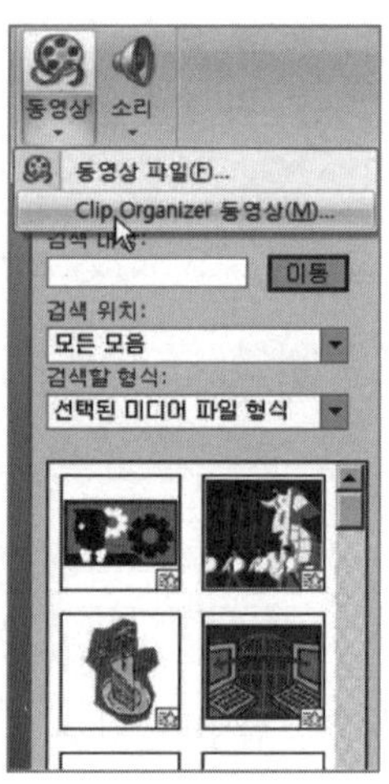

3. 동영상을 전체 화면으로 보려면 제목표시줄 오른쪽에 있는 [동영상 도구 옵션]-[동영상 옵션] 그룹에서 ☑ **전체 화면 재생**을 선택한다. 확인을 위하여 [슬라이드 보기 단추]-[슬라이드 쇼]를 클릭하거나 키보드에서 〈F5〉 키를 누르면 실행된다. 원 상태로 되돌아오려면 〈Esc〉를 누른다.

4. Microsoft Windows Media Player의 제어 버튼을 사용할 수 있는 동영상을 삽입할 수 있다.

① [Office 단추] -[PowerPoint 옵션]-[기본 설정]-[리본 메뉴에 개발도구 탭 표시]를 선택하고 [확인]을 클릭하면, 리본 메뉴에 [개발도구] 탭이 추가된 것을 확인할 수 있다.

② [개발도구]-[컨트롤] 그룹에서 [기타 컨트롤] -[Windows Media Player]-[확인]을 클릭한 다음, 슬라이드에서 마우스를 끌어 컨트롤을 그리고 핸들로 크기를 조정한다.

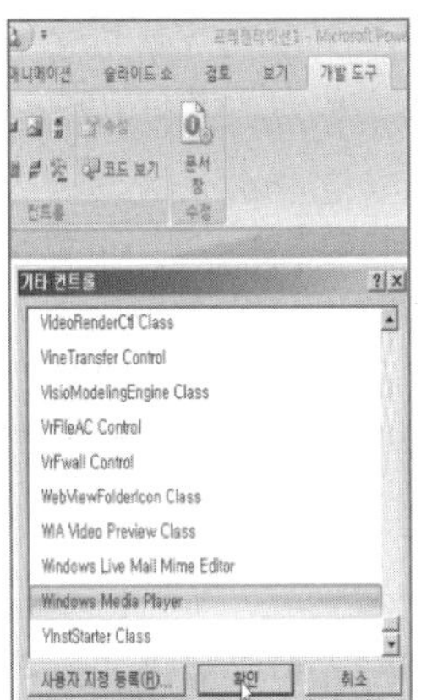

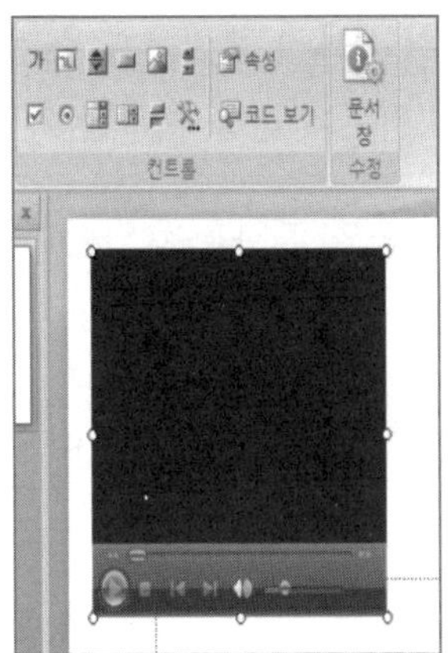

③ [개발도구]-[컨트롤] 그룹에서 [속성] 혹은 슬라이드 컨트롤 위에서 [마우스 오른쪽 버튼]-[속성]-[사용자 정의]를 클릭하면, 오른쪽 빈 셀에 가 표시된다.

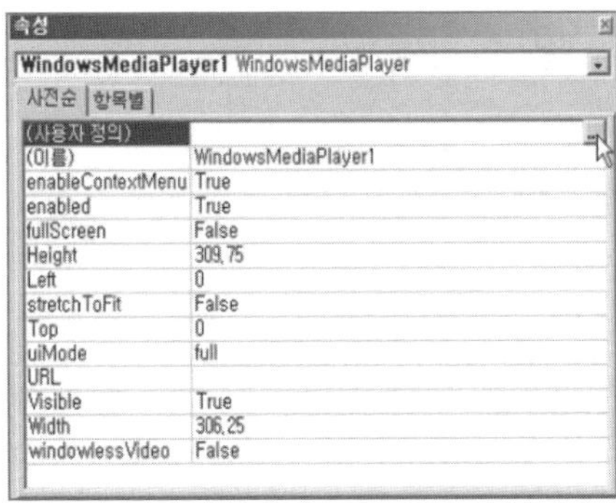

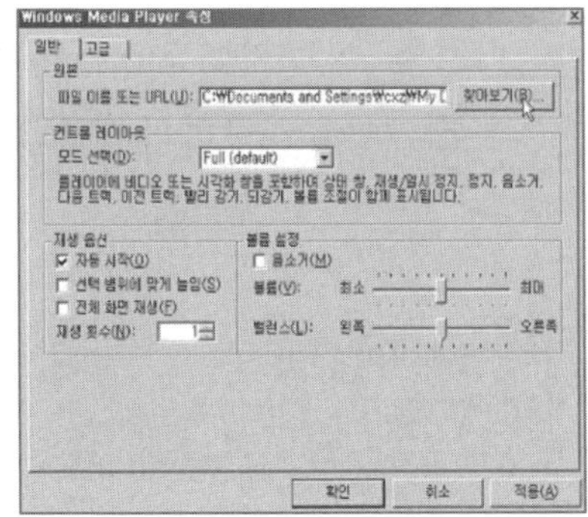

④ [속성]- 를 클릭하면 [Windows Media Player 속성] 창이 표시된다. [찾아보기]를 클릭하고 동영상을 찾아 [열기]를 클릭하면, [파일 이름 또는 URL] 창에 동영상의 경로가 표시된다. [확인]을 클릭하면 [속성] 창의 URL 항목에

동영상의 경로가 자동으로 입력된다. [확인]을 클릭하고 〈F5〉 키를 눌러 재생/정지 버튼의 사용 여부를 확인한다.

5. 오디오는 기존의 파일을 삽입할 수 있고 자기의 소리를 바로 녹음하여 삽입할 수도 있다.
   ① 메뉴 [삽입]-[미디어 클립] 그룹-[소리]-[소리 녹음]을 클릭하면 소리 녹음 창이 표시된다.

   ② 빨간 버튼을 클릭하여 마이크를 통해 녹음한 후 [확인]을 클릭하면, 소리 아이콘 🔊 이 슬라이드에 표시된다. 🔊 을 클릭하고 [소리도구 옵션]-[소리 옵션] 그룹을 사용하여 재생방식을 설정한다.

> **Tip**
>
> **플레이어 삽입**
>
> 플래시 등 다른 플레이어도 마찬가지 방법으로 삽입할 수 있다. 도움말을 참고하라.

활동 7 화면 전환과 하이퍼링크하기

1. 슬라이드 쇼에서 화면 전환을 부드럽게 여러 가지 방법으로 설정할 수 있다.

   ① 메뉴 [애니메이션]–[슬라이드 화면 전환] 그룹에서 [팝업] 을 클릭하여 원하는 화면 전환 효과를 선택하면 선택된 슬라이드에만 적용된다.

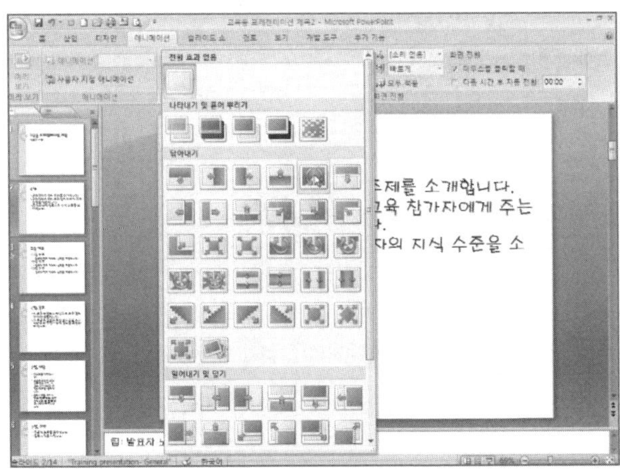

   ② 화면 전환을 [슬라이드 화면 전환] 그룹에서 [마우스를 클릭할 때]를 선택하고 [모두 적용] 을 클릭하면, 모든 슬라이드 화면 전환이 마우스를 클릭해야만 다음 페이지로 넘어 간다. [다음 시간 후 자동 전환]에서 슬라이드가 전환하는 시간을 설정할 수 있다.

   ③ [슬라이드 화면 전환] 그룹에서 [화면 전환 소리] 와 [화면 전환 속도] 로 청각적 · 시각적 효과를 설정할 수 있다.

2. 슬라이드 개체에 다른 슬라이드나 문서 혹은 웹 페이지 링크를 설치하여 프레젠테이션의 내용을 풍부히 할 수 있다.

① 링크를 설정할 개체에 블록을 만든 다음 메뉴 [삽입]–[링크] 그룹에서 [실행] 을 클릭한다.

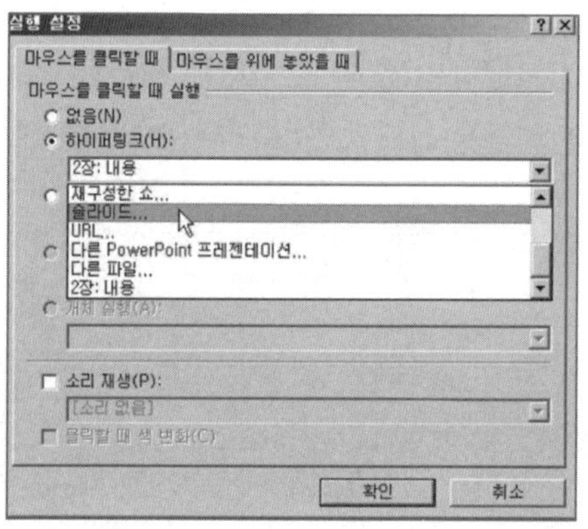

② [실행 설정]–[마우스를 클릭할 때]–[하이퍼링크]를 선택하고 오른쪽 팝업을 클릭하여 목록에서 [슬라이드……]를 선택하면 [슬라이드 하이퍼링크] 창이 표시된다.

③ [슬라이드 하이퍼링크] 창에서 링크할 슬라이드를 선택하고 [확인]을 클릭한다.

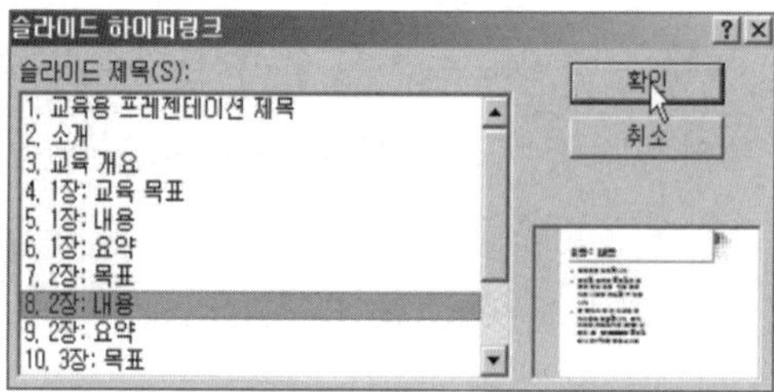

④ [실행 설정]–[마우스를 클릭할 때]–[소리재생]을 설정하고 [확인]을 클릭하면, 블록을 만들어 준 영역에 밑줄이 표시되고 텍스트 색상이 변한다.

⑤ [삽입]–[링크] 그룹에서 [하이퍼링크] –[현재 문서]를 선택하고 원하는 슬라이드를 클릭해서도 링크를 할 수 있다.

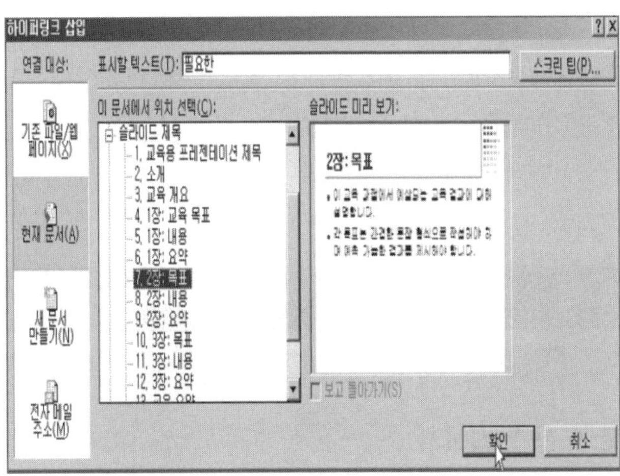

⑥ 첨부파일을 링크해 줄 영역에 블록을 만들어 준 다음 메뉴 [삽입]–[링크] 그룹에서 [하이퍼링크] 를 클릭하면 [하이퍼링크 삽입] 창이 표시된다.

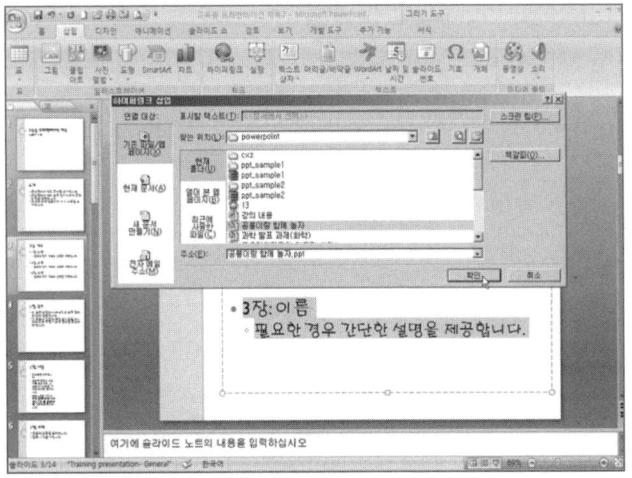

⑦ [하이퍼링크 삽입] 창에서 원하는 내용을 찾은 다음 [확인]을 클릭하면, 블록을 만든 영역에 밑줄이 표시되고 텍스트 색상이 변한 것을 확인할 수 있다.

⑧ 웹 페이지를 링크해 줄 영역에 블록을 만든 다음 메뉴 [삽입]-[링크] 그룹에서 [하이퍼링크]  -[하이퍼링크 삽입]-[연결 대상: 기존 파일/웹 페이지]를 선택한 후 [주소]에 웹 사이트 주소를 입력하고 [확인]을 클릭한다.

한 걸음 더

파워포인트로 도형 편집하기

특색 있는 프레젠테이션을 제작하려면 프로그램에서 제공해 주는 도형들을 사용해야 할 뿐만 아니라 목적에 따라 시각적인 도형을 편집해야 한다. 파워포인트의 탁월한 기능을 사용하면 도형들을 포토샵만 못하지 않게 편집할 수 있다.

1. [홈]-[그리기] 그룹-[도형]-[별 및 현수막]-[포인트가 4개인 별] ✧ 을 선택하고 슬라이드 창에서 마우스를 드래그한다. 도형 위에서 마우스 오른쪽을 클릭하여 [도형서식]을 선택하고 [채우기]부터 [3차원 회전]까지 도형을 변형시킬 수 있다.

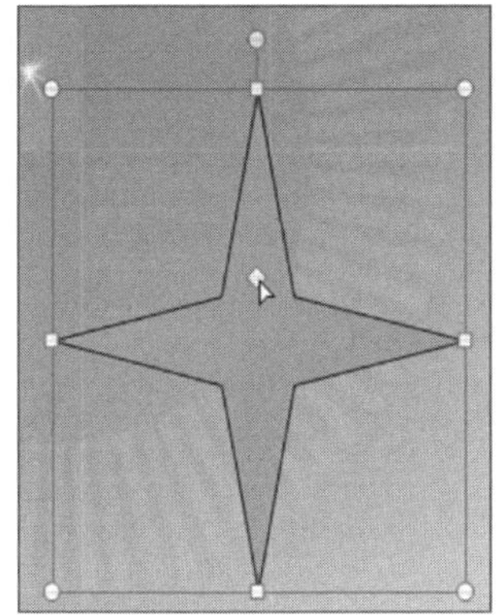

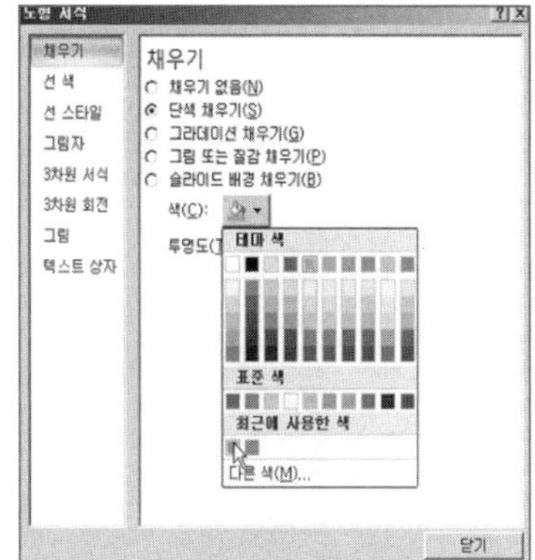

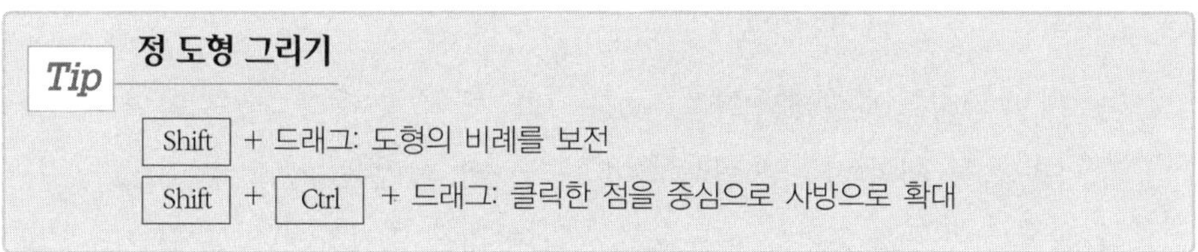

Tip 정 도형 그리기

Shift + 드래그: 도형의 비례를 보전

Shift + Ctrl + 드래그: 클릭한 점을 중심으로 사방으로 확대

2. 도형을 더블클릭하고 메뉴 [그리기 도구 서식]–[도형 삽입]–[도형 편집] – [자유형으로 변환]을 선택하여 사각별 도형을 자유형으로 변환시키면 도형 각도를 조정하는 핸들러 가 사라진다.

3. 도형 위에서 마우스 오른쪽을 클릭하여 [점 편집]을 선택하거나 메뉴 [그리기 도구 서식]–[도형 삽입]–[도형 편집] –[점 편집]을 선택하면 도형이 점 편집상태가 된다. 만약 [홈]–[그리기] 그룹의 [도형] 도구에서 [자유형]을 선택하면, 변환 과정이 없이 마우스 오른쪽 버튼을 클릭하여 직접 [점 편집]을 선택할 수 있다.

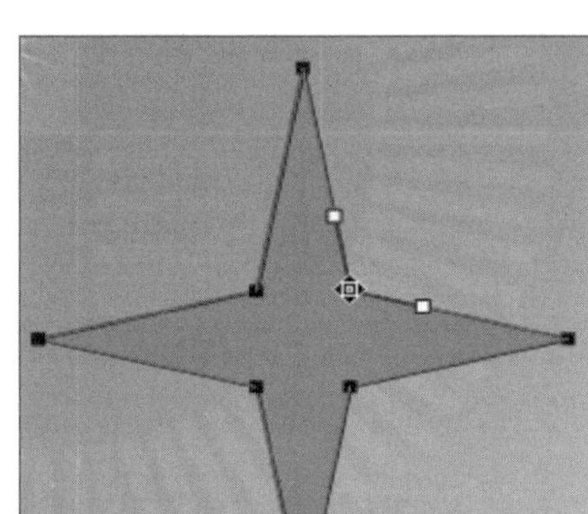

4. [점 편집] 상태인 도형에서 안쪽에 있는 검은색 점 중 하나를 클릭하면 선을 따라 양쪽에 두 개의 선분과 흰색 점이 나타나는데, 이것은 방향선과 점이다. 점과 선 위에서 마우스 오른쪽 버튼을 클릭하여 점을 추가하거나 삭제할 수 있고, 경로 열기 등의 편집을 할 수 있다. 흰색 점을 마우스로 드래그하면 다음 그림의 왼쪽과 같은 도형을 얻을 수 있다.

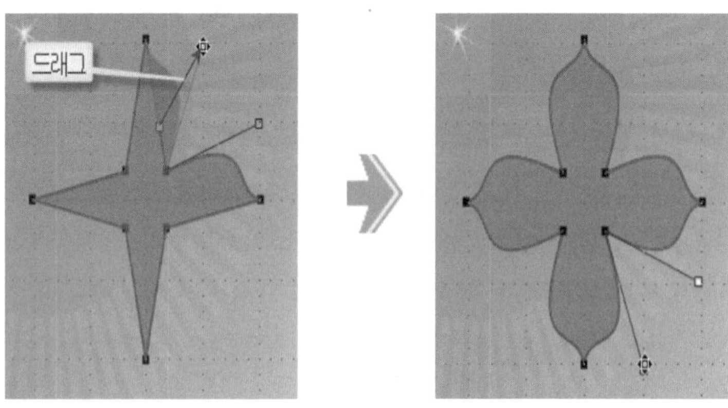

5. [홈]–[그리기] 그룹에서 [도형 윤곽선]–[윤곽선 없음]을 선택한다. 혹은 도형은 더블클릭하고 메뉴 [그리기 도구 서식]–[도형 스타일]–[도형 윤곽선]–[윤곽선 없음]을 선택한다.

6. 그린 도형을 복사하여 중심을 서로 겹치게 한 다음 45° 회전시킨다. 도형 복사는 〈Ctrl〉을 누른 상태에서 마우스 왼쪽 버튼을 누르고(커서가 로 변함, 드래그하거나 도형을 선택한 다음, 〈Ctrl〉+C로 복사하고 〈Ctrl〉+V로 붙이기를 한다.

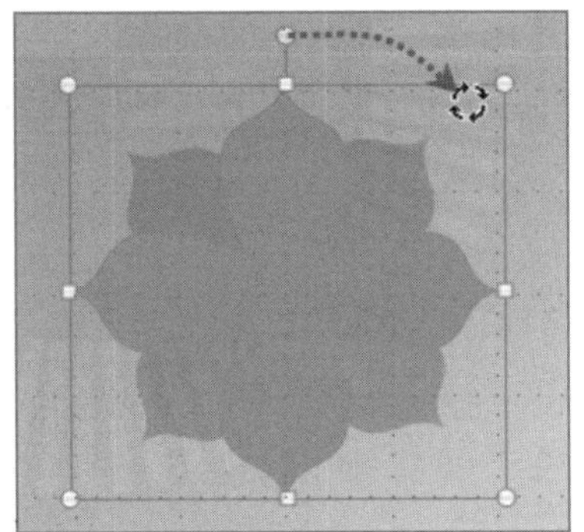

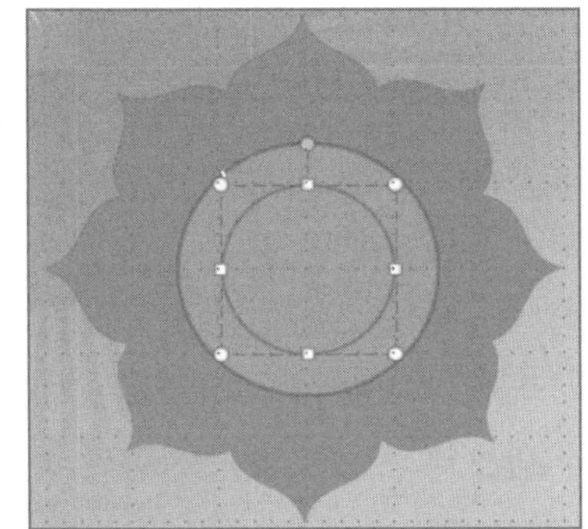

7. [홈]–[그리기] 그룹의 [도형]–[기본 도형]에서 타원 을 선택하고 〈Ctrl〉 키와 〈Shift〉 키를 동시에 누르고 지금까지 도형의 중심을 클릭 드래그하여 원형을 그린다. 같은 방법으로 작은 동심을 하나 더 그린다. 두 원의 색상은 [도형 서식]에서 꽃과 같은 색으로 선택하고 [홈]–[그리기] 그룹에서 [도형 윤곽선]–[윤곽선 없음]을 선택하여 두 동심원의 윤곽선을 지운다.

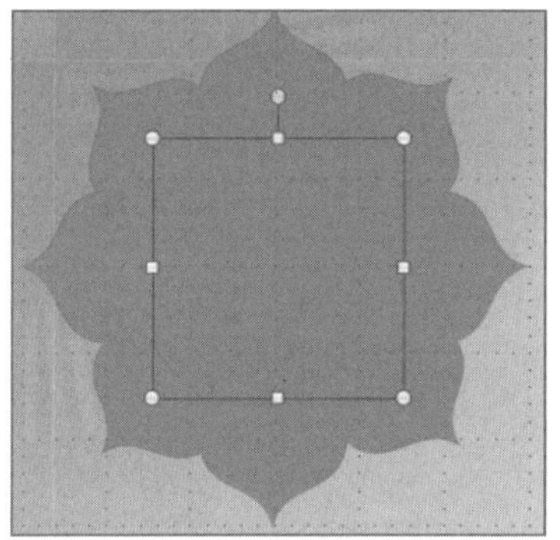

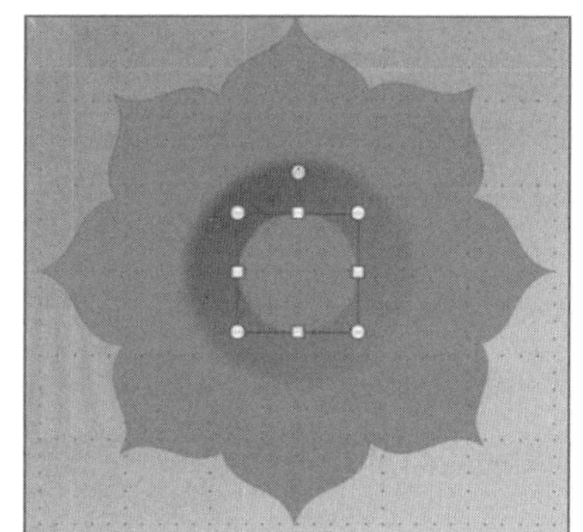

8. 큰 원을 선택하고 [홈]–[그리기] 그룹에서 [도형 채우기]–[그라데이션]–[어두운 그라데이션]–첫 번째 [선형대각선]을 선택한다. [홈]–[그리기] 그룹에서 [도형 효과]–[부드러운 가장자리]–[10포인트]를 선택한다. 작은 동심원을 선택하고, [홈]–[그리기] 그룹에서 [도형효과]–[기본 설정]–[미리 설정]–[기본 설정 4]를 선택한다.

9. 마지막으로 모든 도형을 선택하여 그룹으로 묶어 준다.

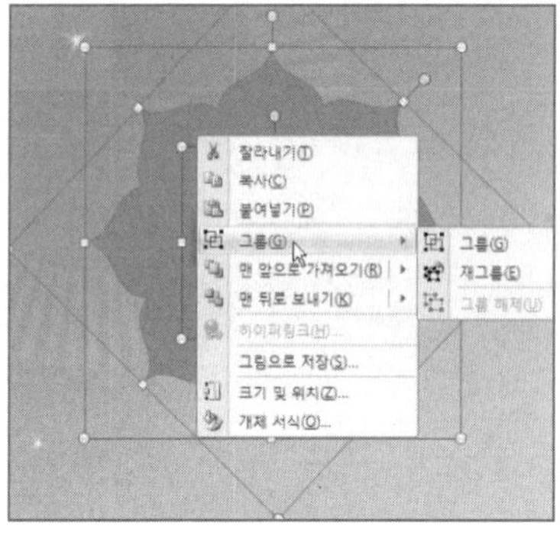

FAQ

Q 플래시 무비를 더 쉬운 방법으로 삽입할 수 없을까요?

A 컴퓨터에 snagit를 설치하면 파워포인트 메뉴에 [추가 기능] 탭이 표시됩니다. [추가 기능]-[사용자 지정 도구 모음] 그룹에서 [플래시]를 클릭하고 [프레젠테이션에 플래시 삽입] 창에서 원하는 플래시 무비 파일(*.swf)을 선택하고 [열기]를 클릭하면, 슬라이드에 대각선이 있는 사각형 컨트롤이 표시되었다가 잠시 후 전체 슬라이드로 확장되는 동시에 마우스커서가 변합니다. 마우스로 슬라이드를 클릭하면 슬라이드 네 각과 변 가운데 작은 흰 원이 표시되는데, 이것이 플래시 무비 콘트롤 크기를 조정하는 핸들입니다.

수업활용 아이디어

지금까지 자료 제시형 수업 자료를 만들기 위해 파워포인트의 기능과 프레젠테이션 제작 방법에 대해 알아보았다. 파워포인트는 교수 · 학습 과정상에서 여러 가지 자료를 보다 직관적으로 제시하기에 유용한 프로그램으로 학습 내용 전달에 효과적으로 사용된다.

<table>
<tr><th>단원명</th><th colspan="2">〈초등사회 5-1〉
1. 우리 나라의 자연환경과 생활</th><th>학습 주제</th><th>지형의 모습과 특징을 알고 분류하기</th></tr>
<tr><td>학습 목표</td><td colspan="4">지형의 모습과 특징을 알고 분류할 수 있다.</td></tr>
<tr><td>수업 모형</td><td colspan="2">ICT 활용 문제 해결 모형</td><td>교실 환경</td><td>멀티미디어실</td></tr>
<tr><td>활용 아이디어</td><td colspan="4">인터넷 검색을 통해 우리 나라의 여러 가지 지형의 모습을 찾아 캡처한 사진 자료를 통해 우리 나라의 지형의 모습과 특징을 알아보고 분류해 보는 파워포인트 자료를 제작하여 발표하도록 한다.</td></tr>
<tr><td rowspan="4">학습 흐름</td><td>단 계</td><td colspan="2">주요 활동</td><td>주요 매체 활용</td></tr>
<tr><td>도입</td><td colspan="2">사진 자료 제시하기</td><td rowspan="3">파워포인트</td></tr>
<tr><td>전개</td><td colspan="2">• 지형에 대한 자료 수집하기
• 지형의 모습과 특징 알아보기</td></tr>
<tr><td>정리</td><td colspan="2">지형의 특징에 따라 분류하기</td></tr>
</table>

제10장
수업용 웹 페이지 및 커뮤니티 만들기

수업 내용 미리 보기

수업에 유용한 미디어(media)가 삽입된 웹 페이지는 교실 수업에서 편리하게 사용될 수 있다. 또한 웹 커뮤니티는 집단에게 주어진 공동의 문제를 해결하기 위해 구성원들과 의견을 공유하고 교류하는 등 다양한 상호작용이 가능하다. 또 문제를 공동으로 해결하는 과정에서 사회적 지식 구성 및 문제해결력 신장을 기대할 수 있다. 여기서는 교육용 웹 페이지와 웹 커뮤니티를 만드는 방법에 대하여 알아보자.

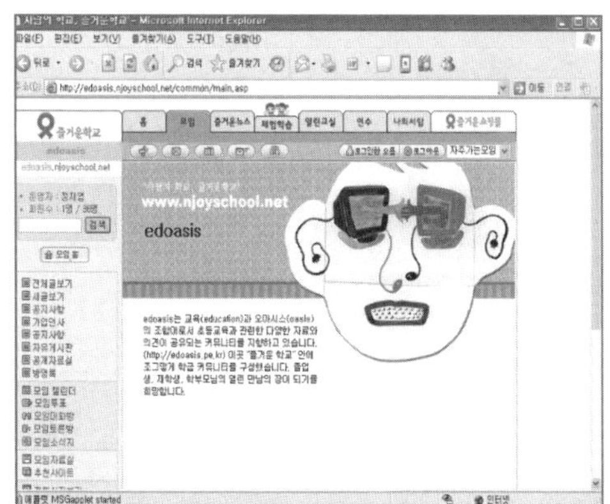

개 요

1 관련 소프트웨어 알아보기

웹 페이지는 HTML로 만들어진다. HTML 문서를 작성하는 도구로는 메모장과 같은 간단한 텍스트 에디터부터 위지윅(WYSIWYG) 프로그램까지 다양하다. 메모장과 같은 텍스트 에디터로 HTML을 작성하는 것은 쉽지 않다. 위지윅은 What You See Is What You Get의 약자인데, '당신이 보는 것이 당신이 얻는 것' 이라는 뜻이다. 그러므로 위지윅 프로그램을 사용하면 HTML을 직접 사용하지 않고도 보통 한글 프로그램에서 문서를 작성하듯 쉽게 웹 페이지를 만들 수 있다. 요즘은 위지윅 프로그램의 성능이 매우 좋아져서 초보자뿐만 아니라 전문가도 많이 사용하고 있다. 대표적인 프로그램으로는 드림위버(Dreamweaver)나 나모 웹에디터(Namo Webeditor), 프런트 페이지(FrontPage) 등이 있다. 그 밖에 문서를 예쁘게 꾸미기 위해서 그래픽 프로그램 등이 쓰인다.

하지만 위지윅 프로그램이 편하다고 태그의 기본도 모르면서 처음부터 위지윅을 사용하는 것은 사칙연산을 모른 채 전자계산기 사용법부터 배우는 격이므로 금방 한계를 느끼게 된다. 프로그래밍 언어의 일종이지만 html 언어는 다른 프로그래밍 언어와는 달리 빨리 배울 수 있고, 응용도 할 수 있다.

2 HTML 알아보기

HTML이란 Hyper Text Markup Language의 약자인데 인터넷에서 정보를 보여

주기 위한 Hyper Text를 만드는 표준적인 언어이며, 웹 페이지를 만들 때 쓰이는 언어다. Hyper Text란 한 문서 안의 단어나 문장 또는 이미지 등에 또 다른 문서가 연결된 문서를 의미한다. Markup Language는 텍스트가 표현되는 방식을 정해 주는 잘 정의된 주석들(annotations)의 집합을 의미한다. 이러한 주석들을 일반적으로 태그(tag)라고도 한다. 이러한 태그들은 인터넷 익스플로러에서 [보기]-[소스] 메뉴를 선택하면 볼 수 있다.

여기서는 위지윅 프로그램 중 나모 웹에디터를 사용하여 교육용 웹 페이지와 교육용 웹 커뮤니티를 만들어 보도록 하겠다.

활동 주제

적용 학습 영역	학습 주제	학습 활동
〈초등과학 6〉 • 주변의 생물	개구리와 맹꽁이 구별하기	텍스트, 이미지, 사운드, 동영상을 이용하여 개구리와 맹꽁이를 구별하기
〈초등국어 5〉 • 넷째마당 1. 곧은 생각 좋은 생각	적절한 근거를 들어 가며 토론하기	웹 기반 토론 학습을 통해 학생의 토론 능력과 의사소통 능력 신장시키기
〈초등사회 6〉 • 함께 살아가는 세계	중국, 일본, 미국, 러시아와 우리나라의 관계 말하기	온라인 프로젝트 학습방에서 협력 활동하며 문제 해결하기

자료 만들기

활동 1 수업용 웹 페이지 만들 준비하기

1. 수업용 웹 페이지를 만들기 위해 전체 구성도를 그려 본다. 다음 그림은 하나의 예시이므로 가르칠 단원 및 차시의 특성에 따라 창의적으로 구성하면 된다.

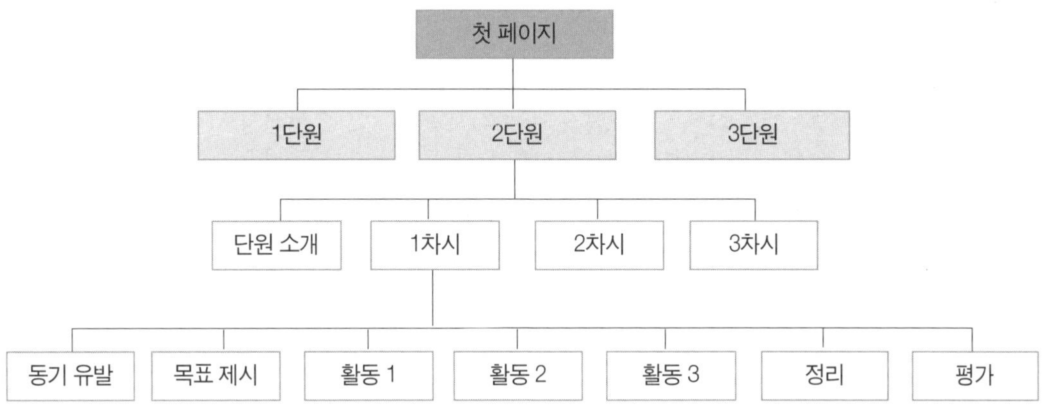

2. 수업용 웹 페이지를 만들기 위해 먼저 교수 · 학습 활동에 매체를 통합시키는 수업 설계를 한다. 제1장의 '3. 교수매체 자료 제작과 활용' 중 '교수 · 학습 활동과 매체 통합의 절차' 를 참고하여 수업 설계를 한다. 여기서는 임의로 '맹꽁이와 개구리 구별하기' 를 수업 주제로 정하였다. 수업의 단계는 수업 목표, 수업 내용과 방법, 그리고 학생들의 특성 등에 따라 달라질 수 있겠지만 이 책에서는 다음과 같은 단계를 선정하였다. 다음의 내용은 실습을 위해 만든 '약식 수업 설계안' 이다.

- 동기유발　학생들의 학습동기를 유발한다. 예를 들면 다음과 같다. "개구리와 맹꽁이는 어떤 차이가 있는가?" "다음의 소리를 듣고 이 소리가 개구리 소리인지 맹꽁이 소리인지 알 수 있는가?"

- **차시 주제 및 학습목표 제시** 본 차시의 주제를 제시한다. 예를 들면 다음과 같다. "이번 시간에는 개구리와 맹꽁이가 어떻게 다른지, 어떤 공통점이 있는지를 공부한다." 그리고 학습목표를 학생들에게 제시한다. 예를 들면 다음과 같다. "개구리와 맹꽁이의 공통점과 차이점을 말할 수 있다."
- **활동 1** 사진 자료를 통해 개구리와 맹꽁이의 공통점과 차이점을 학생 스스로 발견하도록 한다. 먼저 여러 가지 개구리 사진들을 보여 주고 개구리의 특성을 발견하도록 한다. 다음으로 여러 가지 맹꽁이 사진들을 보여 주고 맹꽁이의 특성을 발견하도록 한다. 다음으로 맹꽁이와 개구리의 외형적인 공통점과 차이점을 발견하도록 한다.
- **활동 2** 소리 자료를 통해 개구리와 맹꽁이의 공통점과 차이점을 학생 스스로 발견하도록 한다. 먼저 여러 가지 개구리 소리를 들려주고 개구리의 특성을 발견하도록 한다. 다음으로 여러 가지 맹꽁이 소리를 들려주고 맹꽁이의 특성을 발견하도록 한다. 다음으로 맹꽁이와 개구리 소리의 공통점과 차이점을 발견하도록 한다.
- **활동 3** 동영상 자료를 통해 개구리와 맹꽁이의 공통점과 차이점을 학생 스스로 발견하도록 한다. 먼저 여러 가지 개구리 동영상을 보여 주고 개구리의 특성을 발견하도록 한다. 다음으로 여러 가지 맹꽁이 동영상을 보여 주고 맹꽁이의 특성을 발견하도록 한다. 다음으로 맹꽁이와 개구리의 공통점과 차이점을 발견하도록 한다.
- **정리** 활동 1, 2, 3의 내용을 정리한다. 예를 들면, 개구리와 맹꽁이의 외형과 소리의 공통점과 차이점을 표로 제시해 준다.
- **평가** 교수목표 달성 여부를 평가한다. 예를 들면, 학생들에게 소리를 들려주고 개구리 소리인지 맹꽁이 소리인지를 맞추게 한다. 그룹을 나누어 퀴즈대회를 하는 것도 좋은 방법이다.

3. 수업에 사용할 미디어(이미지, 사운드, 동영상 등) 파일을 수집하여 저장한다.

   파일 이름은 영문자 또는 영문자와 숫자를 조합해서 사용하는 것이 좋다. 한글로 된 파일 이름은 웹 서버에 따라 인식하지 못하는 경우가 있으므로, 되도록이면 한글로 된 파일 이름은 사용하지 않는다. 또한 파일 이름은 규칙적이고 내용을 구분할 수 있도록 정하는 것이 좋다. 이렇게 하면 파일 수가 많아지거나 시간이 지난 후 수정해야 하는 경우에 파일을 찾는 데 불필요한 시간 낭비를 줄일 수 있다. 다음의 표는 하나의 사례다. 여러분은 자신이 사용하기 편리한 규칙을 정하면 된다.

이미지	사운드
frog_img_01.gif frog_img_02.jpg frog_img_03.bmp 등	frog_sound_01.mp3 frog_sound_02.wma frog_sound_03.mid 등
동영상	**html**
frog_mov_01.avi frog_mov_02.mpg frog_mov_03.mpg 등	step1.html step2.html step3.html 등

다음 그림의 폴더는 각 단원의 폴더 이름을 [chapter1], [chapter2], [chapter3]으로 하고, 각 단원의 3개 차시 폴더 이름을 [class1], [class2], [class3]으로 하였다. 또한 각 차시의 하위 폴더로 [images]와 [media] 폴더를 만들었다. [images] 폴더에는 웹페이지 만들 때 필요한 여러 가지 이미지 파일들을 저장할 것이다. [media] 폴더 안에는 수업에 사용할 개구리의 이미지, 사운드, 동영상 등의 매체 파일들이 저장될 것이다.

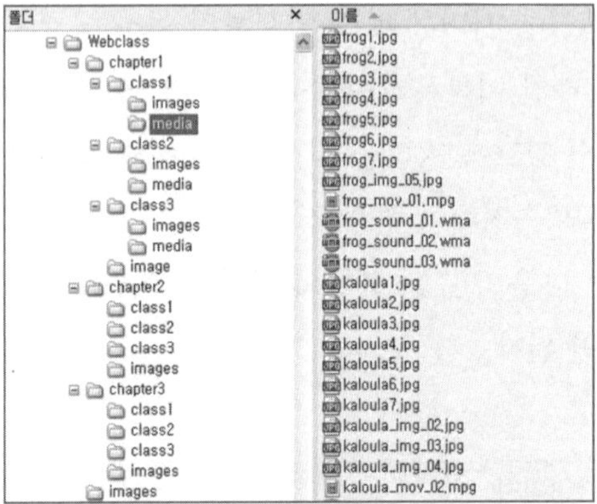

4. 수업 단계별 웹 페이지를 설계한다.

먼저 수업용 웹 사이트의 전체 구조를 그리고, 왼쪽 메뉴에는 차시 내 각 단계로 갈 수 있는 메뉴를, 상단에는 단원 내 다른 차시로 이동할 수 있는 메뉴를 삽입한다. 다음의 그림은 1차시의 간단한 스토리보드의 예다. 가르칠 과목과 학생의 특성에 따라 창의적으로 구성해 보라.

웹 사이트 로고	홈으로 | 1단원 안내 | 1차시 | 2차시 | 3차시
동기유발 학습주제/목표 활동 1 활동 2 활동 3 정리 평가	[개구리와 맹꽁이의 외형적인 공통점와 차이점을 알아보자] 개구리 사진 1 | 맹꽁이 사진 1
제작 유의사항	사진을 클릭하면, 새 창으로 크게 보이게 한다.

활동 2 나모로 웹 페이지 만들기

1. 나모의 화면 구성을 살펴본다. 나모 웹에디터 FX를 실행시키면 다음과 같은 편집 화면이 나타난다.

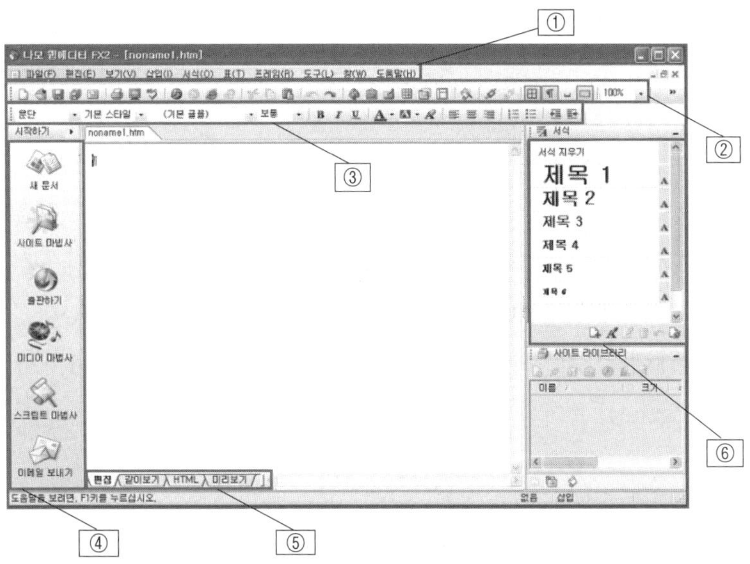

① '메뉴표시' 줄은 나모 웹에디터에서 제공하는 모든 기능을 10개의 그룹으로 구분하여 제공한다.

② '기본도구' 막대는 웹 문서를 빠르게 편집할 수 있도록 자주 쓰는 기능을 아이콘 모양으로 제공한다.

③ '서식도구' 막대는 텍스트의 서식에 관련된 기능을 아이콘 모양으로 제공한다.

④ '바로가기' 패널은 사용자가 자주 사용하는 새 문서, 사이트 마법사, 출판하기, 미디어 마법사, 스크립트 마법사, 이메일 보내기 등의 메뉴를 제공한다.

⑤ '문서표시' 탭은 현재 열린 문서를 편집 상태로 보기, HTML 상태로 보기, 편집 상태와 HTML 상태로 같이 보기, 브라우저로 미리보기 등의 기능을 제공한다.

⑥ '서식' 패널은 문서에서 사용하는 서식을 쉽게 적용할 수 있도록 하는 기능을 제공한다. 텍스트의 크기를 일괄적으로 적용하거나 자주 쓰는 서식을 스타일로 등록하여 사용할 수 있다.

2. 수업 단계별 HTML 파일을 만들어 보자.

① 먼저 이미지를 이용한 동기유발용 웹 페이지 파일을 만든다.

- 나모 프로그램을 실행시켜 처음으로 나오는 웹 문서에 "1. 다음 두 사진의 양서류 동물 중 어느 것이 맹꽁이일까요?"를 입력한다. 마우스 커서를 텍스트 위에 놓고 오른쪽 '서식' 패널에서 '제목 2'를 클릭한다. '기본도구' 막대에서 '저장하기' 아이콘을 클릭한다. 파일명을 'step1.htm'으로 하여 [chapter1] 폴더의 하위 폴더인 [class1] 폴더에 저장한다.

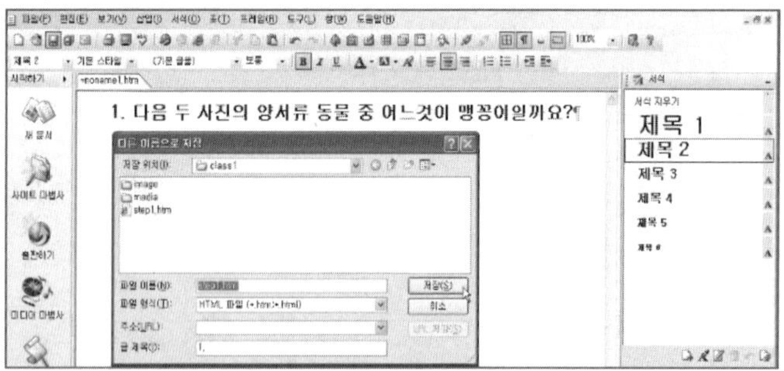

- 교실의 뒷쪽에 앉은 학생들도 읽을 수 있을 만큼 텍스트 크기가 적당한지 확인한다. 이를 위해 메뉴 표시 줄의 [보기]-[미리보기]-[브라우저 설정]을 클릭한다.

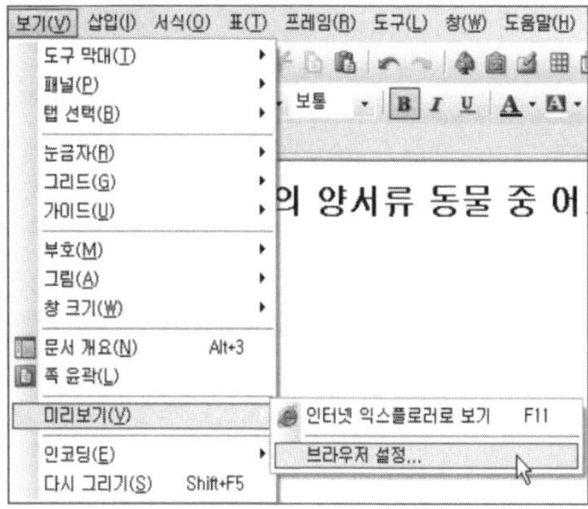

• 브라우저 이름을 [Internet Explore]를 선택하여 [편집]을 클릭한다. 프로그램 경로 [찾아보기]를 클릭하여 [C:]–[Program Files]–[Internet Explore]–[iexplore.exe]를 선택하고 [열기] 버튼을 클릭한다. 이 브라우저 설정 과정은 나모 웹에디터 사용 시 처음에만 설정하면 된다. 만약 익스플로러가 아닌 다른 브라우저(Netscape 등)를 쓰고 싶으면 [Program Files] 폴더의 프로그램 목록에서 선택하여 그 실행 파일을 찾아 같은 방법으로 선택한다.

- '기본도구' 막대에서 인터넷 익스플로러 아이콘을 클릭하여 미리보기를 한다. 글자가 너무 작거나 크면 나모의 편집 상태에서 크기를 조절한다.
- 왼쪽의 '바로가기' 패널에서 [새문서]-[빈문서 01]을 클릭하고 [확인]을 클릭한다.

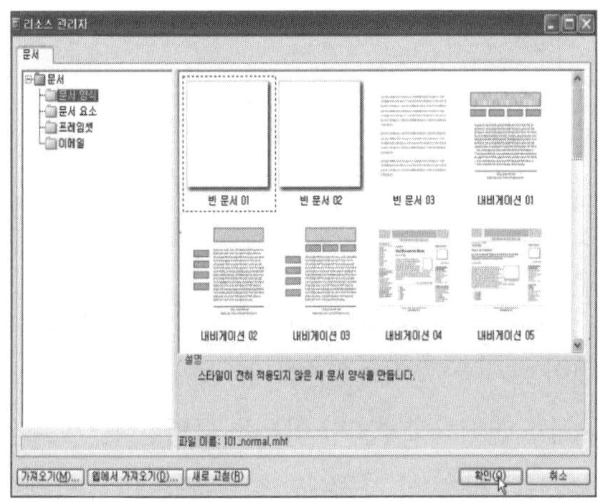

② step1.htm 파일 저장과 같은 방법으로 차시주제 및 학습목표(step2.htm), 활동 1(step3.htm), 활동 2(step4.htm), 활동 3(step5.htm), 정리(step6.htm), 평가(step7.htm)를 위한 웹 페이지 파일을 만들어 [chapter1] 폴더의 하위 폴더인 [class1] 폴더에 저장한다. 각 단계별 웹 페이지의 텍스트는 다음의 표와 같이 입력한다. 이 표는 예시이므로 가르치는 내용에 맞게 창의적으로 작성한다.

수업 단계	html 파일 이름	첫 줄의 텍스트
동기유발	step1.htm	다음 그림은 맹꽁이일까요, 아니면 개구리일까요?
차시 주제 및 학습목표	step2.htm	오늘 공부할 내용은?
활동 1	step3.htm	다음 사진을 보고 개구리와 맹꽁이의 외형적인 공통점와 차이점을 알아보자.
활동 2	step4.htm	다음 소리를 듣고 개구리와 맹꽁이의 소리를 구별해 보자.
활동 3	step5.htm	다음 동영상을 보고 개구리와 맹꽁이를 구별해 보자.
정리	step6.htm	오늘 배운 내용을 정리해 보자.
평가	step7.htm	오늘 배운 내용 맞히기 퀴즈!

3. 수업 단계별 HTML 문서에 미디어 파일을 삽입한다.

① 먼저 동기유발 페이지(step1.htm)에 개구리와 맹꽁이 사진을 삽입한다. [삽입]–[그림]–[그림]을 클릭한다.

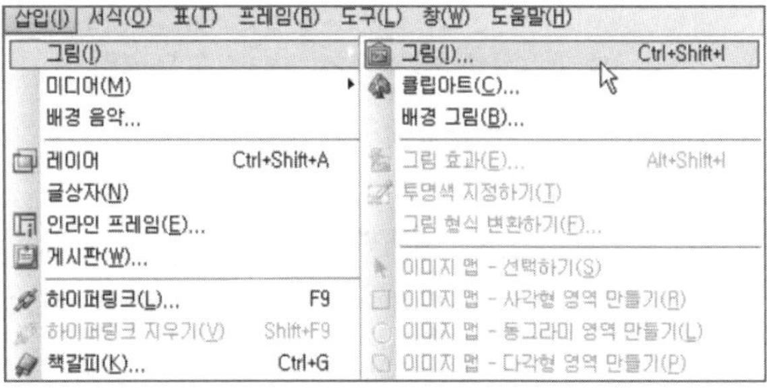

• 다음 그림과 같이 [그림경로]의 아이콘을 클릭한 후, 삽입할 이미지 파일을 선택한 후 [열기]–[확인]을 클릭한다.

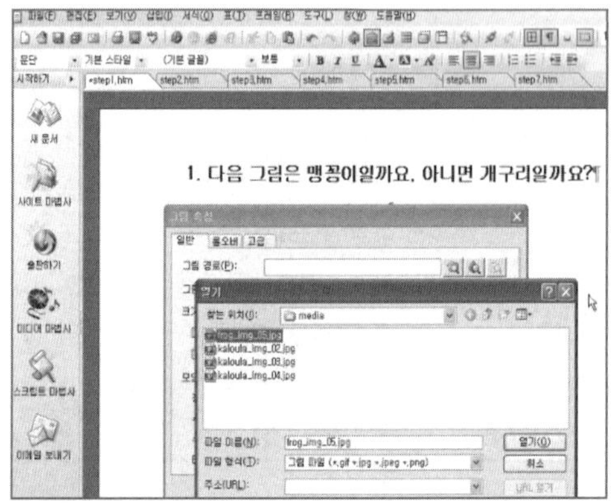

• 다음과 같이 원하는 개구리 사진이 step1.htm 문서에 삽입되었다. [파일] 메뉴의 [저장하기]를 클릭하여 step1.htm 문서를 저장한다.

② 다음으로 차시 주제 및 학습목표 페이지(step2.htm)에 텍스트를 삽입한다.

• step2.htm 문서에 차시 주제 및 학습목표를 입력한다. 다음으로 차시 주제를 마우스로 드래그하여 블럭을 지정한다. 한글 문서의 텍스트 효과주기와 마찬가지로 효과를 준다. 효과는 상단 메뉴의 [서식도구]나 [서식패널]을 사용하면 된다. 텍스트에 효과를 다 주었으면 [저장]을 클릭한다.

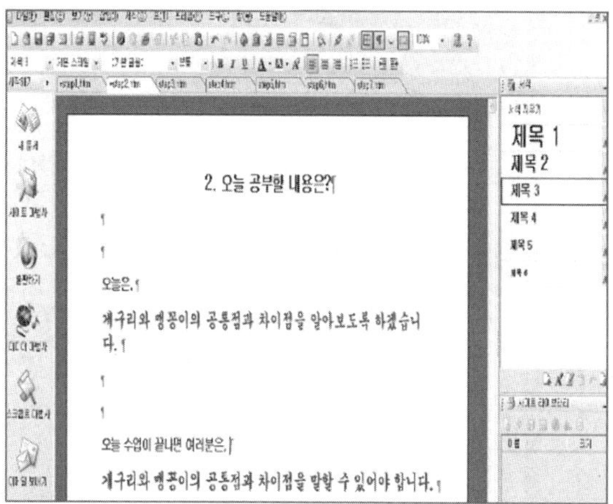

③ 활동 1 페이지(step3.htm)에 개구리와 맹꽁이 사진으로 포토 앨범을 만든다.

- [도구]–[포토 앨범]을 클릭한다.

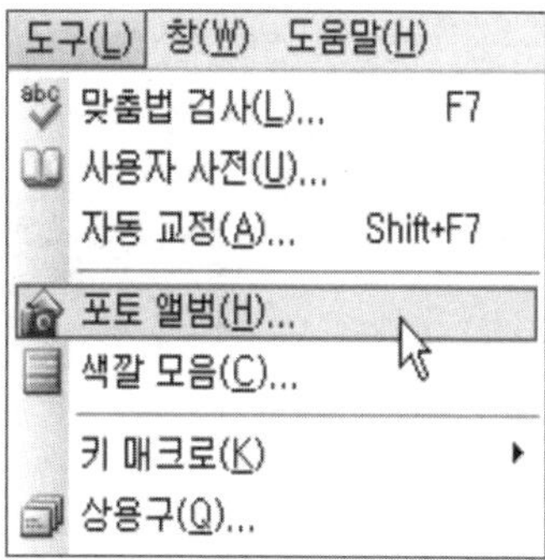

- [파일추가]를 클릭하여 [media] 폴더 안에 있는 개구리와 맹꽁이 사진들을 선택한 후, [열기]를 클릭한다.

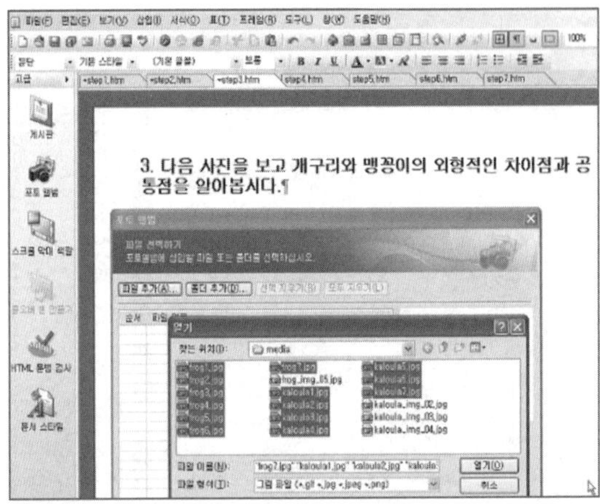

• [다음]을 클릭한 후, [새창 열기–같은 창으로]를 클릭한다.

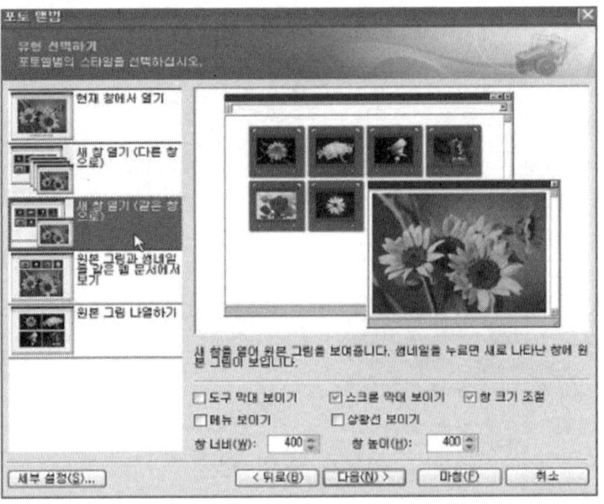

• [다음]을 클릭한 후, 다음 그림의 좌측 메뉴에 있는 섬네일 효과를 선택한다.

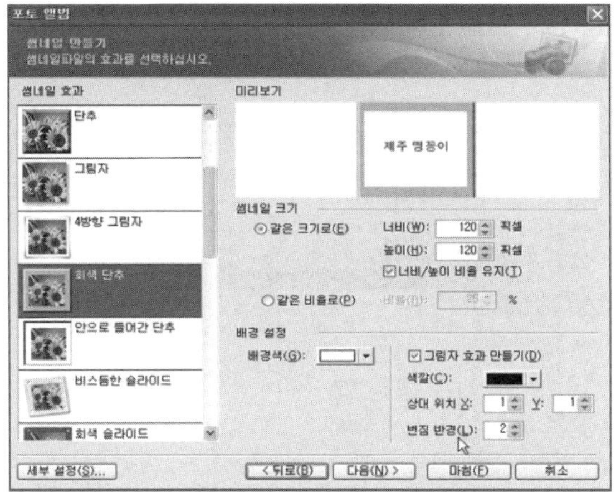

• [다음]을 클릭 후, 다음 그림에서 표 크기, 테두리 모양, 테두리 색깔, 표 배경 등을 설정한다. [마침]을 클릭한다.

• 아래쪽 탭의 [미리보기]를 클릭한 후, 사진을 클릭하면 새 창에 사진이 나온다. 여러분은 실제 사진을 사용한다. 잘되었으면 [chapter1] 폴더의 하

위 폴더인 [class1] 폴더에 step3.htm 문서를 저장한다.

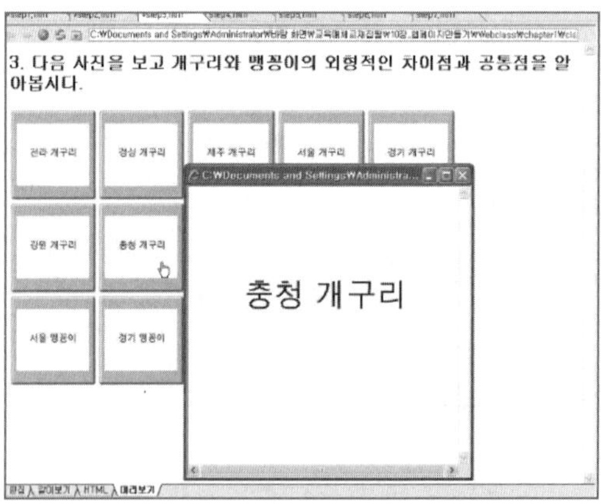

④ 활동 2 페이지(step4.htm)에 개구리와 맹꽁이 소리 파일을 삽입한다.

- [삽입]–[미디어]–[Window 미디어 플레이어]를 클릭한다.

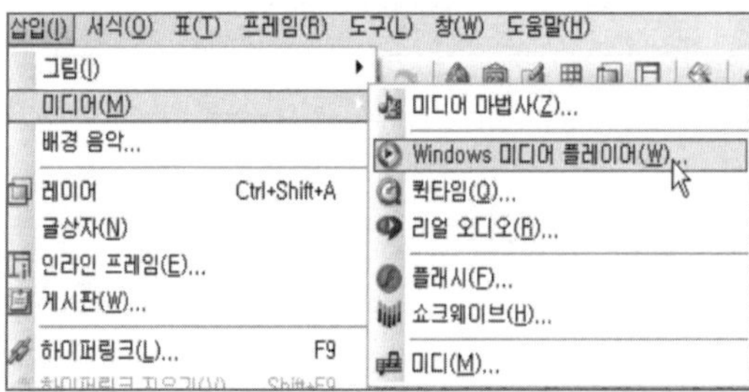

- 다음 그림처럼, [재생 방법]의 [자동 실행] 체크를 해제하고, [트랙커 보이기], [컨트롤 보이기], [상황선 보이기], [크기 자동 조절]을 체크한다. 필요에 따라 체크하거나 해제하여 사용할 수 있다.

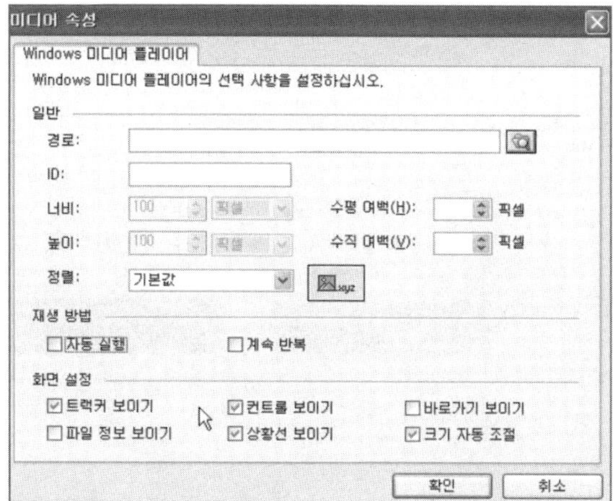

• [경로] 아이콘을 클릭하여 [chapter1] 폴더의 하위 폴더인 [class1] 폴더 안에 있는 [media] 폴더에서 개구리 소리 파일을 선택 후, [열기]를 클릭한다.

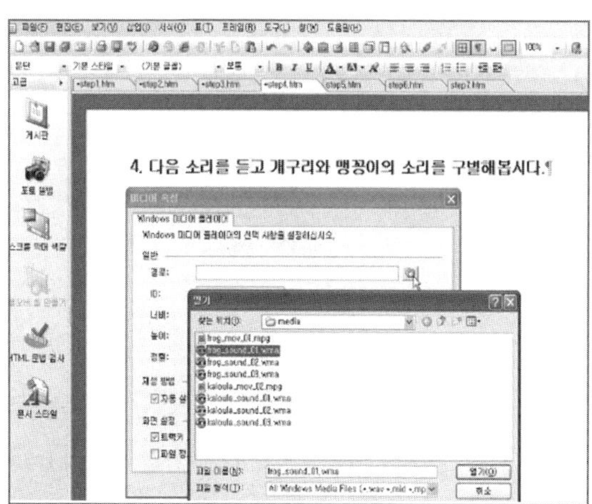

• 아래쪽 탭의 [미리보기]를 클릭한 후, 플레이 버튼을 클릭하면 소리 파일이 재생된다. 같은 방법으로 맹꽁이 소리 파일을 삽입한다. 실행을 해 보고 잘되었으면 step4.htm 문서를 [chapter1] 폴더의 하위 폴더인 [class1]

폴더 안에 저장한다.

⑤ 활동 3 페이지(step5.htm)에 개구리와 맹꽁이 동영상 파일을 삽입한다.

- [삽입]–[미디어]–[Window 미디어 플레이어]를 클릭한다.

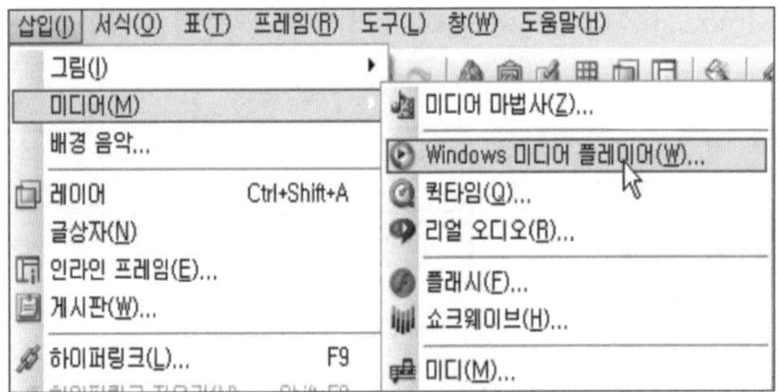

- 소리 파일 삽입의 경우처럼, [재생 방법]의 [자동 실행] 체크를 해제하고, [트랙커 보이기], [컨트롤 보이기], [상황선 보이기], [크기 자동 조절]을 체크한다. 필요에 따라 체크하거나 해제하여 사용할 수 있다.
- [경로] 아이콘을 클릭하여 [chapter1] 폴더의 하위 폴더인 [class1] 폴더 안에 있는 [media] 폴더에서 개구리의 동영상 파일을 선택한 후, [열기]를 클릭한다.

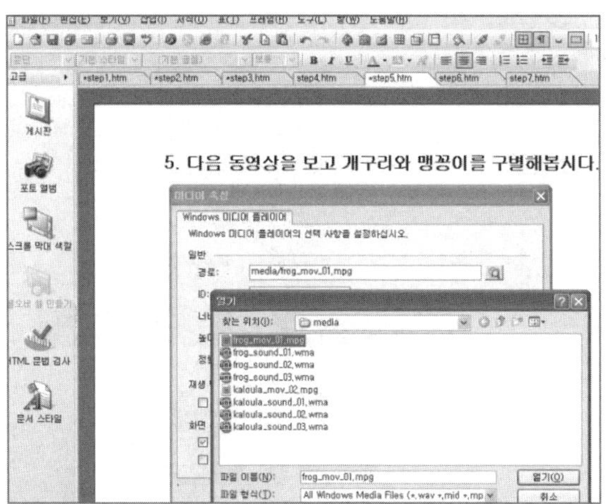

• 아래쪽 탭의 [미리보기]를 클릭한 후, 플레이 버튼을 클릭하면 동영상 파일이 재생된다. 같은 방법으로 맹꽁이 동영상 파일을 삽입한다. 실행을 해보고 잘되었으면 [chapter1] 폴더의 하위 폴더인 [class1] 폴더에 step5.htm 문서를 저장한다.

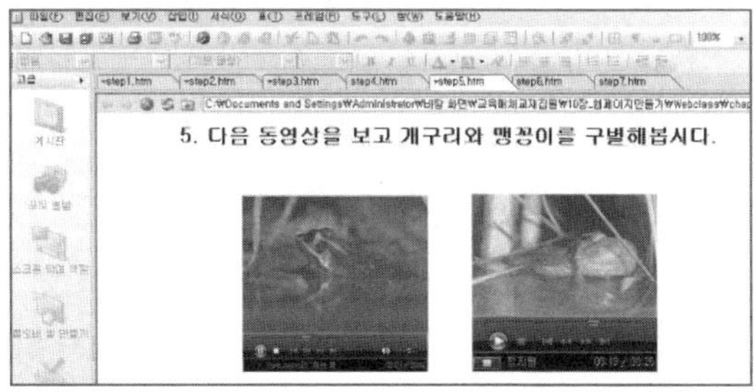

*동영상 출처: 환경부(http://www.me.go.kr) '한국의 아름다운 소리 100 選' 중.

⑥ 정리 페이지(step6.htm)에 지금까지 제작한 개구리와 맹꽁이 사진, 소리, 동영상 파일 삽입을 모두 해 보자. 필요에 따라 창의적으로 정리 페이지를 꾸밀 수 있다. [chapter1] 폴더의 하위 폴더인 [class1] 폴더에 step6.htm 문서를 저장한다.

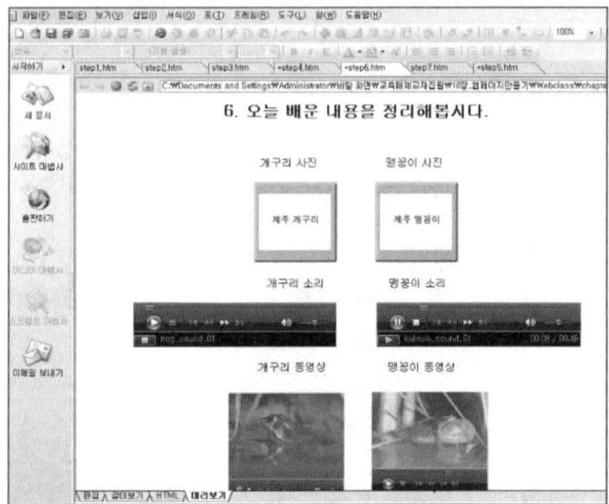

⑦ 평가 페이지(step7.htm)에 텍스트로 형성평가 문제를 제시해 보자. 다음의 예를 참고하여 더욱 창의적인 평가 페이지를 만들 수 있을 것이다. [chapter1] 폴더의 하위 폴더인 [class1] 폴더에 step7.htm 문서를 저장한다.

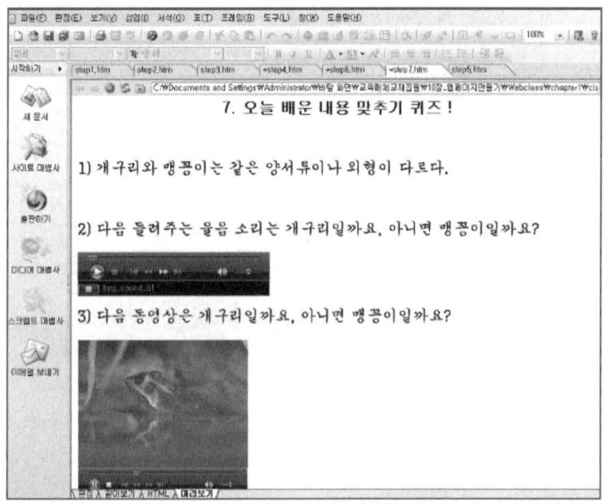

활동 3 나모로 웹 페이지 연결하기

1. 홈페이지 문서(index.htm)를 만들어 보자.
   ① 먼저 각 단원으로 이동할 수 있는 메뉴 버튼이 삽입된 index.htm 문서를 만들어 본다.
      • index.htm 파일을 생성 후 4줄짜리 표를 삽입한다.

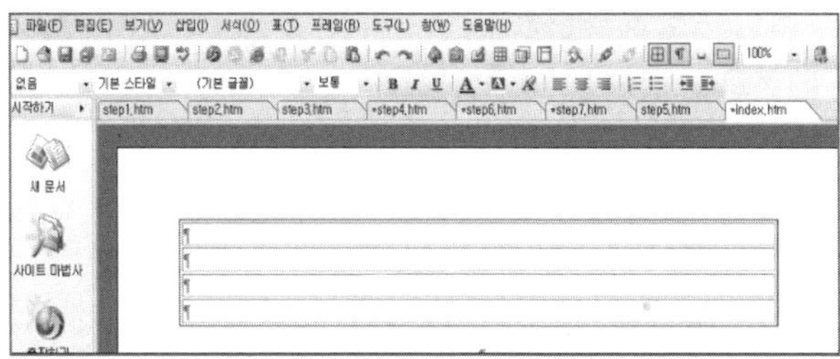

      • [삽입]-[스마트 클립아트]를 클릭한 후, 배너를 선택한다.

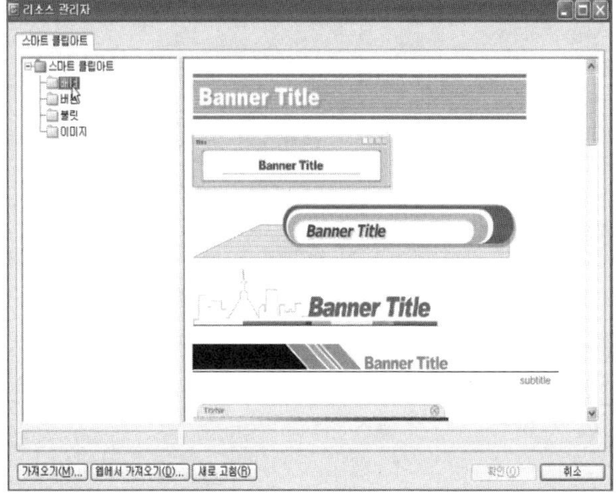

• 배너 중에서 마음에 드는 것을 더블클릭하여 표의 첫 줄에 삽입한다.

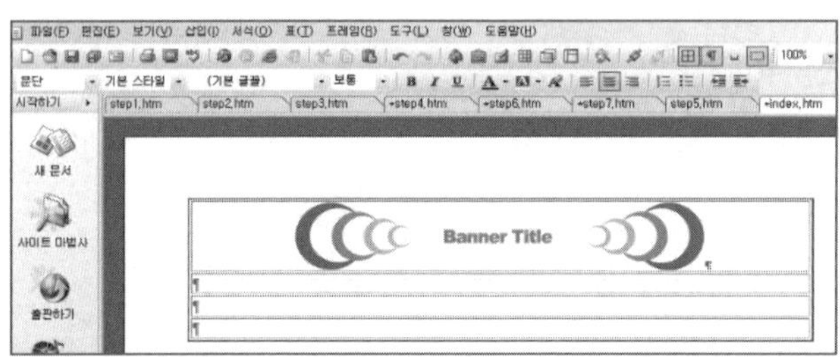

• 첫 줄에 있는 배너를 더블클릭한 후, 텍스트 부분(Banner Title)을 더블클릭한다.

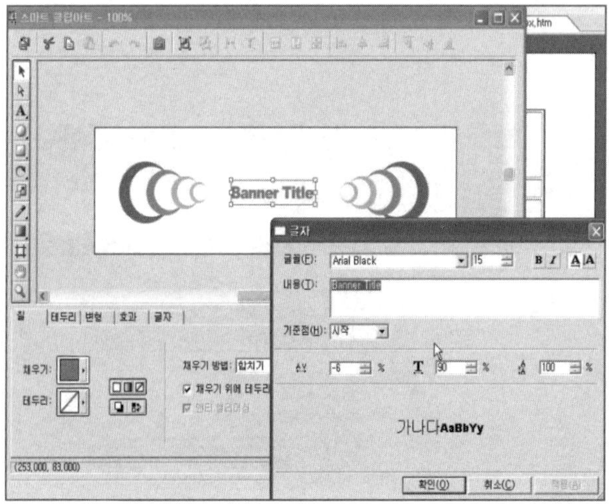

• [내용]에 홈페이지 이름을 기입한 후, [확인] 버튼을 클릭한다.

• 같은 방법으로 1단원으로 가기, 2단원으로 가기, 3단원으로 가기 버튼을 만든다. 각 버튼이 서로 잘 어울리도록 색깔과 크기를 조절한다.

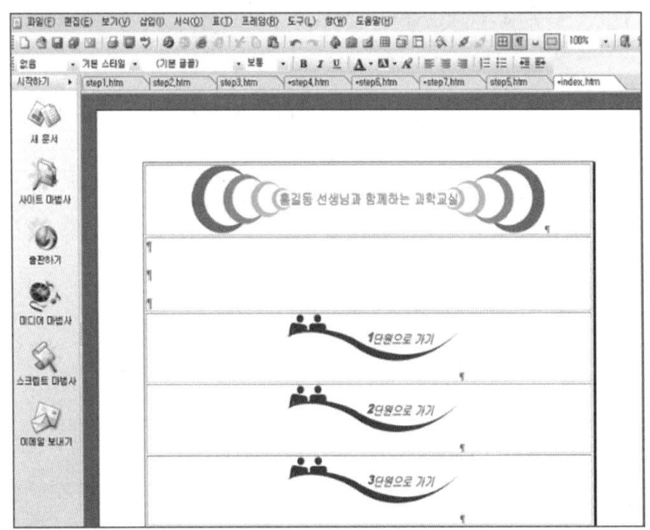

• 표의 테두리가 보이지 않도록 한다. 표 안에 버튼을 넣는 이유는 각 버튼들이 정해진 위치에 묶여 있도록 하기 위해서다. 표 안에 커서를 놓고 마우스 오른쪽 버튼을 클릭하여 [표]-[셀 테두리]를 클릭한다.

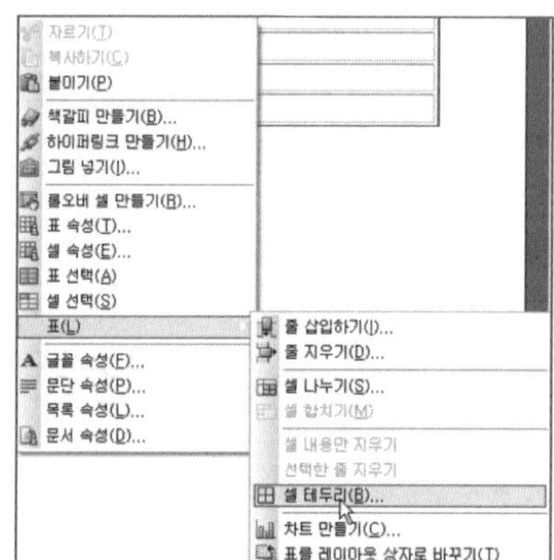

• [선 종류]에서 [없음]을 선택한다.

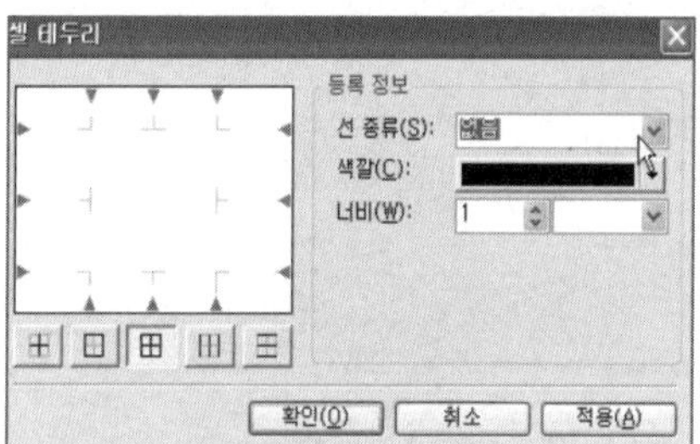

• index.htm 파일을 [Webclass] 폴더에 저장한다. 이 폴더에는 [chapter1], [chapter2], [chapter3], [images] 폴더와 index.htm 파일이 포함되어야 한다.

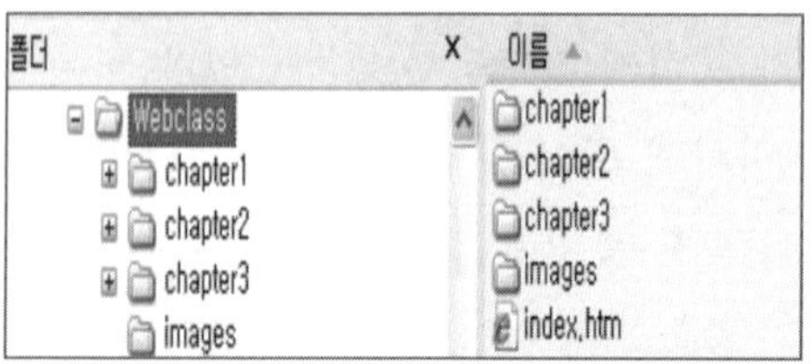

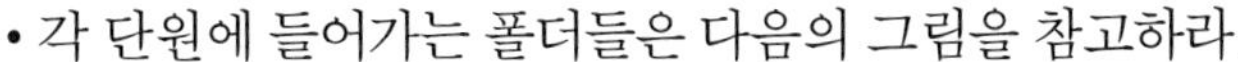

• 각 단원에 들어가는 폴더들은 다음의 그림을 참고하라.

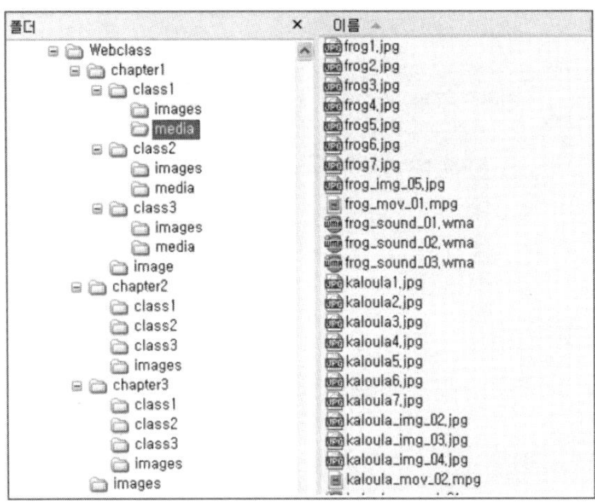

2. 프레임 셋을 사용하여 1차시 class1.htm 문서를 만들어 본다.

① 먼저 각 수업단계 버튼이 있는 left1.htm 문서를 만든다.

- left1.htm 파일을 생성한다. index.htm 문서에서와 같이 표를 만들고 선이 보이지 않도록 한다. 그리고 표 안에 수업의 각 단계의 이름이 기록된 버튼을 만든다. 버튼은 index.htm에서 배너를 만드는 방법과 동일하다.

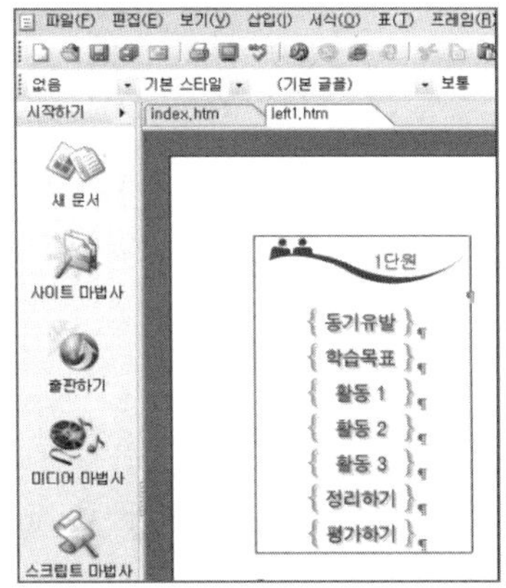

② 같은 방법으로 1차시를 소개하는 '소개 페이지'를 만들고 [chapter1] 폴더 아래 [class1] 폴더에 right1.htm으로 저장한다.

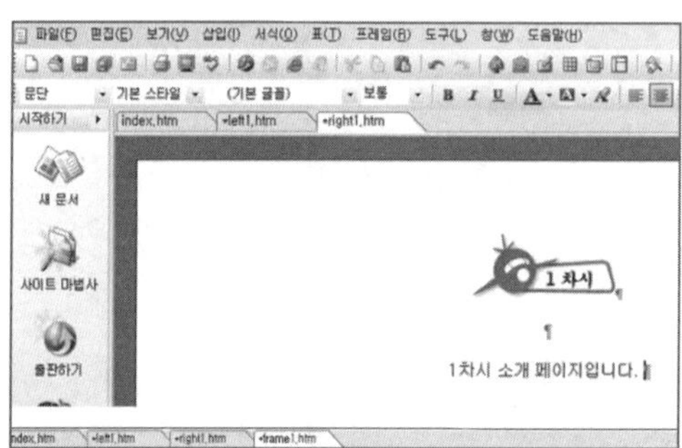

③ left1.htm 파일과 right1.htm 파일을 묶는 프레임 셋을 만든다.

- [프레임]-[새 프레임 셋]을 클릭한 후, [프레임 셋 05]를 선택하여 frame1.htm 문서를 생성한다.

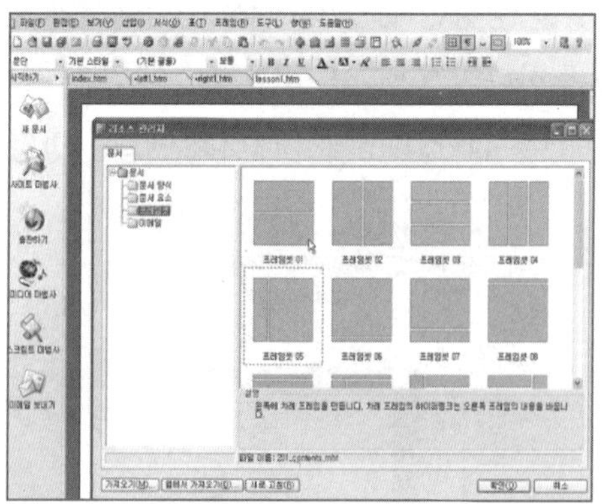

- 오른쪽 프레임에 커서를 놓고, 마우스 오른쪽 버튼을 클릭하여 [프레임 속성]을 클릭한다. 프레임 문서 경로를 right1.htm 파일을 선택하고 [열기]를 클릭한다.

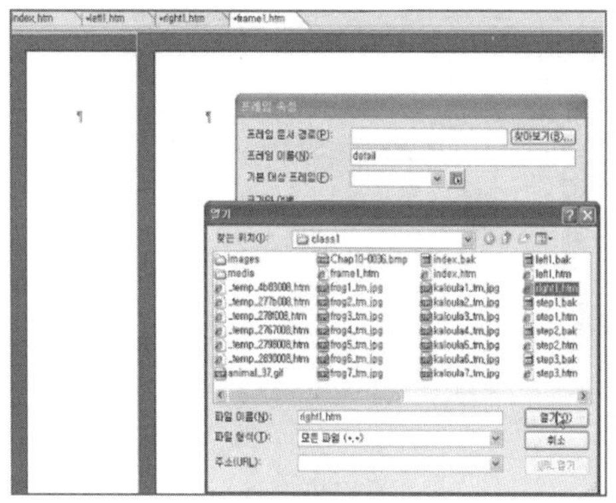

• 왼쪽 프레임에 커서를 놓고, 마우스 오른쪽 버튼을 클릭하여 [프레임 속성]을 클릭한다. 프레임 문서 경로는 left1.htm 파일을 선택하고 [열기]를 클릭한다. 만약 프레임 셋 문서에서 right1.htm 또는 left1.htm 문서의 내용이 보이지 않으면 〈F5〉 키를 누르면 보인다.

• [프레임]-[프레임 셋 저장하기]를 클릭하여 [chapter1] 폴더 아래 [class1] 폴더에 class1.htm으로 저장한다.

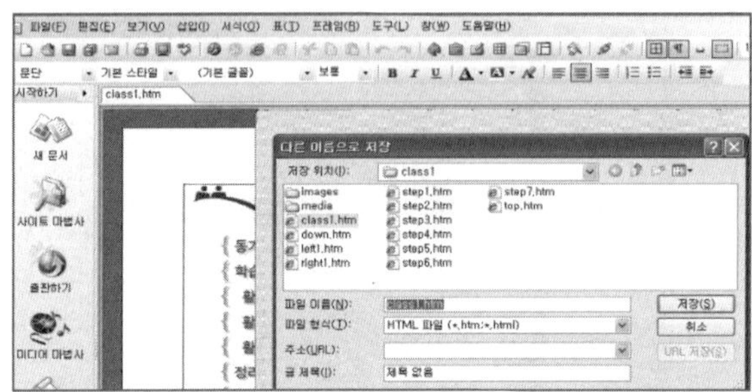

④ left1.htm 파일의 수업단계 버튼에 하이퍼링크를 만들어 본다.

- [동기유발] 버튼을 클릭한 후, 마우스 오른쪽 버튼을 클릭하여 [하이퍼링크 만들기]를 클릭한다.
- [대상 프레임] 펼침 메뉴에서 [detail]을 선택한다. [책갈피] 옆의 [찾아보기] 버튼을 클릭하여 step1.htm 파일을 선택하고 [열기]-[확인]을 클릭한다.

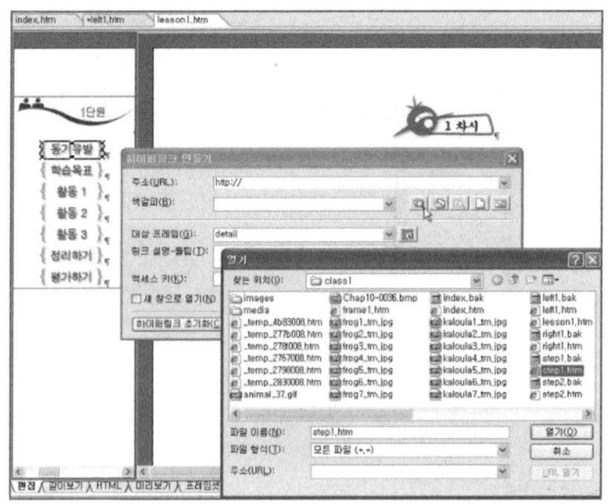

⑤ 같은 방법으로 학습목표는 step2.htm, 활동 1은 step3.htm, 활동 2는 step4.htm, 활동 3은 step5.htm, 정리하기는 step6.htm, 평가하기는 step7.htm에 하이퍼링크를 만든다.

⑥ [파일]-[모두 저장하기] 를 클릭하여 모두 저장한 후, [보기]-[미리보기]-[인

터넷 익스플로러로 보기]를 클릭하거나 〈F11〉 키를 눌러 각 링크가 잘 연결되었는지 확인한다.

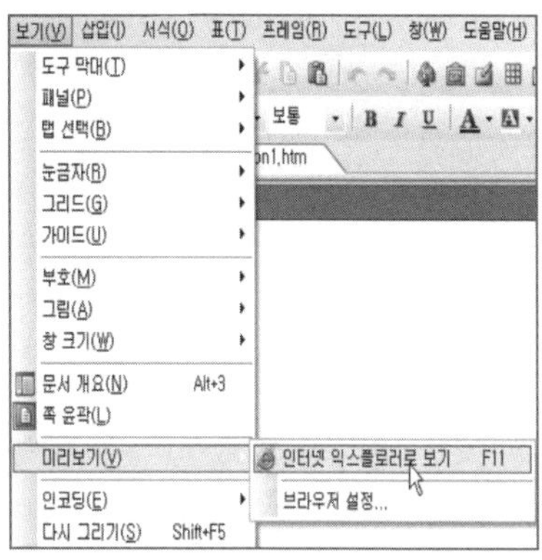

• 링크가 잘 연결되었다면, 1차시 수업 자료가 완성된 것이다. 각 수업 단계의 페이지를 자신의 계획에 따라 꾸며 본다.

• 같은 방법으로 2차시는 class2.htm, 3차시는 class3.htm으로 만들면 된다.

3. 프레임 셋을 사용하여 1단원 chap1.htm 문서를 만들어 본다.

① 먼저 각 1, 2, 3차시 및 HOME 버튼이 있는 top1.htm 문서를 만든다.

• top1.htm 파일을 생성한다. index.htm 문서에서와 같이 표를 만들고 선을 보이지 않도록 한다. 그리고 표 안에 각 차시 이름이 입력된 버튼을 만든다. 버튼은 index.htm에서 배너를 만드는 방법과 동일하다.

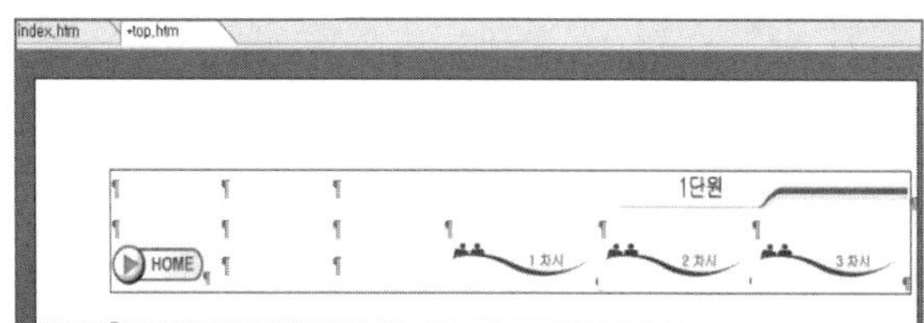

• 같은 방법으로 1단원의 소개 페이지를 만들고 down1.htm으로 저장한다.

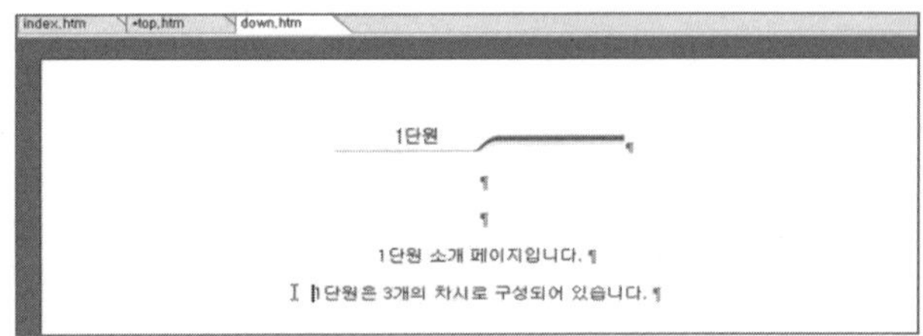

② top1.htm 파일과 down1.htm 파일을 묶는 프레임 셋을 만들어 본다.

• [프레임]-[새 프레임 셋]을 클릭한 후, [프레임 셋 08]를 선택하여 frame1.htm 문서를 생성한다.

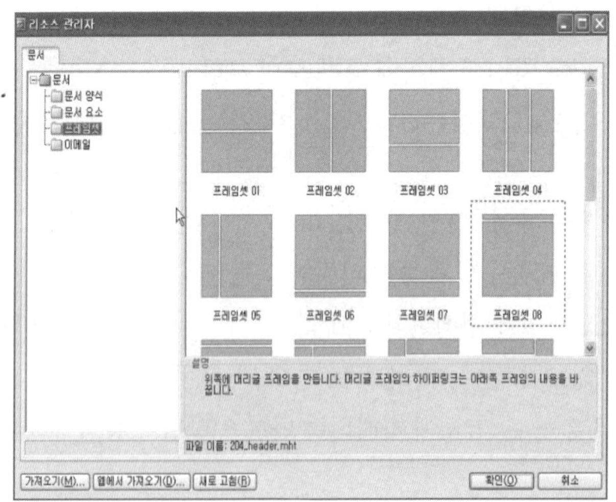

• 위쪽 프레임에 커서를 놓고, 마우스 오른쪽 버튼을 클릭하여 [프레임 속성]을 클릭한다. 프레임 문서 경로는 top1.htm 파일을 선택하고 [열기]를 클릭한다.

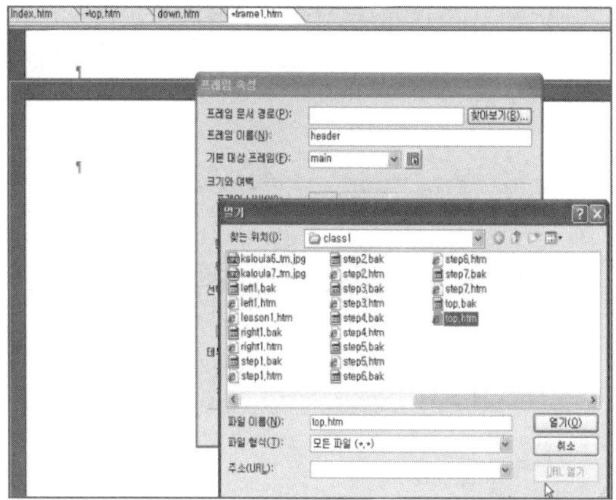

• 아래쪽 프레임에 커서를 놓고, 마우스 오른쪽 버튼을 클릭하여 [프레임 속성]을 클릭한다. 프레임 문서 경로를 down1.htm 파일을 선택하고 [열기]를 클릭한다. 만약 프레임 셋에서 top1.htm 또는 down1.htm 문서의 내용이 보이지 않으면 〈F5〉 키를 누르면 보인다.

- [프레임]–[프레임 셋 저장하기]를 클릭하여 [chapter1] 폴더에 chap1.htm으로 저장한다.

③ top1.htm 파일의 각 차시 및 HOME 버튼에 하이퍼링크를 만들어 본다.

- [1차시] 버튼을 클릭한 후, 마우스 오른쪽 버튼을 클릭하여 [하이퍼링크 만들기]를 클릭한다.
- [대상 프레임] 펼침 메뉴에서 [main]을 선택한다. [책갈피] 옆의 [찾아보기] 버튼을 클릭하여 class1.htm 파일을 선택하고 [열기]–[확인]을 클릭한다.

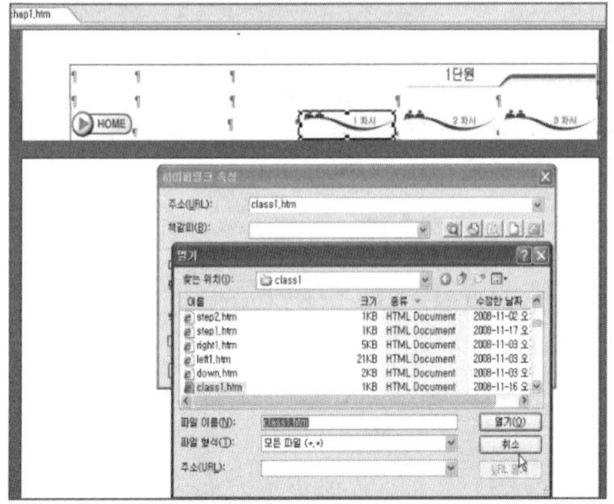

• HOME 버튼은 [대상 프레임] 펼침 메뉴에서 [_parent]를 선택한다. [책갈피] 옆의 [찾아보기]를 클릭하여 index.htm 파일을 선택하고 [열기]-[확인]을 클릭한다.

④ 같은 방법으로 2차시는 class2.htm, 3차시는 class3.htm에 하이퍼링크를 만든다.

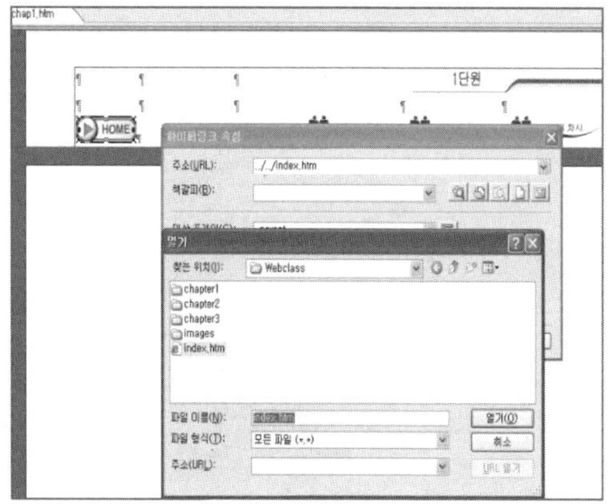

⑤ [파일]-[모두 저장하기]를 클릭하여 모두 저장한 후, [보기]-[미리보기]-[인터넷 익스플로러로 보기]를 클릭하거나 〈F11〉 키를 눌러 각 링크가 잘 연결되었는지 확인한다.

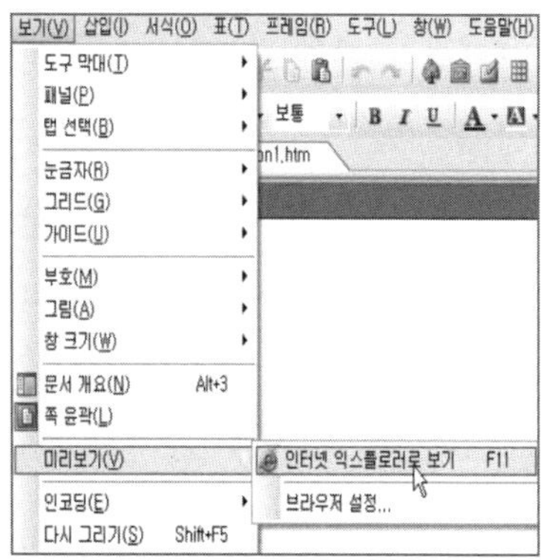

- 링크가 잘 연결되었다면, 1단원 수업 자료가 완성된 것이다. 각 수업 단계의 페이지를 자신의 계획에 따라 꾸며 본다.
- 각 프레임의 경계선을 보이지 않게 하려면, [프레임 속성]-[테두리]-[경계선 두께]를 0으로 지정하면 된다.
- 같은 방법으로 2단원은 chap2.htm, 3단원은 chap3.htm으로 만들면 된다.

4. index.htm 문서에 각 단원을 링크시켜 본다.
   ① 홈페이지에서 각 단원으로 이동할 수 있도록 하이퍼링크를 만들어 본다.
   ② [1단원으로 가기] 버튼을 클릭한 후, 마우스 오른쪽 버튼을 클릭하여 [하이퍼링크 만들기]를 클릭한다.
   ③ [대상 프레임] 펼침 메뉴에서 [_parent]를 선택한다. [책갈피] 옆의 [찾아보기]를 클릭하여 chap1.htm 파일을 선택하고 [열기]-[확인]을 클릭한다.

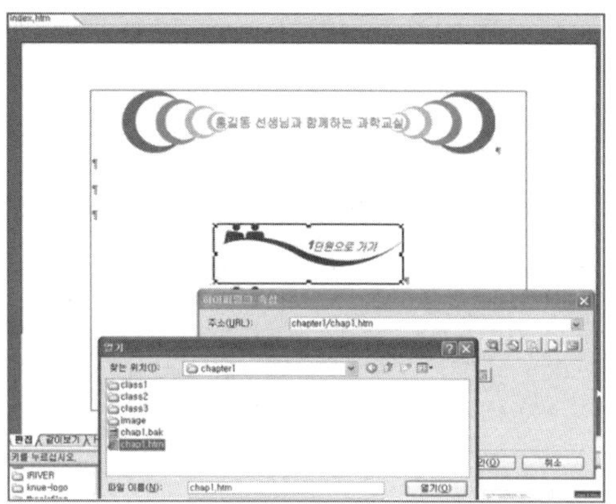

④ 같은 방법으로 [2단원으로 가기] 버튼은 chap2.htm, [3단원으로 가기] 버튼은 chap3.htm에 하이퍼링크를 만든다.

⑤ [파일]–[모두 저장하기]를 클릭하여 모두 저장한 후, [보기]–[미리보기]–[인터넷 익스플로러로 보기]를 클릭하거나 〈F11〉 키를 눌러 각 링크가 잘 연결되었는지 확인한다.

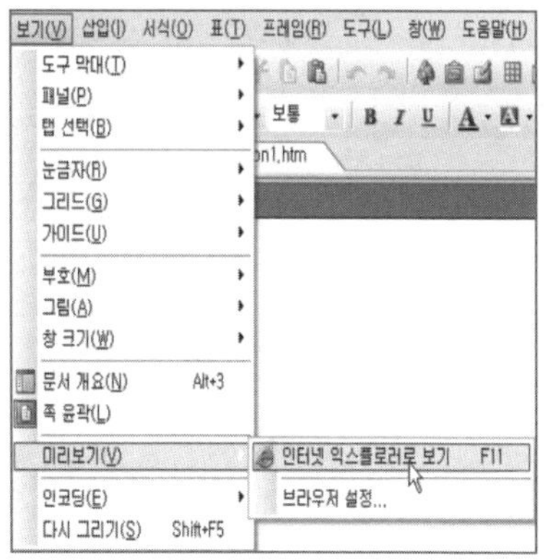

5. 전체 웹 페이지의 오류를 확인한다.

① 전체적으로 각 페이지들이 잘 링크되었는지를 확인해 본다. 다음의 그림과

같이 index.htm 파일을 더블클릭한다.

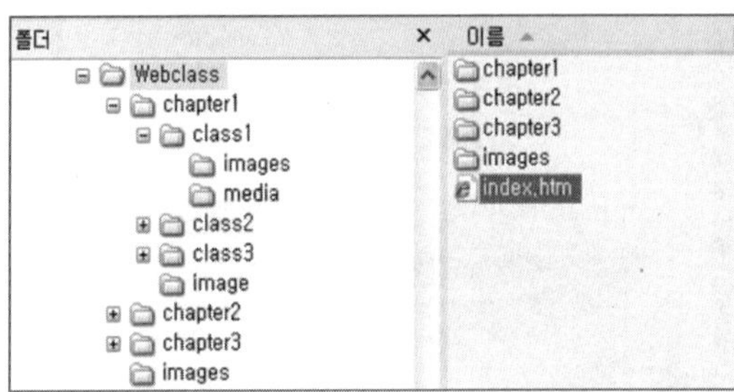

② '1단원으로 가기' 를 클릭한다. 이상이 없으면, '1차시' 를 클릭한다.

③ '동기유발' 을 클릭한다. 이상이 없으면, '학습목표' 를 클릭한다.

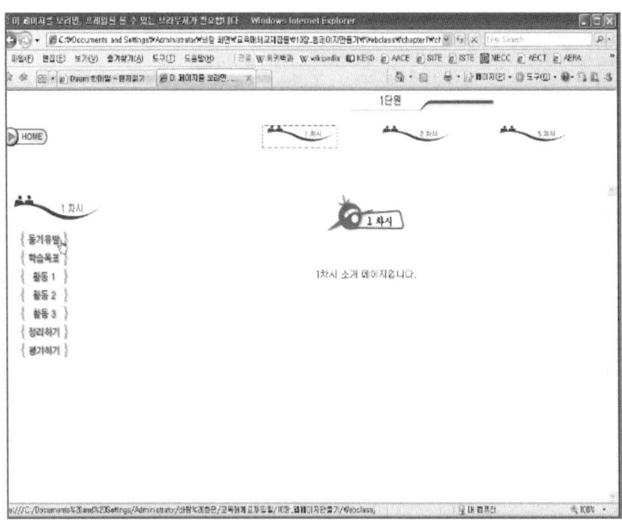

④ '활동 1' 을 클릭한다. 이상이 없으면, '활동 2' 를 클릭한다.

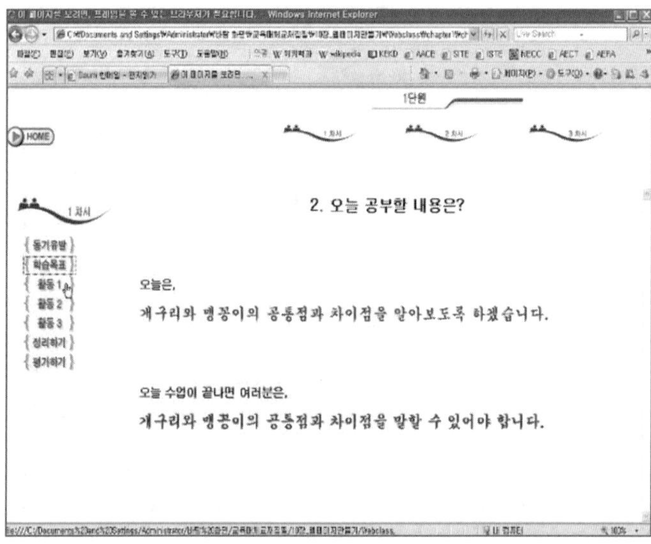

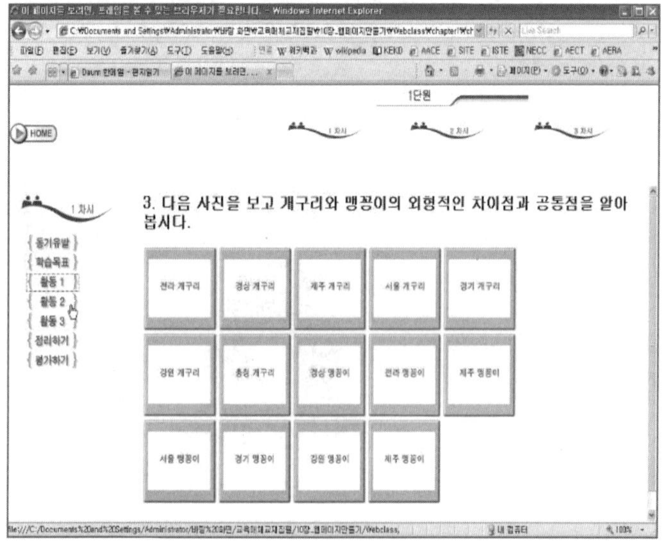

⑤ '활동 3' 을 클릭한다. 이상이 없으면, '정리하기' 를 클릭한다.

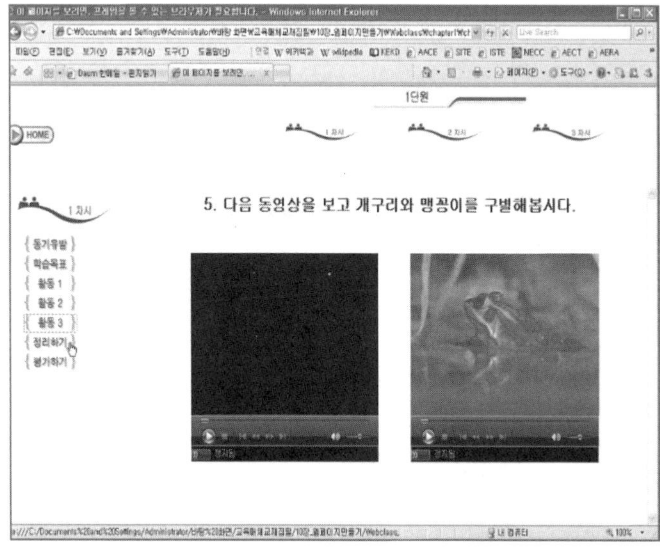

⑥ '평가하기' 를 클릭한다. 이상이 없으면, 'HOME' 을 클릭한다.

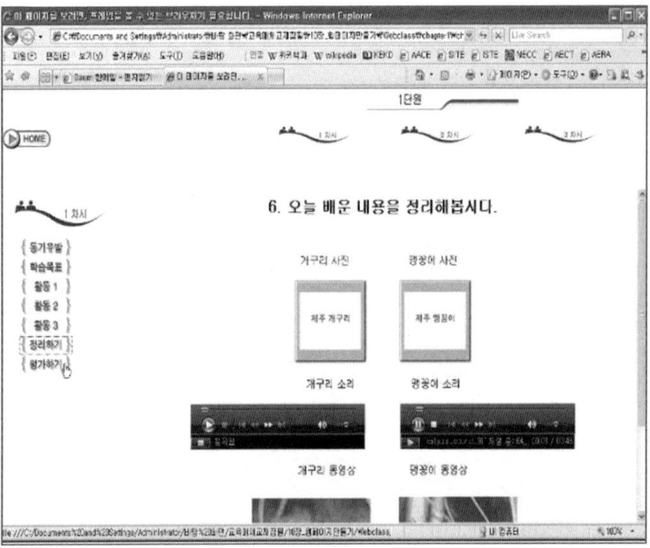

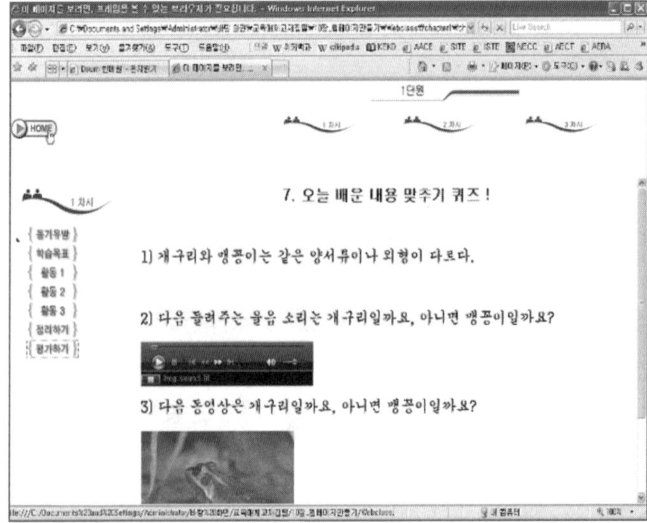

⑦ 다음 그림은 첫 페이지로 돌아온 화면이다. 필요에 따라 2단원과 3단원 등을 만들어 본다.

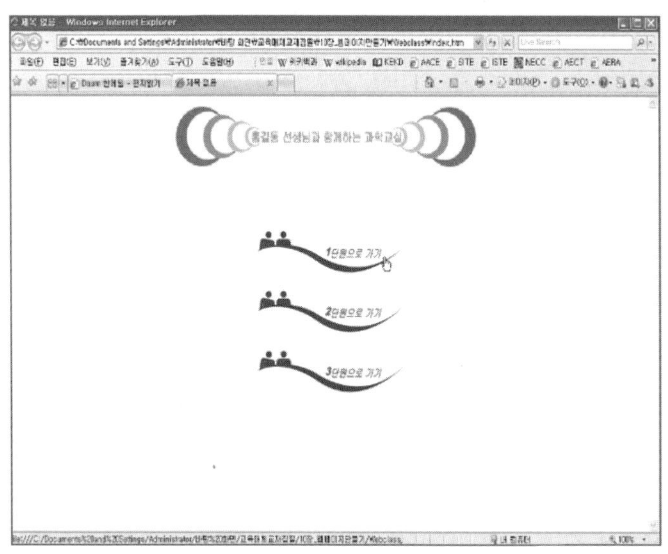

활동 4 수업용 홈페이지 출판하기

1. 무료 계정을 만들어 본다.

자신만의 홈페이지를 갖기 위해서는 웹호스팅 서비스를 받아야 한다. 웹호스팅 서비스는 무료와 유료가 있는데, 무료 웹호스팅 중에서는 닷홈, 미리내, 오란씨, 80포트 등이 있다. 이 외에도 인터넷을 검색해 보면 많은 무료 웹호스팅 사이트가 있으며, 유료 또한 많이 있다. 여기서는 오란씨(www.oranc.co.kr)를 사용한다.

닷홈	http://www.dothome.co.kr/
미리내	http://www.mireene.com/
오란씨	http://www.oranc.co.kr/
80포트	http://www.80port.com/

① 먼저 오란씨 사이트에 가입한다. 가입 절차는 일반 웹 사이트의 가입 절차와 같다. 가입한 후 '무료계정'을 신청한다.

② '계정신청 인증키 받기' 버튼을 클릭하면, 가입 시 등록한 휴대전화에 문자 메시지로 인증키가 전송된다.

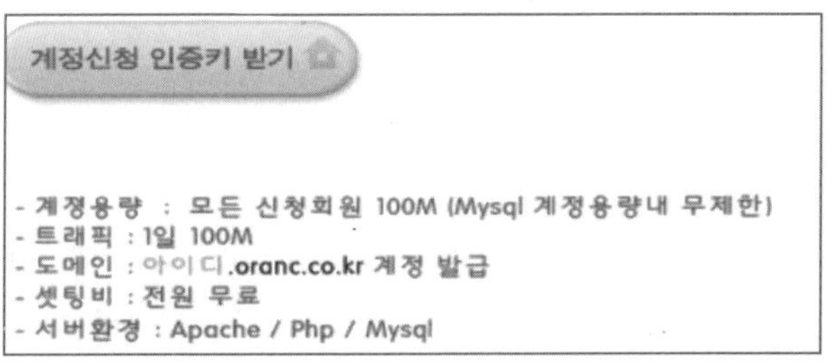

③ 문자 메시지로 받은 인증키를 입력란에 입력하면 가입 시 등록한 이메일로 무료 계정 확인 메일을 받게 된다. ftp 계정 정보와 Mysql 계정 정보를 받는다.

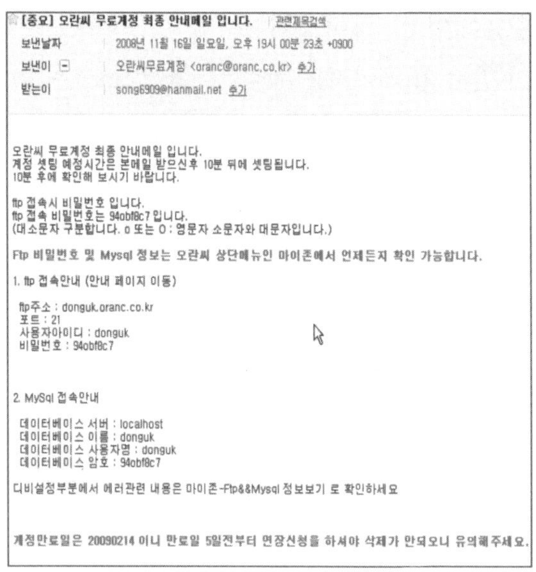

④ 예를 들어, 익스플로러 주소창에 http://donguk.oranc.co.kr을 입력하면 다음과 같은 메시지를 확인할 수 있다. 'donguk' 대신에 자신의 아이디를 입력한다.

2. 파일을 다음과 같이 업로드하여 보자.

① 이제 자신이 만든 웹 페이지를 http://donguk.oranc.co.kr에 업로드해 본다. 업로드를 하기 위해 인터넷에서 무료 FTP 프로그램을 다운받아 설치한 후 실행한다.

② [파일] 메뉴의 [사이트맵] 메뉴를 클릭하여 [사이트 추가] 버튼을 클릭한다. 생성할 사이트 이름은, 예를 들어 '정동욱의 홈페이지' 로 입력한다. 자유롭게 자신의 사이트 이름을 입력한다.

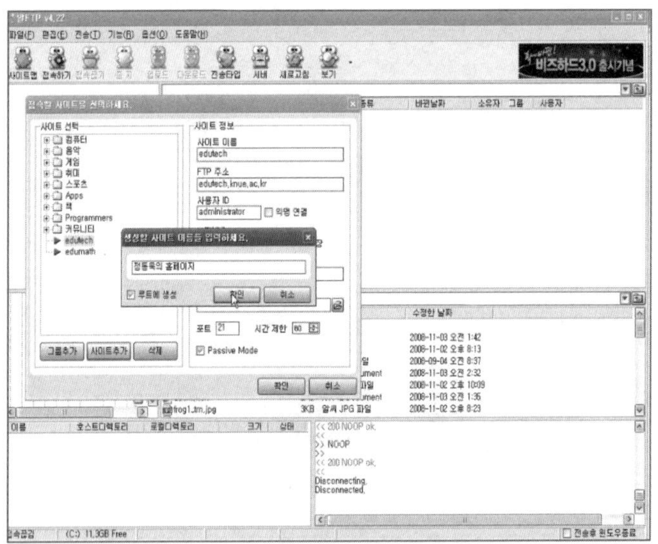

③ 사이트 정보 입력란에 이메일로 받은 ftp 주소, ID 및 비밀번호를 입력한다. 그리고 Passive Mode에 체크 표시를 한다.

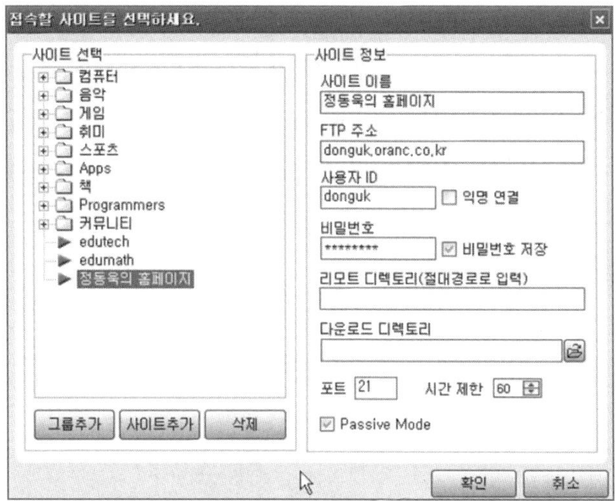

④ 다음의 그림과 같이 자신의 ftp 서버에 접속하게 된다. 위쪽 폴더와 파일들은 오란씨 사이트에서 디폴트로 주어진 것들이다.

⑤ 이제 만든 홈페이지 파일들을 업로드해 보도록 하자. 위쪽 폴더들은 ftp 서버의 폴더 및 파일들이다. 아래쪽은 내 컴퓨터의 폴더 및 파일들이다. 웹 페이지 작업한 파일이 들어 있는 [Webclass] 폴더를 클릭한다. index.htm 파일을 포함하여 [chapter1], [chapter2], [chapter3] 폴더를 한꺼번에 서버의 폴더 및 파일들이 있는 곳으로 끌어다 놓는다. index.htm 파일은 기존의 것에 덮어쓰기하면 된다.

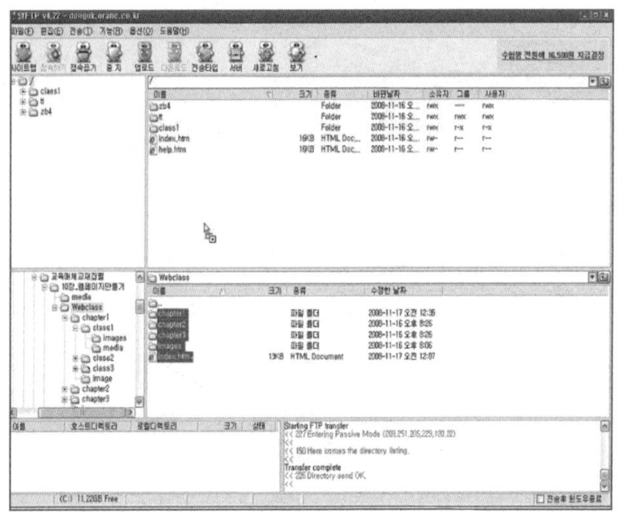

3. 전체 웹 페이지의 오류를 확인해 본다. 다시 익스플로러 주소 입력창에 http://donguk.oranc.co.kr을 입력한다. 이제 '활동 3'에서 확인한 것과 같은 방법으로 오류 여부를 확인한다.

 활동 5 온라인 학급 커뮤니티 만들기

1. 최근에는 학급마다 온라인 커뮤니티를 운영하거나 학교 홈페이지에서 학급 커뮤니티를 지원하는 사례가 많다. 온라인 학급 커뮤니티는 시간과 공간의 제약에서 벗어나 교사, 학생, 학부모 등 학급 구성원 간에 다양한 의견 교환과 자료 공유가 가능하며, 다양한 방법으로 학습 과정과 산출물 관리를 할 수 있다.

2. 다음은 복잡한 프로그래밍 언어를 몰라도 쉽게 온라인 커뮤니티를 만들 수 있는 곳들이다. 이 외에도 아주 많은 서비스들이 있다.

   - 무료 온라인 커뮤니티: 에듀넷(http://www.edunet4u.net), 즐거운 학교(www.njoyschool.net) 등
   - 온라인 카페: 네이버(cafe.naver.com), 다음(cafe.daum.net), 네이트(club.nate.com), 싸이월드(cyworld.nate.com) 등
   - 블로그: 네이버(blog.naver.com), 이글루스(www.egloos.com), 야후(kr.blog.yahoo.com), 파란(blog.paran.com), 블로그인(ww.blogin.com) 등

3. 즐거운 학교(www.njoyschool.net)에 학급 커뮤니티를 만들어 보자. 인터넷 주소창에 URL 주소를 입력하면 다음과 같이 '즐거운 학교' 첫 페이지가 열린다.

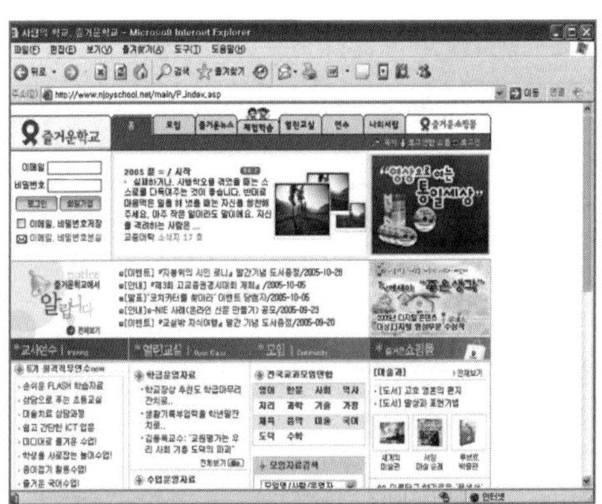

4. 왼쪽 로그인 밑에 있는 [회원가입] 버튼을 클릭하면 회원가입 입력 양식이 나타난다. 내용을 순서대로 입력하여 회원가입을 한다.

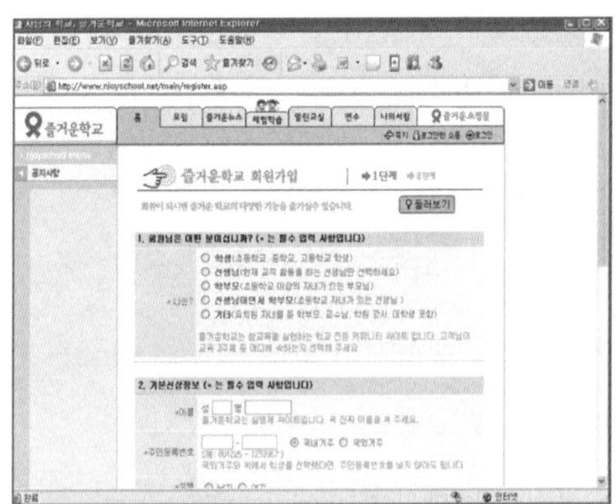

5. 회원가입을 마치면 생성된 자신의 계정으로 로그인을 한다. 로그인을 한 후 학급 커뮤니티를 만들기 위해 상단 메뉴의 '모임'을 선택한다. '모임' 창이 열리

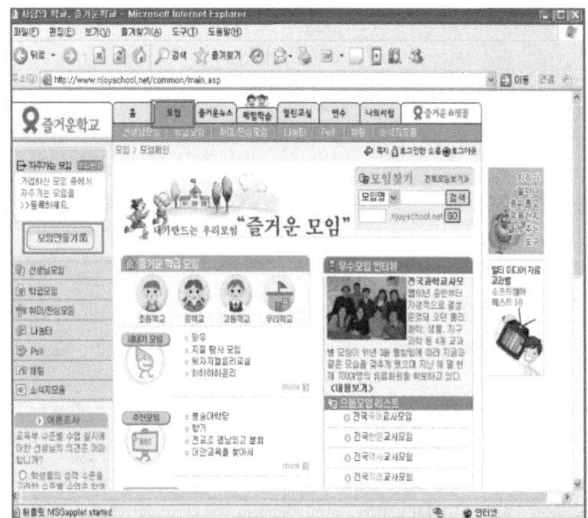

면 좌측에 [모임만들기(M)] 버튼을 누른다.

6. '학급 모임 만들기' '숙련자용 모임 만들기' '초보자용 쉽게 만들기' 등 3가지 옵션이 있다. 학급 커뮤니티를 만드는 것이 목적이므로 맨 위에 있는 '학급 모임 만들기'를 선택한다.

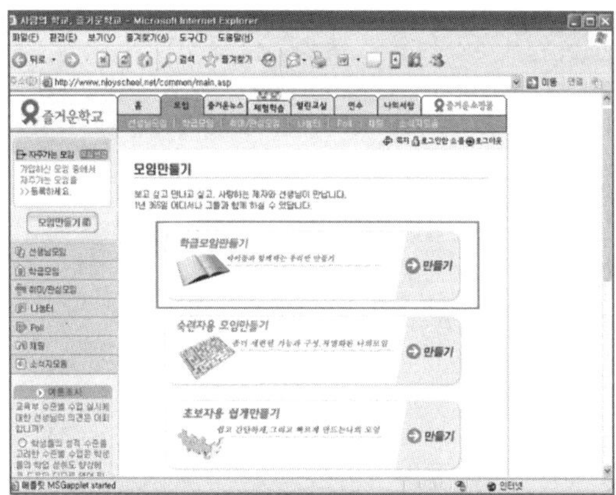

7. 학급 이름과 도메인을 입력하고 중복 확인을 한다. 그리고 나머지 학급 또는 과목 정보를 입력한다.

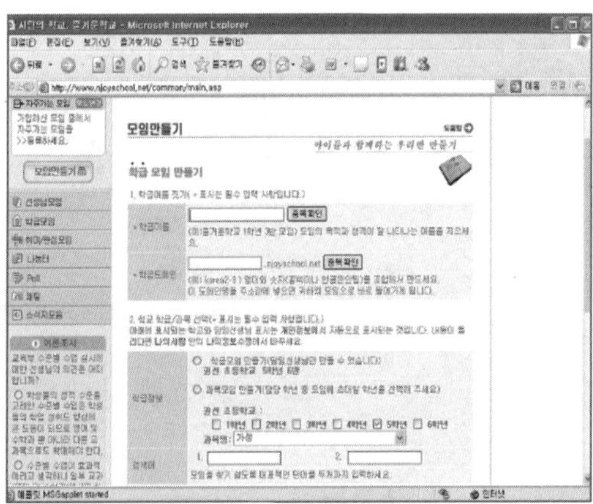

8. 다양한 테마를 선택하여 커뮤니티 초기 화면을 꾸밀 수 있다. 테마는 모임의 관리자 화면에서 수시로 변경할 수 있다.

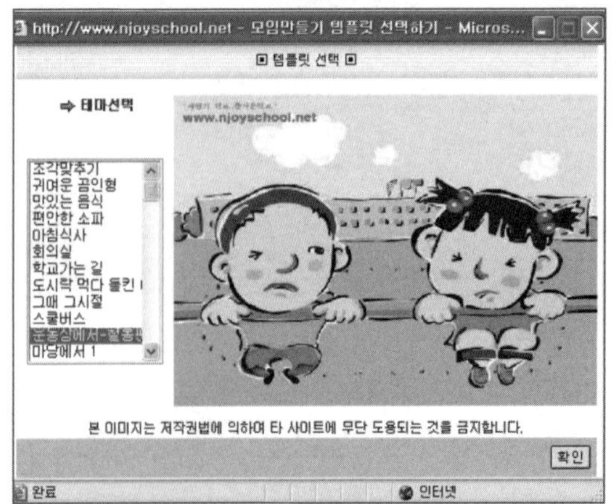

9. 커뮤니티가 완성이 되면 할당받은 학급 도메인 주소로 접속한다.

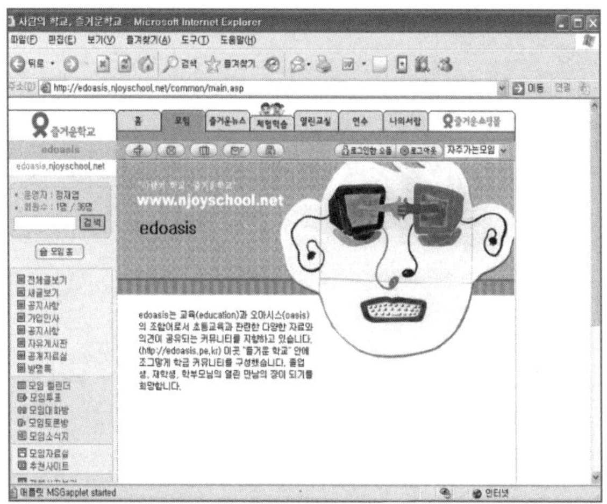

10. 모임의 관리자는 모임 운영자 메뉴에서 회원 관리, 운영진 관리, 메뉴 관리, 자료실 관리, 사진첩 관리 등의 작업을 통해 개성 넘치는 커뮤니티를 구성할 수 있다.

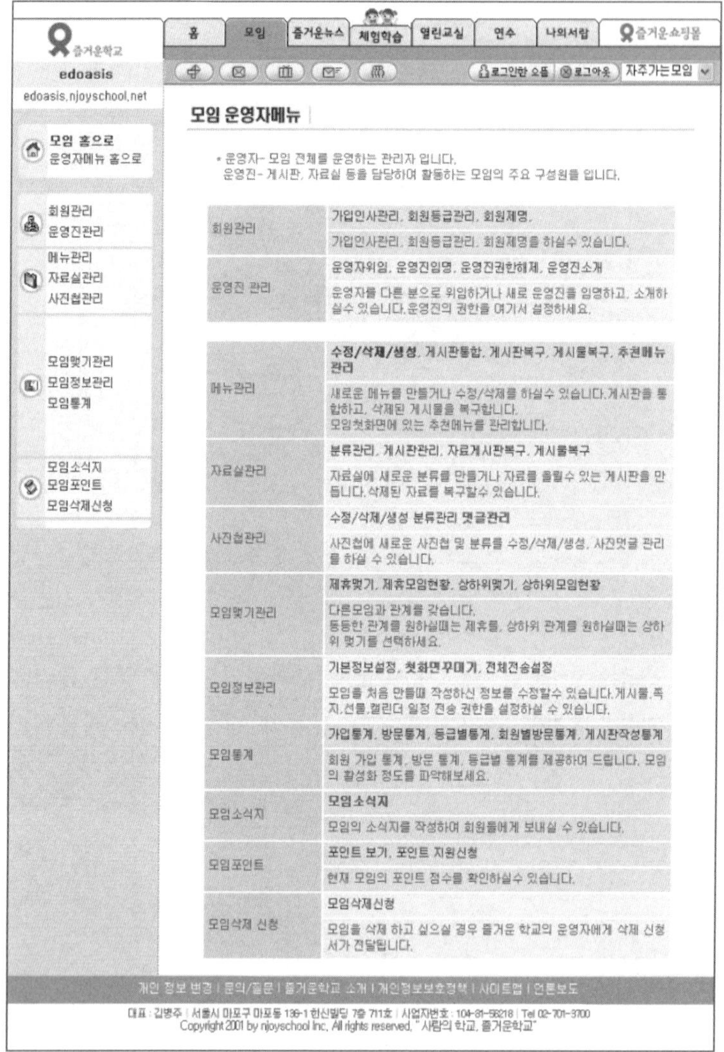

활동 6 에듀넷 학습 커뮤니티 만들기

1. 커뮤니티의 성격이 학습의 장(場)으로서 다양한 학습활동을 지원하고자 한다면 에듀넷 커뮤니티를 활용하는 것이 좋다. 에듀넷 학습 커뮤니티를 만드는 방

법은 다음과 같다.

2. 에듀넷에 접속한 후 로그인을 한다. 에듀넷 학습 커뮤니티는 현직 교사에게만 생성 권한을 주고 있다. 로그인 후 에듀넷 상단의 커뮤니티 메뉴를 선택한다.

3. 커뮤니티 메뉴가 열리면 오른쪽의 버튼을 클릭한다.

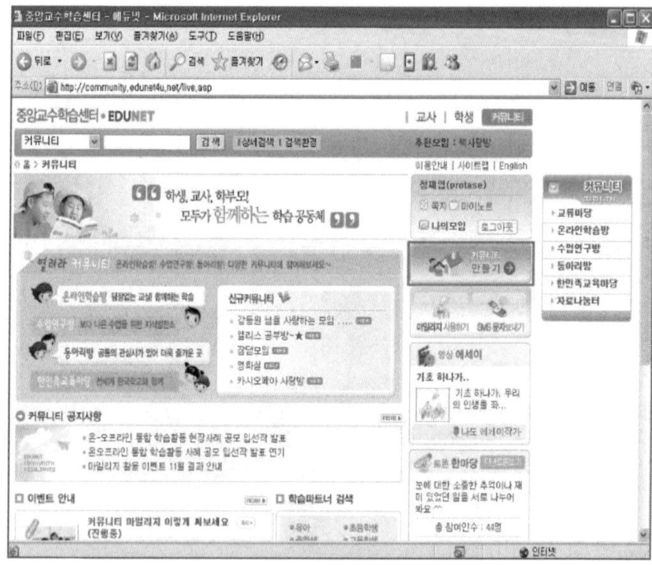

4. [커뮤니티 만들기] 대화 상자에서 학습방법을 선택한다. 학습방법을 선택하고 [온라인학습방 만들기] 버튼을 클릭한다.

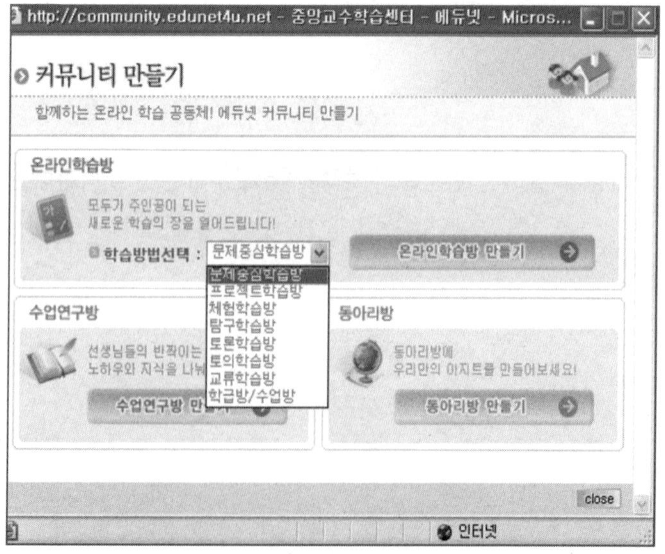

5. 제시된 약관의 맨 아래에 있는 '동의함' 을 클릭하면 학습방 만들기가 계속 진행된다.

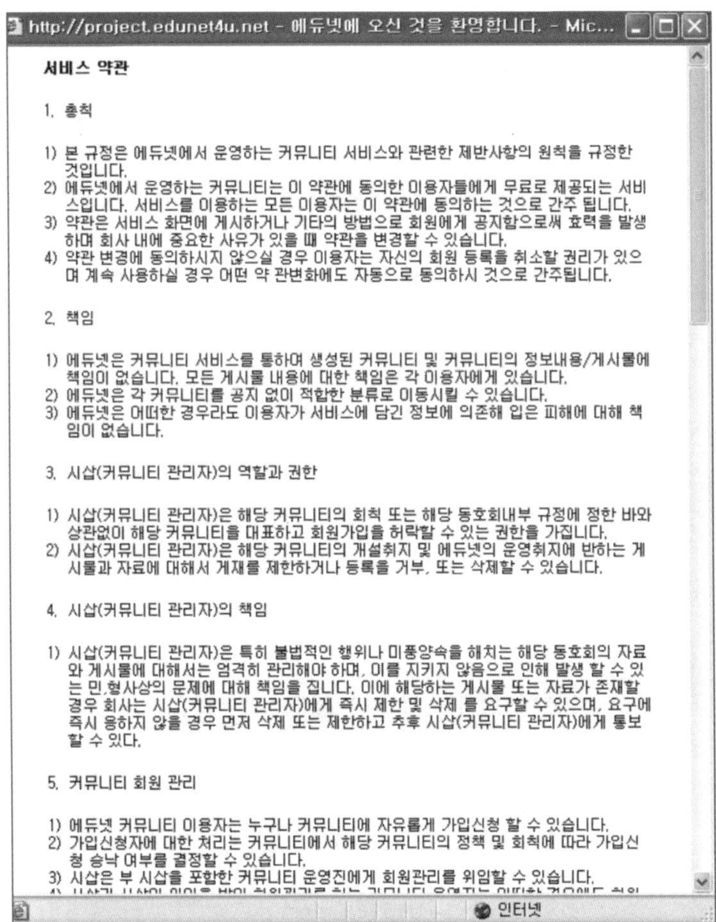

6. 학습방법을 '문제중심학습방' 으로 선택한 후 '학습 주제' '학교급과 학년' '교과' 를 선택한다. 그러고 나서 '학급 개요' 와 '학습 설계안' 을 입력하여 학습 계획으로 안내되도록 한다.

7. 학습 주제 입력란의 오른쪽에 있는 [다른주제 참고하기] 를 누르면 기존에 개설되었던 커뮤니티 학습방 주제들을 참고하여 학습방을 개설할 수 있다.

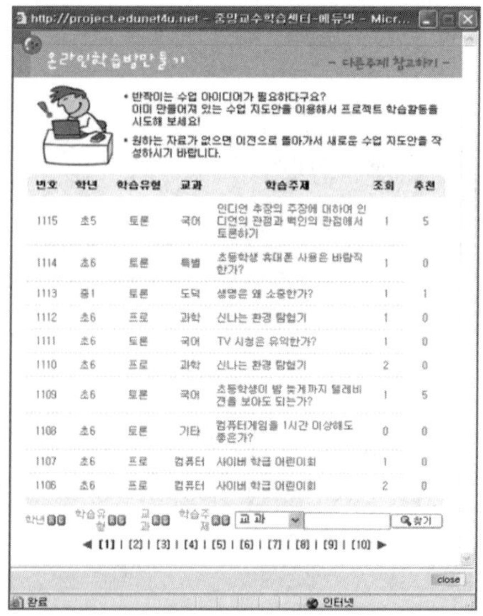

8. 필요한 경우 도입 자료와 학습지, 관련 사이트, 관련 자료를 등록하여 제시할 수 있다. 입력을 마치면 '다음 단계로' 버튼을 클릭한다.

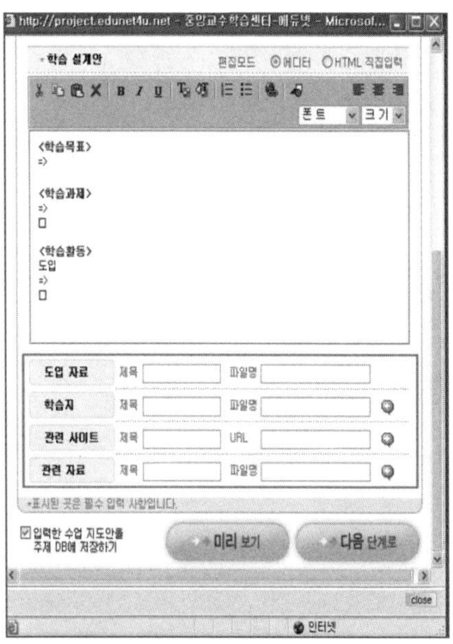

9. 학습방에 대한 기본 정보를 입력한다. 모임 주소는 커뮤니티의 주소로 사용하므로 중복 확인을 통해 고유한 이름을 정한다. 입력을 마치고 '방 만들기'를 클릭하면 온라인 학습방이 개설된다.

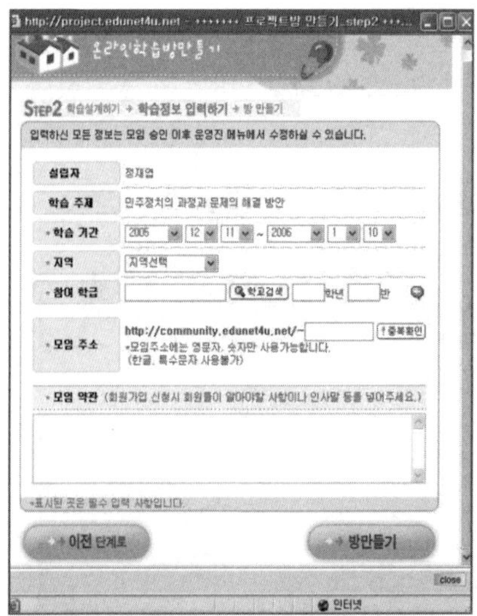

10. 커뮤니티가 완성되면 커뮤니티 초기 화면의 '나의 모임'에서 확인할 수 있다.

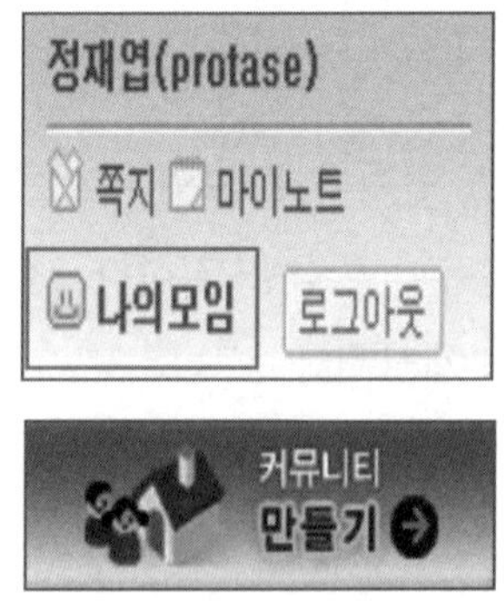

11. 다음은 완성된 학습 커뮤니티의 모습이다. 학습 커뮤니티 상단의 '모임관리' 메뉴를 클릭한다.

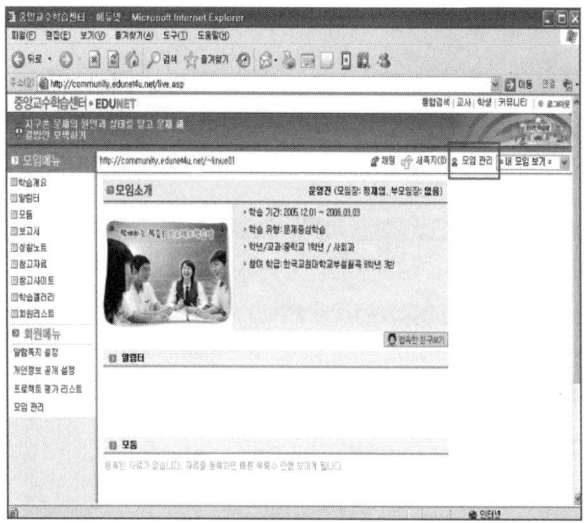

12. '모임 관리' 메뉴에서 '모임 구성원 관리' '모임 관리' '모임 메뉴 관리' 등을 할 수 있다. '회원 관리'에서는 학습방에 가입 신청한 학생들을 관리하고 전체 메일과 쪽지를 발송할 수 있다. 회원 등급은 명예회원, 정회원, 준회원으로 구분한다.

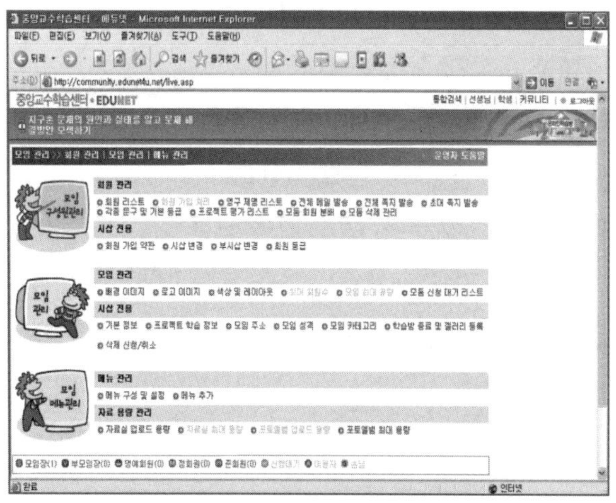

13. '메뉴 추가' 에서 게시판 등 메뉴를 추가할 수 있다. '메뉴 구성 및 설정' 을 클릭하면 메뉴의 순서와 게시판의 형태, 게시판에 접근 권한을 수정할 수 있다.

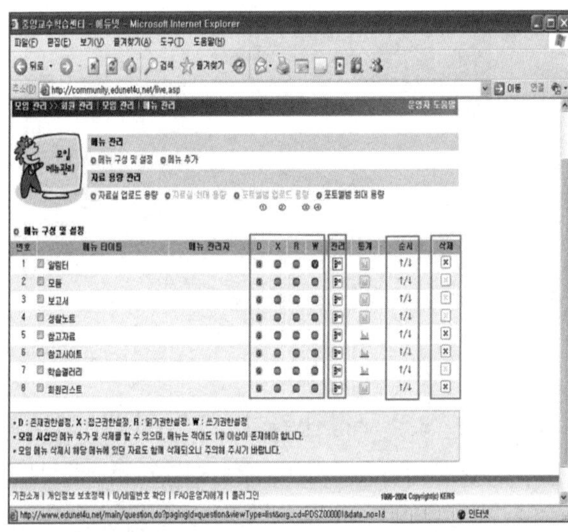

① 다음과 같이 메뉴별로 권한을 표시해 준다.
   - D: 메뉴를 표시할 수 있는 권한
   - X: 해당 게시판에 접근할 수 있는 권한
   - R: 해당 게시판을 읽을 수 있는 권한
   - W: 해당 게시판에 글을 쓸 수 있는 권한

② 메뉴별 게시판의 기초 사항과 권한을 부여한다.

③ 메뉴 표시 순서를 바꾼다. 메뉴 표시 순서를 상하로 이동시켜 순서를 정한다.

④ 메뉴를 삭제한다. 메뉴를 삭제하면 해당 메뉴 게시판의 자료도 함께 삭제된다.

한 걸음 더

학습 커뮤니티를 통해 학습을 진행할 때의 일반적인 메뉴

- 학습 개요(학습기간, 학습유형, 학습과정, 꼭 필요한 자료 소개)
- 알림터(공동체 운영 지침, 회원 전체에 대한 전달 사항 등)
- e-좋은 학습(학습 진흥에 필요한 각종 기능 및 소양 안내)
- 모둠 나눔터(각 모둠별 의사 교환 및 자료 공유 공간)
- 과제 제출(모둠별 활동 결과물 제출 및 상호 평가 공간)
- 참고 자료(학습에 도움이 되는 자료, 과제 제출 양식 등 탑재)
- 참고 사이트(학습 주제와 관련된 웹 사이트 소개)
- 질문방(학습 과정 중 나타나는 궁금증을 질문하고 답변하는 공간)
- 학습 활동 사진, 자유 게시판, 쉼터 등

FAQ

Q 아래한글 문서(hwp)나 워드(doc) 문서를 htm 문서로 쉽게 바꿀 수 있는 방법이 있나요?

A 아래한글의 경우, [파일]-[다른 이름으로 저장하기]를 클릭하여 '파일 형식'을 htm으로 바꾼 후 저장하면 쉽게 됩니다. 워드 문서의 경우도 [다른 이름으로 저장]-[다른 형식]을 클릭하여 '파일 형식'을 htm으로 바꾸어 저장하면 됩니다.

Q 요즘도 교사들이 수업용 홈페이지를 직접 만들어서 사용하나요?

A 에듀넷 사이트(중앙교수학습센터)와 16개 시 · 도 교육청 웹 사이트(교수 · 학습 지원센터)에서 제공하는 다양한 교육용 멀티미디어 자료들 중에서 자신의 수업에 적합한 것을 찾아 수업에 활용하면 됩니다. 그러나 그 멀티미디어 자료들 중 대부분이 교사들의 손에서 만들어진 것들입니다. 여러분도 교육 자료의 제작과 활용에 있어 프로슈머(prosumer)가 되기 바랍니다.

수업활용 아이디어

초등학교 4학년이 되면 성에 대하여 눈뜨기 시작하는 나이다. 학급 커뮤니티는 서로의 다른 점을 자연스럽게 인식시키는 데 소극적인 학생들의 마음의 문을 쉽게 열게 하고 서로의 생각을 쉽게 이해할 수 있게 한다.

<table>
<tr><td>단원명</td><td colspan="2">〈초등체육 4-2〉
1. 신체의 성장과 발달</td><td>학습 주제</td><td>성을 대하는 올바른 방법 알아보기</td></tr>
<tr><td>학습 목표</td><td colspan="4">남녀 신체의 차이점을 알고 신체 변화에 대한 호기심을 해결할 방안을 웹게시판 토의을 통해 찾을 수 있다.</td></tr>
<tr><td>수업 모형</td><td colspan="2">토의학습 모형</td><td>교실 환경</td><td>멀티미디어실</td></tr>
<tr><td>활용 아이디어</td><td colspan="4">웹 게시판을 이용하면 여러 사람이 다양한 정보를 동시에 의견을 제시하고 토론을 진행할 수 있으며, 소극적인 아동들을 적극적인 대화의 장으로 이끌어 낼 수 있다. 학습 커뮤니티에서 토의학습을 진행하게 함으로써 적극적인 참여를 유도할 수 있다.</td></tr>
<tr><td rowspan="4">학습 흐름</td><td>단 계</td><td colspan="2">주요 활동</td><td>주요 매체 활용</td></tr>
<tr><td>도입</td><td colspan="2">• 학습 동기 유발
– 남녀의 신체적 특징 알기
– 성에 대한 올바른 태도
• 학습 목표 제시</td><td>정보 안내: 플래시 애니메이션</td></tr>
<tr><td>전개</td><td colspan="2">• 탐색: 남녀의 신체적 차이점 찾아보기
• 문제 해결: 신체의 변화에 대한 호기심 해결 방안 토의하기</td><td>정보 분석하기: 웹 검색
웹 토론하기: 에듀넷 학습방</td></tr>
<tr><td>정리</td><td colspan="2">• 성에 대한 바람직한 방법 제시하기</td><td>정보 만들기: 에듀넷 학습방</td></tr>
</table>

참고문헌

김두현(1999). 독일어 수업에서 컴퓨터 애니메이션 활용이 학업성취도 및 학습태도에 미치는 영향. 서강대학교 대학원 석사학위 청구논문.

김미량(2004). 상호작용 설계 방법. e-Learning 콘텐츠 설계. 서울: 교육과학사.

김재근(2001). 웹기반 수업에서 학습내용의 제시형태와 학습집단 구성이 학업성취도에 미치는 영향. 전남대학교 교육대학원 석사학위 청구논문.

김준태, 권재술(1994). 학습자의 인지 특성에 따른 학습 지속 효과의 분석. 한국과학교육학회지, 14(1), 70-84.

김회수(1995). 하이퍼텍스트 학습상황에서 메타인지, 인지오류, 인지오류 감지 및 하이퍼텍스트 구조가 저작체제 학습에 미치는 효과. 교육학연구, 32(5), 207-234.

김회수(1995b). 멀티미디어 설계와 개발. 서울: 교육과학사.

류희찬(1998). 컴퓨터를 활용한 수학교육의 이론과 실제. 수학교육학회논문집, 3, 29-43.

류희찬, 조완영(1999). 수학적 창의성 신장을 위한 탐구형 소프트웨어의 활용. 청람수학교육(8), 127-181.

문광호(1999). 중 · 고등학교 수학의 시각화에 관한 연구. 서울대학교 대학원 석사학위 청구논문.

박현숙(2001). 도덕과 교수 · 학습에서의 컴퓨터 멀티미디어 자료제작과 활용방안에 관한 연구. 서울교육대학교 대학원 석사학위 청구논문.

백영균(1995). 컴퓨터를 매체로 하는 교수 · 학습 방법의 탐구. 서울: 교육과학사.

백영균(1999). 웹 기반 학습의 설계. 서울: 양서원.

백영균(1998). 멀티미디어의 설계 · 개발 · 활용. 서울: 양서원.

백영균, 설양환, 최명숙(2000). 교육@인터넷. 서울: 양서원.

변숙영(2003). 실고생의 멀티미디어 매체활용 교육에 있어서 인지양식과 정보제시유형의 관계 연구. 직업능력개발연구, 6(2).

서승균(2002). 사업자별 무선인터넷 서비스와 콘텐츠. 전자부품연구원 전자정보센터.

애니빌(2002). 애니빌더 기초과정.

왕선희(2003). 웹 환경에서 그래픽 자료유형과 아동의 인지양식이 수학과 공간지각력 형성에 미치는 효과. 한국교원대학교 교육대학원 석사학위 청구논문.

이만재, 이상선(1998). 멀티미디어 교과서. 서울: 안그라픽스.

이수경(1998). 애니메이션과 인지양식이 과학적 이해와 파지에 미치는 영향. 교육공학연구, 14(2), 69-102.

이수경(1997). 애니메이션의 교육적 활용: 이론적 실증적 접근. 21세기 교육공학의 이론과 실제. 서울: 교육과학사.

이정현(2001). 웹 동영상의 특성과 표현에 관한 연구. 연세대학교 대학원 석사학위 청구논문.

정정훈(2004). 현장학습을 지원하는 모바일 학습 콘텐츠의 설계 및 개발. 한국교원대학교 대학원 석사학위 청구논문.

정혜숙(1999). 수학과 2차함수 학습에서 애니메이션 방식제시와 정지화상 제시가 학업성취에 미치는 효과. 공주대학교 대학원 석사학위 청구논문.

조경자(2000). 정보제시 유형과 인지양식이 멀티미디어 학습에 미치는 영향. 연세대학교 대학원 석사학위 청구논문.

저작권위원회(2008). 청소년저작권교실. http://1318.copyright.or.kr/

진화봉(1996). 컴퓨터 보조수업에서 학습 내용의 제시형태와 정보의 양이 학업성 취 및 학습시간에 미치는 영향. 전남대학교 교육대학원 석사학위 청구논문.

황상민 외 7인(1998). 멀티미디어 매체의 특성과 학습효과에 대한 탐색적 연구. 교육공학연구, 14(2), 209-225.

Macromedia FlashMX Professional 2004(2004). 매크로미디어사.

Macromedia Flash Lite 1.1 제작지침(2004). 매크로미디어사.

Mobile Flash Studio User Guide(2002). 디지털 아리아.

GVM SDK User's Guide(2003). 신지소프트.

Ferguson, D. L. (1991). "Computers in Teaching and Learning: An Interpretation of Current Practices and Suggestions for Future Directions". In Eileen Scanlon and Tim O'Shea (ed.), New Directions in Educational Technology, NATO ASI Series, Springer-Verlag, New York.

Palmiter, S., & Elkerton, J. (1991). An evaluation of animated demonstrations for learning computer-based tasks. In S. P. Robertson, G. M. Olson, & J. S. Olson (Eds.), *CHI' 92 Conference Proceedings*, pp. 257-263. Reading, MA: Addison-Wesley.

저 · 자 · 소 · 개

백영균
(白英均)

조지아 주립대학교 교육기초학 전공(철학박사)
전 The University of British Columbia 대학원 객원교수
The University of Cincinnati 대학원 객원교수
현 한국교원대학교 교수

주요 저서 및 역서

멀티미디어 활용 교수의 설계(공역, 학지사, 2003)
교육방법 및 교육공학(2판, 공저, 학지사, 2006)
내가 하는 통계분석 SPSS(4판, 공저, 학지사, 2006)
Digital Simulations for Improving Education: Learning Through Artificial Teaching Environments (공저, IGI Global, 2008)
Gaming for Classroom-Based Learning: Digital Role Playing as a Motivator of Study (IGI Global, in Press)

관심 분야

게임 및 시뮬레이션, 가상현실의 교육적 활용

김현진
(金賢進)

University of Georgia 교육공학 전공(철학박사)
전 한국교육학술정보원 선임연구원
포스코경영연구소 책임연구원
현 한국교원대학교 교수

주요 논문

초등학교의 교육정보화가 교수 · 학습문화 변화에 미치는 효과 분석(공동연구, 2007)
Grounded design and web-enhanced case-based reasoning: Theory, assumptions, and practice(공동연구, 2008)

관심 분야

교사교육, 교수설계, 멀티미디어 학습환경 개발

정재엽
(鄭載燁)

한국교원대학교 교육공학 전공(교육학박사)
전 University of North Texas 박사후 연구원, 성결대학교 강사
현 경기권선초등학교 교사
강남대학교, 경기대학교 강사

주요 논문
웹 활용 어휘 학습에서 학습 과제와 정보처리 수준에 따른 반응모드가 회상 및 전이에 미치는 효과(공동연구, 2006)
What Makes Teachers Use Technology in the Classroom? Exploring the Factors Affecting Facilitation of Technology with a Korean Sample(공동연구, 2008)

관심 분야
디지털 게임기반학습, ICT 활용 교육

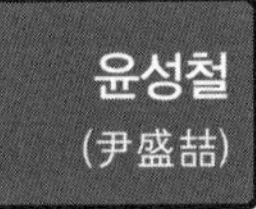

윤성철
(尹盛喆)

한국교원대학교 교육공학 전공(박사수료)
전 한국교육학술정보원 연구원, University of Cincinnati Visiting Scholar
현 Utah State University 박사과정

주요 논문
게임기반학습(Game Based Learning)을 통한 수학교과 학습부진아 지도의 근거이론적 연구(공동연구, 2008)
Improving recall and transfer skills through vocabulary building in web-based second language learning: An examination by item and feedback type(공동연구, 2008)

관심 분야
이러닝 표준화, 학습객체, 가상현실의 교육적 활용

박형성
(朴炯星)

한국교원대학교 교육공학 전공(교육학박사)
현 수원영화초등학교 교사
경기대학교, 충북대학교 강사

주요 논문

Empirical evidence and practical cases for using virtual world in educational context(공동연구, 2009)

Not just fun, but serious strategies: Using meta-cognitive strategies in game-based learning(공동연구, 2009)

관심 분야

이러닝, 교육용 게임, 모바일 학습

최상철
(崔相哲)

한국교원대학교 대학원 교육공학 전공(교육학박사)
전 한국교원대학교 강사
현 중국 연변대학교 사범학원 교수

관심 분야

게임기반학습, 이러닝, 원격교육

정동욱
(鄭東昱)

한국교원대학교 교육공학 전공(교육학박사)
전 경기도 교육정보연구원 연구원, University of Virginia Visiting Scholar
현 경기원당중학교 교사
한국교원대학교 교육대학원 강사

주요 논문
교수 시뮬레이션 개발의 방향 모색: 미국의 사례 분석을 통하여(공동연구, 2008)
A Simulation for Improving Teachers' Motivational Skills(공동연구, 2008)

관심 분야
이러닝, 교사교육, 가상현실의 교육적 활용

효과적인 수업을 위한

교수 · 학습 매체의 제작

2009년 9월 30일 1판 1쇄 발행
2011년 2월 25일 1판 2쇄 발행

지은이 • 백영균 · 김현진 · 정재엽 · 윤성철 · 박형성 · 최상철 · 정동욱
펴낸이 • 김진환
펴낸곳 • (주)학지사
121-837 서울특별시 마포구 서교동 352-29 마인드월드빌딩 5층
대표전화 • 02) 330-5114 팩스 • 02) 324-2345
등록번호 • 제313-2006-000265호

홈페이지 • http://www.hakjisa.co.kr
커뮤니티 • http://cafe.naver.com/hakjisa

ISBN 978-89-6330-162-4 93370

정가 15,000원